山东省社会科学规划项目“多媒体条件下党报主体角色的建构研究”
(14BXWJ01)研究成果

党报主体角色建构

——基于多媒体条件的报纸战略思维

刘明洋　徐　苒　编著

山东大学出版社

图书在版编目(CIP)数据

党报主体角色建构:基于多媒体条件的报纸战略思维/刘明洋,徐苒编著.—济南:山东大学出版社,2016.2
ISBN 978-7-5607-5503-8

Ⅰ.①党… Ⅱ.①刘… ②徐 Ⅲ.①中国共产党—党报—新闻工作—研究 Ⅳ.①G219.23

中国版本图书馆 CIP 数据核字(2016)第 034647 号

责任策划:滕希功
责任编辑:武迎新
封面设计:张 荔

出版发行:山东大学出版社
社 址 山东省济南市山大南路 20 号
邮 编 250100
电 话 市场部(0531)88364466
经 销:山东省新华书店
印 刷:济南景升印业有限公司
规 格:720 毫米×1000 毫米 1/16
13.5 印张 247 千字
版 次:2016 年 2 月第 1 版
印 次:2016 年 2 月第 1 次印刷
定 价:32.00 元

前　言

一

本书是山东省社会科学规划重点项目“多媒体条件下党报主体角色的建构研究”的结题成果。

在中国，党报在理论和实践两个层面都具有独特的内涵界定和对象所指，即中国共产党各级党委机关报。在党报产生与成长的过程中，党报作为党的喉舌，已经成为党的革命事业与社会主义建设事业的重要组成部分。

党报产生于革命时期，其创办就是为了舆论引导与革命宣传。进入20世纪80年代之后，在各类市场化报纸的冲击下，党报做出了种种探索，无论在经济地位上还是在舆论场上，都占据着主体地位。而到了21世纪，数字技术与新媒体的发展全面改变了传播生态与传播格局，这对党报在新的媒体环境下是否能够保持主体地位形成了新的挑战。

因此，在这样一个新的传播背景下研究党报主体角色建构的战略，具有很强的现实意义与理论价值。

首先，符合构建舆论传播新格局的需要。在传播渠道多元化、传播主体多元化的背景下，坚持并实现党报主体角色，是舆论新格局的关键方面；面对国际舆论斗争，党报拥有舆论场的领导权，还具有争取国际舆论主动权、更有效地传播中国形象的国际化意义。

其次，符合转型期中国发展的需要。中国社会正处于转型期，各方面的改革进入了“深水区”，创新、协调、绿色、开放、共享五个新的发展理念需要在理论层面和实践层面的传播。在这样的背景下，党报发挥好舆论引导主体角色的作用，对于推动改革进程、促进常态发展具有重要的意义。

再次，多媒体条件下党报主体角色理论体系的建构研究，作为党报理论体系的一个分支，有利于整个党报理论体系的丰富与发展。在建构党报主体角色战略的研究过程中，涉及新闻学、传播学、社会学、媒介生态学、传媒经济学等学科的交叉，这将有利于实现党报理论研究的创新与发展。

最后，探寻多媒体条件下党报主体角色实现的方法和路径，有助于党报在多媒体条件下突破困境、创新发展。本课题的研究以现实问题为导向，注重实践应用，努力为党报主体角色的实现提供符合现代传播特点、传播规律以及产业发展的路径。

二

社会角色是指某一组织在社会系统中被赋予的社会地位及其在社会系统中应发挥的功能。换言之，每一个组织都应该具有一定的行为标准，这些标准决定了组织在社会中应有的权利和应承担的义务。

近些年，关于党报主体角色的研究，较以往更加“多元化”。研究者有的将之表述为“主体地位”，有的将之表述为“主流媒体”。总体研究主要基于都市类报纸的成长崛起和新媒体的快速发展两大背景。从相关研究成果看，主要集中于对党报主体角色的认知以及对党报主体角色建构路径的探讨方面。这些研究成果为本课题的研究提供了宝贵的资料与经验，但总体来说，存在着以下方面的不足：

(1)研究内容较为宽泛，多媒体环境鲜有论述。从相关的研究成果看，主要集中在两个方面。一是对于党报主体角色的认知。研究者提出，由中央、省、地市三级党报组成的党报体系，已成为支撑全国报纸出版体系的核心架构①；主流性是党报的必然性和根本属性，党报要在创新中发挥主流媒体的作用，着力营造主流媒体舆论场②；加强党的执政能力建设，党报资源的开发利用是一个重要方面③。二是对于实现党报主体角色现实路径的探讨。研究者提出，在新时期党报理论需要创新发展，要加强“党报品牌”的研究与建设，设计并实现党报定位和功能④；党报要对接“两个舆论场”，既做好“喉舌”，也当好“耳目”，提高宣传艺术(王庆华、2012)⑤；要从主流媒体核心竞争力打造的角度，创新党报的体制机制，

① 参见詹新惠《新媒体环境下党报的历史方位》，《传媒》2011年第7期。

② 参见柳斌杰《党报的主体地位和主流作用》，《中国记者》2006年第5期。

③ 参见刘继南《党报是党重要的执政资源》，在“人民共和国党报论坛”第二届(2005)年会上的讲话，人民网，http://media.people.com.cn/GB/22114/63480/63482/63488/4340957.html.

④ 参见王卫明《论新时期中共党报的定位与功能》，江西人民出版社2009年版。

⑤ 参见王庆华《党报的创新与突破：对接“两个舆论场”——以〈安阳日报〉的〈民生网事〉栏目为例》，《传媒》2012年第7期。

创新新媒体时代党报的发展策略，构建党报集团“立体化”发展模式[1]。相对于上述两个方面，对于党报主体角色与多媒体条件、多媒体环境的定性与定量研究，都显不足。

(2)研究主体以一线工作者为主，富有新见解，不够体系化。考察研究者，大体包括学界、报界和媒体主管机构人员三部分。其中，大量研究来自于报纸一线，所研究的问题来源于报纸实践，也直接应用于报纸发展。由于理论准备不足，尽管有新鲜观点，但常常缺少系统的理论论述和体系支持。

(3)在研究方法上，案例研究多，理论建构少。现有的研究成果中案例研究占了很大的比重，研究对象包括整张报纸、报纸的某一个板块、某一类报道或某些事件。这类研究具有很强的实践性，但理论性较弱。

因此，本研究在以下几个方面坚持了突破与创新：

(1)拓宽研究视野。在研究维度上，从较多强调党报的政治功能，拓宽到同时关注党报的经济功能、社会功能、文化功能等；在研究广度上，从关注党报在国内舆论环境下的主体角色拓宽到在国际、国内两个大局中考察党报的主体角色；在研究深度上，从关注党报在舆论宣传上的主体角色拓宽到深度考察党报在社会价值建构、社会组织动员、生活形态塑造等层面上的主体角色。

(2)加强对多媒体条件的研究。“多媒体条件”的背后，不只是技术的革命，也是新的社会推动力量的形成；既改变着媒介自身的生态，也改变着媒介与社会、组织、个人的关系。党报主体角色的建构，需要更深层地研究其影响，更有针对性地寻求方法与路径。

(3)实现理论研究与实践研究的紧密结合。一方面解决创新实践缺少理论支持的问题，另一方面让理论研究具有更强的现实指导意义。

(4)从微观的分析评判走向宏观的科学建构。通过综合运用各种理论工具，从单纯数据分析以及现象评判的研究，走向更多理性化、建设性研究，为党报主体角色的建构提供有效的理论支撑和现实路径。

与西方的主流媒体不同，党报主体角色地位是党在革命与社会主义建设实践中确立与不断加强的。党报所具有的公信力、影响力、权威性是党的先进性和执政地位赋予的。在这样的一个社会转型期，社会利益不断分化，社会矛盾日渐突出，党报能否坚持主体地位，将关系到新闻事业的成败、党和人民事业的兴亡。近年来，党报在形式、内容和读者层面不断老化已是不争的事实，媒体行业党报一枝独秀的局面早已成为过去。新媒体不仅冲击着党报的生存与发展，而且也在解构着主流的价值观。

---

① 参见刘劲松等《党报集团向现代传媒集团转型模式与战略》，中国传媒大学出版社2013年版。

聚焦于现在的媒体环境，我们现在处于一个多媒体时代，有三个概念代表着当今时代重要的媒介特征，“即数字化、社会化与自媒体。数字化是一个媒介系统的概念，技术因素的影响占主要的位置；社会化则是一个社会系统的概念，媒介、社会与人，在这个概念里实现着一体化；自媒体是传受关系即时互换背景下的一个注重个性化传播的概念，体现我为自己代言的一种传播主张，体现更加有效的传播控制”①。多媒体条件带来的传播生态变化及社会变革，使党报主体角色的内涵更加丰富，外延更加扩展。而在新的媒体环境下坚守党报的主体角色，就要既基于现实也要着眼于未来的“建构”，这就对党报的改革与创新提出了更高的要求。只有坚持高品质的内容服务，才能够获得受众的真心认同，才能够做主流大报。

三

本书分为以下几部分：

在第一章中，本书对党报的主体角色做了历史的考量。这一部分以《大众日报》为案例，分三个阶段进行分析，即革命战争时期的《大众日报》(1939 年创刊至 1949 年新中国成立)，社会主义建设时期的《大众日报》(1949 年新中国成立至 1978 年十一届三中会会)，社会主义建设时期的《大众日报》(1978 年十一届三中全会至现在)，重点研究在革命时期与社会主义建设时期，党报如何适应时代的主题，不断调整自己，建构党报的主体角色，发挥党报的舆论引导作用。

第二章，集中于对党报的主体角色做现实的考察。首先，对多媒体条件进行了基本的描述；之后，考察了多媒体条件引发的社会变革，论述了多媒体条件对媒体产业的影响；最后，分析了多媒体条件对党报主体角色的影响。

第三章，分析了建构党报主体角色的“四个视角”：第一个是生态视角，主要以媒介生态理论为基础，为党报主体角色确立生态学定位；第二个是社会视角，主要以社会角色理论为基础，结合多媒体现实和中国社会发展需要，为党报主体角色确立社会化价值；第三个是产业视角，主要以媒介经济学理论为基础，为党报主体角色在产业领域提供价值定位，实现党报社会效益与经济效益的一体化发展；第四个是受众视角，主要以新闻学、传播学理论为基础，关注受众研究，为党报主体角色的实现提供受众视野下的路径选择。

第四章，主要论述建构党报主体角色的“三大工程”：能力工程——以“提升

① 刘明洋、戴元初：《大传播时代重要的媒介特征——数字化、社会化、自媒体》，《工会信息》2015 年第 2 期。

传播力”为主线，从信息传播结构变化与内容结构调整、传播渠道与传播方式创新、媒介融合与资源整合、受众发现与受众接受等多个方面，全面提升党报的传播能力；价值工程——以“增强公信力”为主线，构建多媒体条件下党报新的价值体系，以主体角色引导主流价值；互动工程——以“营销影响力”为主线，关注党报影响力的构成、党报影响力的制造、党报影响力的营销，创新思路，创新机制，创新模式，打造基于多媒体条件的党报产业链，全面提升党报的核心竞争力。

从2014年到2016年，本课题组一直在关注党报主体角色的构建战略。两年的时间里，媒体环境发生了深刻的变化，尤其是2014年中央全面深化改革领导小组审议通过了《关于推动传统媒体和新兴媒体融合发展的指导意见》之后，各家报业集团陆续出台了以党报为龙头的媒体融合实施方案，加快了媒体融合的步伐。各级党报主动开发微博、微信、二维码等移动客户端，不断提升用户体验，以期把内容优势转变为经营资源。这种在技术推动下变化速度不断加快的媒体环境，不仅对于新闻从业者来说是个挑战，对于新闻学的研究者也是如此。

课题组采用了分工协作研究的方式，具体分工及撰写章节如下：

第一章　徐苒

第二章　赵芳苑

第三章　毛鑫鑫

第四章　吕晓峰

案例分析　张妮　杨玉洁　张芃芃

本课题组在研究中力图做到前瞻性，但最终提出的意见及建议或许只是初步的、肤浅的。这些研究成果是否可靠，结论是否科学，有待于党报的实践检验，也有待广大读者特别是同行专家的批评指正。

最后，向阅读本书的所有读者表示我们的感谢和敬意！

刘明洋

2015年12月

目　录

第一章 党报主体角色的历史考量

——以《大众日报》为案例①

1939年《大众日报》在山东沂水创刊，是抗日战争期间中国共产党在抗日根据地创办较早而且具有较大影响力的报纸之一。1942年，《大众日报》成为中共中央山东分局的机关报。1945年，抗日战争胜利，解放战争打响。这年12月，由于革命形势的需要，成立了中共中央华东局，《大众日报》改为该局的机关报。1949年3月，中共中央华东局南下，《大众日报》再次成为中共中央山东分局机关报。1955年1月，中共中央山东分局撤销，成立了中共山东省委，《大众日报》自此成为山东省委的机关报。

从历史沿革来看，战争年代，《大众日报》长期作为共产党的地区性报纸而存在。创刊伊始，《大众日报》就提出了"群众写""写群众"的口号，版面中充满了群众和基层的声音，受到了山东抗日根据地军民的欢迎，成为战争年代一张发行量居前、影响力巨大的报纸，为新中国的成立做出了难以磨灭的贡献。社会主义建设时期，《大众日报》坚决维护和支持党对报纸的领导，坚持全党办报，走群众路线，为社会主义建设事业鼓与呼。改革开放之后，《大众日报》不辜负党和人民期望，始终把握正确的舆论导向，切实肩负起一份主流大报的责任和使命，围绕改革开放与发展的时代主题，在山东改革前进的每一个重大关键点，都会有《大众日报》的思考与声音。

现在的《大众日报》，作为中共山东省委机关报，是全国连续出版时间最长的党报。目前，以《大众日报》为母报组建的大众报业集团成为一个拥有18份报纸（自办报纸12张，合办6张）、5份杂志、1个以山东省重点新闻门户网站大众网为龙头的网站群以及山东手机报等新媒体和60余家法人公司的大型现代报业集团，形成了报刊、有线电视和新媒体、产业园区、楼宇经济、投融资、印刷、发行

---

① 本章节的史料与案例参考和借鉴了《大众日报》50周年和70周年报庆系列丛书（内部资料）的研究成果，具体见书后参考书目。

物流、广告会展8个产业版块。在新闻宣传、跨地域整合报业资源、跨媒体进军有线电视、跨行业进军资本市场等方面走在全国前列，走出了大众特色的发展之路。从2006年到2013年间，获得25项中国新闻奖，其中9项一等奖。2013年，集团总资产达到65.59亿元，总收入21.55亿元，利润7.35亿元。综合实力位居全国报业集团前列。

第一节　革命战争时期的党报主体角色(1939～1949)

《大众日报》建立舆论主体地位实际上是一个过程，它的发展壮大与中国共产党在山东军政力量的日益强大是相辅相成的。经过8年的艰苦抗战，中国共产党在山东的政治、军事力量由弱到强、由小到大，至抗战结束时，山东解放区已经拥有2800万人的群众、71万人的民兵和209万人的自卫团，党员人数发展到22万余人，建立了全国第一个共产党领导的省政府，并控制着12.5万平方公里的土地，成为中国共产党发展革命事业的重要基地之一。可以说，中国共产党在山东军事力量与政治实力的发展壮大，为《大众日报》的存在乃至发展壮大提供了强有力的保障。

抗日战争胜利后，针对国民党的专制独裁统治与挑起战争的步步紧逼，中国共产党直接领导了一场争取和平、反对内战的宣传斗争。在这场宣传斗争中，《大众日报》按照党中央的政策和策略，一方面积极宣传共产党争取和平民主、寻求避免内战的一切途径和努力，一方面揭露国民党“假和谈，真内战”的阴谋，宣传解放区军民做好准备、迎击国民党反动派进犯的工作和斗争。在宣传报道中，《大众日报》坚持实事求是、以理服人的原则，赢得了解放战争初期宣传工作战役的胜利。在党中央直接领导下的这场宣传斗争，揭露了反动派骗人的把戏，动员了人民群众继续参加革命，争取了国内外舆论的支持，使共产党在政治上取得了主动，为粉碎国民党的进攻做好了思想上和舆论上的准备。

1946年6月26日，国民党军围攻中原解放区，并陆续向我苏皖等解放区大举进犯，人民解放战争随之全面展开。此后，军事方面的宣传报道成为《大众日报》宣传的重心。除了军事斗争外，土改、支前、大后方人民的反抗等也是《大众日报》宣传工作的重要内容。

随着战争的节节胜利和革命形势的迅速发展，接管城市特别是如何顺利地接管大城市被提上了议事日程。对此，中共中央、中央军委以及各武装部队都制定了严格的纪律、制度和守则，保证党和军队对城市的顺利接管。这时党的宣传工作的一个重要任务就是要使这些制度、纪律深入人心，人人遵守。这一时期，对接管城市的政策、纪律、制度、守则等方面的宣传成为《大众日报》宣传工作的重心。

革命时期的《大众日报》建立了党报的主体地位，主要表现在以下方面：

一、构建了以《大众日报》为中心的“多媒体报社”

这一时期，在条件异常艰苦的环境下，《大众日报》的新闻人自力更生，努力开拓创新，办报刊，开设通讯社，建立广播电台，开办印书馆，创办商行，建立了以《大众日报》为中心的完善的宣传体系，成为革命时期山东最大的文化出版印刷单位，并且为当时山东文化教育事业做出了重大贡献，堪称革命时代的“多媒体报社”。

（一）创办报刊

在《大众日报》创刊后，1939 年 10 月，《大众电讯》创刊。这份刊物后改名为《内部情况》，主要编发记者和通讯员采写的不宜公开见报的重要情况，供山东省委、华东局和军区的领导同志参阅。1940 年 7 月，《前卫报》创刊，这份报纸是山东纵队军政委员会机关报。1941 年 7 月，《青年记者》创刊，开始叫作《记者生活》，1942 年 6 月由中共中央山东分局宣传部长、《大众日报》社社长、中国青年记者学会山东分会理事长李竹如同志倡导，正式更名为《青年记者》，成为中国青年记者学会山东分会会刊。

（二）创办通讯社

1939 年 9 月，大众通讯社成立。通讯社除了继续按时抄收播发电讯，出版《大众电讯》和供给编辑电稿外，主要增加了采访报道。中共中央山东分局对于它的定位是“全省各报纸的新闻供给机关”，每天两次对外发稿。1941 年 4 月，大众通讯社撤销，成立新华社山东分社，开始与其他通讯社联络并播发山东新闻，由《大众日报》管理，合署办公。1946 年 3 月，为适应和平民主新局面的需要，山东分社与新华社华中分社合并为新华社华东分社，仍附属于报社，与报社合署办公。1949 年 8 月，山东总分社与大众日报社分立。大众日报社对新华社江淮分社、中原分社、华东前线分社的组建，从干部、人才到物资等方面都给予了无私的帮助。

（三）创办印书馆

1940 年 12 月，山东分局筹办大众印书馆，其前身是山东文化教育出版社。山东分局根据形势需要，实行报纸书刊统一领导。大众印书馆印刷了大量书籍，

“从1939年到1942年底，印刷出版各种书籍180余种，72万余册”[①]，为1943年山东新华书店的创办打下了基础。

（四）创办电台

为了适应新形势发展的需要，充分发挥新闻效应，开展对外广播，1948年9月华东新华广播电台开播。这是解放区继延安、邯郸广播电台后的第三个广播电台，也是山东及华东广播事业的开端。

（五）创办山东战时邮局

1941年10月，山东分局、山东战时工作委员会、山东军区与大众日报社联合成立了山东战时邮局。1943年，山东分局决定：实行邮政、交通、发行三位一体的体制，各区战时邮局、各级党委交通科与报社发行部合并，实行一套人马、三块牌子。“这个机构对报社称发行部，对党委称交通科，对外则称邮局，既负责《大众日报》的征订、投送，还负责护送干部、传送党内机要文件以及党政军民的信件等任务。邮局和报社一起行动，邮局党组织由报社统一管理。1946年9月，根据华东局指示，邮局、报社以及各战略区的报纸发行部门全部合并；1947年2月，华东野战军政治部成立华东野战前线邮局，直接为部队服务，《大众日报》的发行范围也随着华东野战军的胜利前进而不断扩大。”[②]

（六）创办商行

为打破敌人的经济和物资封锁，保证报社及根据地的物资供应，报社先后开办了利聚、利源、柘汪商行、山东新华商店等，开展物资贸易和采购活动。“遍布各地的商店也成为报社与当地党组织、干部、群众联系的渠道。至全国解放后一段时间，报社在各地的商店规模和经营范围大大发展，北至大连、营口，东至烟台、威海，南到上海、南通、无锡，都有报社商店经营活动的足迹。”[③]

二、《大众日报》政治话语体系主体角色的建构

人民群众是革命的重要力量，中国共产党是革命的领导者、发起者，是革命的中流砥柱。《大众日报》在这一时期以革命为中心任务的时代要求以及作为中共山东分局机关报和日后成为华东分局机关报的报纸属性，决定了这份报纸从

---

① 《战争年代的“多媒体”报社》，大众网，http://paper. dawww. com.

② 《战争年代的“多媒体”报社》，大众网，http://paper. dzwww. com.

③ 《战争年代的“多媒体”报社》，大众网，http://paper. dzwww. com.

诞生之日起就把报纸的战争动员工作放在宣传工作的首位，并在革命中发挥了重要作用。

(一)揭露敌人的反动本质，激起群众义愤，进行战争动员

拉斯韦尔在《世界大战中的宣传技巧》一书中提出：针对己方成员，要进行“社会动员与保持团结”，可以采用“恶魔崇拜”的方法，“它可以激发对敌人的仇恨，当公众相信，是敌人发动的战争，并且是他们阻碍了永久的有利的以及神圣的和平时，宣传家就已经实现了它的目的。但为了加倍确保这一点，用敌人傲慢和堕落的事例来强化国民的头脑是十分稳妥的”。[①] 一般来说，和平是人们心目中的社会常态。尤其对于中国的民众来说，“安全第一”的生活观念已经深入人心。在中国的俗语当中处处都有这种规避风险的处世警语：“多一事不如少一事”“得缩头时且缩头”“出头椽子先烂”“枪打出头鸟”“事不关己，高高挂起”等等。这种消极防御的心态，大大限制了山东人民加入到革命中的热情。但从中外历史来看，农民从来都是征兵的最重要来源。农民日常生活中与政治生活的隔绝和在社会矛盾激烈时对政治政权参与的狂热似乎存在着一些悖论。而这背后隐藏的是农民潜在的政治属性。在中国近代化过程中，小农经济破产，农民成为真正的“无产”阶级。农民参加革命是为了获得生活的资源和保护生计这样实用的目的，从而为中国革命提供了阶级基础。

在抗日战争中，《大众日报》通过叙述敌人的暴行，引发了民众的仇恨并延续了仇恨，从而成功地在广大人民群众中进行了战争动员。在《清河人民向全国控诉敌残杀奸淫史无前例》《老人》《敌寇暴行种种》《马头庄的血债》等文章中，《大众日报》通过日军对妇女、儿童、老人、手无寸铁的平民所犯下的惨无人道的暴行的揭露，激起民众的悲愤，从而激起了民众的抗日激情。在《反抗》中，作者通过描述一个本来妥协退让、一味求和的平民刘凤举在妻子、妹妹遭受侮辱之时不得不反抗的故事，揭示了日军暴行与激起中国人民反抗的必然性。

在解放战争中，《大众日报》主要是通过揭露国民党挑起战争的阴谋和反映国民党独裁专制统治下国统区人民民不聊生的生活，激发民众的阶级仇恨，引发民众的抗战热情。1945 年 10 月，“双十”协定刚刚签订，国民党委任的山东省政府主席何思源就派军用飞机向我解放区散发传单，污蔑我解放区为“匪区”，并且策划向我解放区进攻。《大众日报》立即发表社论《粉碎国民党反动派的内战阴谋，坚决保卫山东人民的胜利果实》，号召山东军民坚决保卫山东人民的胜利果

① [美]哈罗德·拉斯韦尔著，张洁、田青译：《世界大战中的宣传技巧》，中国人民大学出版社 2003 年版，第 77 页。

实，争取全国和平、民主、团结的实现。与此同时，津浦战役打响。报社迅速组成前线记者团，几乎是战役打到哪里，记者就报道到哪里。同时，《大众日报》通过记者的报道，真实地记录了国民党腐败统治引起的货币贬值、物价飞涨、人民生活日益贫困、国民经济逐渐崩溃的真相。像《济南、青岛物价狂涨不已 小公务员被逼吊死 官僚奸商大发其财》《泰安城的悲哀》《甘代表被殴真相》等文章都揭露了国民党反动、独裁、腐败的统治。

（二）对己、对敌采取不同的宣传策略

在革命中，中国共产党一方面重视宣传八路军和解放军在军事战役中的胜利、在抗日革命根据地和解放区的建设成就，激发人民对于胜利的希望和对于美好未来的期盼；另一方面，也非常重视针对敌军的宣传，瓦解敌军的斗志。1941年，中央宣传部制定了反敌伪宣传工作的指示。在这个指示中，要求对日军的宣传，"应抓紧并激动当前日本士兵的情绪，如思家思乡情绪，厌战的情绪，不满意长官打骂的情绪，以增长其悲观懈怠的意志，削弱其战斗的力量；宣传品的文字必须是真正的日本文，形式要短小精致，印刷精美，以适合其脾胃；禁止枪杀俘虏，并给俘虏以很好的招待与慰问，愿回者则给以简短宣传后即释放之，不愿回者则给以由浅入深、逐渐启发其阶级觉悟的政治教育与训练，并分配他们些工作，注意训练出一些进步的俘虏，使其帮助我们进行对敌军的宣传工作"①。不过，通过简单地浏览《大众日报》中的文章，我们基本上可以认定，在抗日战争期间《大众日报》的宣传工作中，动员的力量要远多于"分化瓦解"。这是由两方面的因素决定的：一方面是中国共产党所领导的革命力量主要来自于工人阶级、农民阶级和小资产阶级，而不是来自民族资产阶级和敌对势力，他们具有坚定的反抗精神；另一方面通过动员来获取支持自己的力量是一种积极主动的进攻，而非消极的获取，即通过削弱对方的力量来相对地增加自己的力量。比如，1939 年 3 月 30 日，《青年战线》专刊出创刊号。《创刊词》指出，处于敌人后方的山东青年都怀着一个共同的热望——洒尽热血、拼掉头颅，最后战胜日本强盗，争取中华民族的自由解放！5 月 18 日，该刊第一次发表小评论《妥协是死路》，通过这些动员的文章，实现了拉斯韦尔所强调的在现代战争中，当局必须运用宣传这个新颖而巧妙的手段将千百万人铸造成一个具有"共同仇恨、意志和希望的大集

① 中共中央宣传部办公厅、中央档案馆编研部：《中国共产党宣传工作文献选编（1937～1949）》，学习出版社 1996 年版，第 209 页。

体"①。

解放战争中，敌我矛盾不再是民族矛盾，经过 8 年抗战，和平与民主成为民心所向。《大众日报》通过一系列报道揭露了国民党"假和谈，真内战"的阴谋和国民党的反动独裁统治，动摇了国民党的军心，鼓舞了共产党军民的士气。比如，1946 年社论《究竟"谁还在打"》，对于济南 1 月 18 日《民国日报》的反动社论进行了有力的反击，指出国民党主动挑起内战，中国共产党是被迫自卫反击。《大众日报》非常重视对国民党军队的宣传教育工作，在《在解放区大团圆》《吊今战场》等文中，多名国民党军官以自己的见闻说明了蒋介石的指挥完全失败，众多军事将领只是在为国民党做嫁衣，白白牺牲自己的部下，这就导致更多的国民党将领失去作战的信心和勇气。

(三)解释国内外的形势，传达党的路线、方针、政策

这一时期的《大众日报》对国际、国内形势的宣传报道一直很重视，想尽各种办法克服困难，运用各个通讯社特别是延安新华社的报道，及时向群众宣传当时国际、国内发生的一些重大政治、军事、经济、文化事件，并且差不多每期报纸都有一篇社论或专论来分析这些事件的前后发展经过、原因、意义及其今后可能的发展趋势，阐述中国共产党的态度与主张。例如，1940～1941 年对国民党反动派一手制造的震惊中外的"皖南事变"和在全国范围内掀起的第一次反共高潮以及这一时期发生的德国法西斯悍然发动对苏联的进攻、日本帝国主义发动太平洋侵略战争、国民党正面战场上的节节败退和八路军发动的"百团大战"等等重大事件，《大众日报》都作了比较集中和突出的宣传报道。并且通过这些事件的宣传报道，反复宣传解释中国共产党和八路军、新四军，一贯以国家和民族利益为重，顾全大局，一再忍让，始终坚持团结、抗战和进步，反对分裂、投降和倒退的严正立场，以及在反摩擦斗争中的有理、有利、有节的自卫原则，既及时揭露打击了亲日投降派的中途投降妥协的阴谋活动，又教育了人民群众，扩大了我党我军的政治影响。

(四)宣传民众的参与，展现人民群众对战争的普遍支持

毛泽东指出："革命战争是群众的战争，只有动员群众才能进行战争，只有依靠群众才能进行战争。"②在山东战场上进行的多次战役就是充分动员了群众参

---

① [美]哈罗德·拉斯韦尔著，张洁、田青译：《世界大战中的宣传技巧》，中国人民大学出版社 2003 年版，第 59 页。

② 毛泽东：《关心群众生活，注意工作方法》，《新湘评论》2013 年第 3 期。

加的战争，人民群众的支前工作对这些战争的胜利起着重要作用。《大众日报》热情报道和歌颂了后方人民对前线的无私支援。在《解放战争中山东民工支前壮举》中，《大众日报》指出："山东是敌人重点进攻的战场，山东人民担负的支前任务特别浩繁。宿北、鲁南、莱芜、泰安、孟良崮、潍坊、兖州、济南、淮海等全国著名的几次战役，我们都取得了伟大的胜利，山东人民对这些战役的支援是起到了巨大作用的。"[①]通过这些宣传，反映了解放军和人民群众的血肉联系，显示了军民团结，使解放军获得了源源不断的物资供给和精神动力，同时使人民群众对解放战争有了更为清醒的认识，从而前赴后继、争先恐后地支援前线，为解放战争地胜利做出了不可磨灭的贡献。

(五)批判错误的抗战观

1.批判"亡国论"

在抗日战争全面爆发前就有人散布亡国之论，认为中国的武器装备不如日本，中国必败。抗战开始后，中国的华北、华中大片领土迅速沦陷，"亡国论"在国内又盛行起来。汪精卫说："我们的所谓抗战，无他内容，其内容只是牺牲，牺牲完了，抵抗之目的也就达到了。"[②]在国民党和国民政府内部，汪精卫资格老、地位高、关系多，这种"亡国论"的论调影响很大。一个国家的战斗精神往往是靠必胜的信念来维持的。亡国的论调不仅会让人民丧失必胜的信念，也会丧失战斗的精神。针对这种亡国的论调，《大众日报》一方面通过中国军民的抗战成绩进行事实的驳斥，另一方面，通过分析国内形势和国际形势论证了中国必胜、日寇必败。《大众日报》一直比较重视国际新闻的报道，尤其重视把中国的抗日战争作为世界反法西斯斗争的一部分来进行报道。一直以来，国民党政府就希望通过美英与日本的制衡来结束这场战争。1941 年太平洋战争爆发之后，日本在国际上更加孤立。《大众日报》认为，美、英、苏的密切配合，再加上全世界各地的反法西斯战争，法西斯内部也是矛盾重重，这就给中国抗战准备了有效反攻的国际环境，保证了中国抗战的胜利。《大众日报》的这些文章对于坚定人民的斗争信念起到了重要的作用。

2.批判"速胜论"

毛泽东曾指出，"亡国论"是不对的，"速胜论"也是不对的。"速胜论"给人民带来的危害是：一旦未能"速胜"，人民就会认为不能胜利，从而进入亡国论的行

---

① 祝宏、所梦九、李栋春、朱杰臣、涂应民：《解放战争中山东民工支前壮举》，《大众日报文集之二解放号角》，齐鲁书社 1993 年版，第 666 页。

② 阚和庆、张浩：《论中国共产党在全民抗战中的中流砥柱作用》，《党史博采：理论版》2015 年第 9 期。

列，就会破坏人民抗战的信心和决心。从根本上，国民党也预料到与日本的这场战斗是一场消耗战，因此，国民政府在卢沟桥事变后立即把军事工业和关键性的企业迁往了内地。但是，出于加强国民党统治的需要，在对外宣传方面，国民党往往夸大国民党获胜战役的价值，并且宣扬“速胜论”。比如 1938 年 10 月 10 日，国民党中宣部机关刊物《中央周刊》创刊号上撰文分析抗战前景时，公开提出：“再战半年，最多一年，敌人虽胜于战场，亦必因经济之破产，而全局瓦解。中国获得最后胜利，为期不远也。”[①]显然，“速胜论”与“亡国论”一样都会给中国人民的抗战带来消极影响。

针对“速胜论”，《大众日报》着力宣传与之相对的观点，即毛泽东提出的持久战的思想。1939 年 2 月的“大众知识”栏目中刊登了题为《持久战》的小文章。文章指出，日本的战争是帝国主义的，是野蛮的，是退化的，而且它先天不足，人力、物力、财力都感缺乏，由于它在国际上是孤立的，中国方面由于各方面不如敌人，在战争的开始，必然要遭受部分的失败，然而中国人多、地大、物博，加之国际援助和全国的精诚团结，决定了抗战必然是持久的。理论是行动的指南，没有正确理论的指导，就不会有科学有效的斗争战略。持久战的战略思想一方面时时防止人民盲目乐观、放松警惕，另一方面也使人民从“速胜论”的迷雾中走出来，做好打持久战的准备。

三、《大众日报》经济话语体系主体角色的建构

《大众日报》在革命战争时期经济话语体系主体角色的建构主要是通过对土地改革的宣传进行的。

不同时期中共中央的土地改革运动是不同的。在抗日战争时期，为了团结一切可以团结的力量共同抗战，中共中央决定在各个根据地推行减租减息政策。

《大众日报》关于减租减息的宣传是在 1942 年 5 月之后，要晚于其他地区，这源于山东独特的社会文化环境。山东是圣人之邦，封建传统浓厚，这也使山东抗日根据地内旧的思想和意识形态较其他地区更加根深蒂固，新的意识形态渗入进去更加困难。因此，前期《大众日报》对于减租减息的土地革命运动宣传是不力的，直到 1942 年 4 月，中共中央政治局委员、中共中央华中局书记刘少奇从中共中央山东分局返回延安途中，经过湖西地委到达冀鲁豫区党委所在地，对边区发动群众的工作和对敌斗争策略问题作了重要指示。他先后作了《关于山东工作》《群众运动问题》《中国革命的战略与策略》《改造政权问题》《党内斗争问题》《思想方法问题》等一系列的报告，引起了山东党政领导的高度重视。在刘少

① 《中央周刊》第 1 卷第 1 期，1938 年 10 月 10 日，第 16 页。

奇同志的具体指导下,1942 年 5 月 4 日,中共山东分局发出了《关于减租减息改善雇工待遇开展群众运动的决定》,自此正式揭开了山东“双减”工作的序幕。《决定》要求:“认真实行减租减息、发动群众运动是建设山东根据地的第一位斗争任务,并首先成为麦收到年底这一时期的第一位工作。山东全党的领导及党政军民的一切工作,今后均需围绕着并彻底地完成这一中心任务。”①

为了配合党的中心任务,从 1942 年 5 月 1 日《大众日报》发表社论《纪念“五一”切实进行减租减息改善雇工生活》起,至 7 月 28 日《大众日报》出版 27 期,其中发表本省各地有关双减增资的报道 117 篇,平均每期 4 篇有余。这是《大众日报》自创刊以来第一次系统地大规模报道群众运动,大大加强了报纸的党性、指导性和群众性。

解放战争时期,国共成为决定中国命运的两大政党,自身力量薄弱的中国共产党为夺取政权,只有动员起拥有巨大人口资源和潜在能量的农民,才能拥有战胜国民党的最大政治资源。农民既可以是现有秩序的坚固堡垒,又可以是革命的突击部队;农民究竟扮演什么角色,这完全要看现有制度能在多大程度上按照他们的想法去满足他们切实的经济和物质利益,其中关键是解决土地问题。如何解决土地问题,将直接关系到能否有效地动员广大农民群众参加革命。在解放战争期间,对土地问题的处理实际上是中国共产党为了与国民党争夺全国政权进行社会动员的主要手段。随着战事激烈程度的加剧和战争规模的急剧扩大,社会动员愈发演变成为一种特殊的战争动员,有着极强的功利性。中国共产党紧紧抓住了农民强烈的恋土意识,以自下而上的方式领导农民进行了轰轰烈烈的土地改革运动,正因为如此,革命才迅速取得了成功。

1945 年冬至 1946 年春,解放区的土地政策仍是抗战时期的减租减息。1946 年 5 月 4 日,中共中央发布了由刘少奇起草的《关于清算减租及土地问题的指示》(简称《五四指示》),决定将减租减息的土地政策改为全面没收地主的土地分给农民,实行土地改革。1946 年 9 月 1 日,中共中央华东局下达《关于彻底实现土地改革的指示》(简称《九一指示》),要求各地在年底前全部或者大步完成土地改革。《九一指示》下达后,各地相继召开会议传达贯彻,并根据本地的具体情况分别发出土改指示,全省各解放区全面展开了一场大规模的群众性土地改革运动。根据《九一指示》的要求,10 月 10 日山东省政府颁发了土地改革的布告,《大众日报》发表《拥护省政府双十布告,迅速完成耕者有其田》,指出:“省政

① 山东省档案馆、山东省社会科学院历史研究所合编:《关于减租减息改善雇工待遇开展群众运动的决定(1942 年 5 月 4 日)》,《山东革命历史档案资料选编》第八辑,山东人民出版社 1983 年版,第271～274 页。

府双十布告的基本精神，在于实现耕者有其田，就是以向地主清算征购等等入情入理的办法，使常年在无理的封建剥削下失掉土地的无地及少地的农民，得到维持生活所必需的土地。”[①]同时，报纸也由点带面地大力报道了这一运动。先后刊登《乳山石岛海洋参议会上农民热望土地》《峄县红庄等村群众算回土地两千亩》《滨海群运如怒潮澎湃数十万农民要地种》《岔河区农民渴望土地热烈讨论土地回家》《莱城土地改革展开迅速》《沂源十万农民收回土地》《滨北土地改革大体完成》等大批报道和一系列理论经验文章，指导解放区的土地改革运动。

四、《大众日报》文化话语体系主体角色的建构

首先，《大众日报》建立起了革命文化。1940 年 12 月，大众印书馆正式成立。大众印书馆以大众日报社为依托，和报社一起行动，设有编辑室、经营科、材料科、印刷出版科和铅印厂、石印厂。这是共产党在山东抗日根据地最早创办的一个比较完备和有相当规模的出版印刷单位。它从 1940 年 12 月，一直坚持到 1942 年 3 月，为干部系统学习马克思列宁主义、毛泽东思想提供了有利条件。根据当时报纸上发表的新书广告的记载，大众印书馆最早出版的书籍中有《抗日民族统一战线》《什么是马克思主义》《社会科学概论》《共产国际纲领》《列宁主义概论》《共产党宣言》，毛泽东的《论新阶段》《论持久战》《抗日游击战争的战略问题》《抗日游击战争的战术问题》，刘少奇的《论共产党员的修养》，陈云的《怎样做一个共产党员》，艾思奇的《大众哲学》，等等。其中绝大多数都是根据延安解放社的版本翻印的。这些政治理论书籍的出版，给当时山东敌后广大革命青年以有力的思想武装，哺育了刚刚踏上革命征途的一代新人。

其次，《大众日报》建立了新民主主义的文化，也就是民主的、科学的、大众的文化。除了翻印出版马克思列宁主义、毛泽东思想理论著作和群众时事、政治、文化读物，大众印书馆还为农村抗战小学、政治民校、妇女识字班编印出版了一整套课本和教材，解决了群众学习政治、时事和文化中的困难。大众印书馆的创立，对当时山东根据地文化教育事业的发展做出了有益的贡献。1943 年，山东新华书店成立，《大众日报》经理刘力子兼任书店经理。山东新华书店在抗日战争中一直附设在大众日报社，在编辑、印刷和经营管理方面也主要是以《大众日报》为依托，实际上是报社的一部分。在政治上受山东分局宣传部领导，在日常工作和业务上受《大众日报》编委会和社务委员会领导。这一情况一直到抗日战争之后。当时由山东新华书店出版的定期刊物，就有省文协主编的《山东文化》

---

① 祝宏、所梦九、李栋春、朱杰臣、涂应民：《解放战争中山东民工支前壮举》，《大众日报文集之二解放号角》，齐鲁书社 1993 年版，第 47 页。

《大众歌声》《戏剧与杂耍》，山东军区政治部宣传部主编的《山东画报》，省战工会教育处主编的《山东教育》等。特别值得指出的是，这一时期还出版了大量适合人民群众需要的文艺著作，如翻印的《小二黑结婚》《李有才板话》《王贵与李香香》，本省的《晴天》《翻身》《变工》《过关》《归队》和一些定期的连环画。这一时期，新华书店还针对当时根据地军民开展大生产运动和农村业余文化娱乐活动的需要，先后编辑出版了《生产运动小丛书》《通俗读物小丛书》和《戏剧杂耍丛刊》，其中《生产运动小丛书》就有30多种，既有劳动英雄模范人物的先进事迹，又有农业生产技术知识。"在两年多的时间内，山东新华书店共出版发行了各种图书二三百种，五六百万册。"①由此可以看出，人民群众积极参与中国共产党领导的各种文化活动，山东抗日民主革命根据地（解放战争中为解放区）文化活动迅猛发展。文化是社会经济基础与上层建筑在意识、观念上的反映，由于革命为这一时期中国共产党的中心任务，因此这一时期大众日报社宣传的新民主主义文化依然为政治、为战争服务，但山东抗日民主革命根据地（解放战争中为解放区）文化活动为群众服务的目的使之形成了其大众化的特点，这便与中国历史上其他的传统文化区别开来，形成了独特的红色文化。

第二节　改革开放前的党报主体角色（1949～1978）

1949年10月1日，中华人民共和国成立，中国共产党成为执政党，《大众日报》成为党的重要的执政资源。随着党和国家的重心由农村转向城市，由战争走向建设与发展，党报的宣传对象与宣传主题都发生了变化。

一、《大众日报》政治话语体系主体角色的建构

（一）进行政治动员，保卫革命胜利果实

"政治动员就是国家、政党、社会组织或个人等动员主体，为实现特定政治目标而通过一定的策略、手段和方法，来引导动员客体接受和认同动员主体权威并进行特定指向政治参与行为的过程。据不完全统计，从1949年到'文革'前，我国大大小小的政治运动多达50多次。"②在这一时期，高度集中的计划经济体制为政治动员提供了经济基础，与群众的紧密联系为政治动员提供了实现良好效

① 朱民编著：《大众日报五十年（1939～1989）》（上），山东人民出版社1989年版，第146页。

② 参见路阳《政治动员、群众运动和中国国家建构——毛泽东时代中共政治动员述析》，《中共杭州市党委学报》2013年第2期。

果的人员基础，宣传鼓动则是政治动员的主要内容和方式。在“文革”前的社会主义建设过程中，政治动员扮演了重要的角色，事实上政治动员已经成为中国共产党日常工作中重要组成部分。期间中国共产党通过土地改革、镇压反革命、抗美援朝、“三反五反”、“大跃进”、人民公社化等运动，促进了中国政治的主题由革命化走向了现代化。

在这些大规模的运动中，《大众日报》加强与群众的联系，指导群众实践，鼓动起一次次的群众运动。从 1951 年 11 月到 1952 年 10 月，党中央领导开展了“三反”(反对贪污、反对浪费、反对官僚主义)和“五反”(反对行贿、反对偷税漏税、反对盗窃国家财产、反对偷工减料、反对盗窃国家经济情报)运动。当时《大众日报》编辑部有 60%的人员投入到“三反”“五反”运动的宣传报道中去。为了及时领会党和政府的意图以及指导运动的开展，时任总编辑的吴建几乎每天上午都到山东分局参加集体办公会议，听取各地、各市委和省直单位关于运动进展的汇报，随时根据从党委了解到的报道线索和山东分局领导同志的指示，向编辑、记者分配报道任务，并且亲自撰写重要新闻和社论，引导报纸的舆论导向。由于报社主要负责人直接参加党委对“三反”“五反”运动的领导活动，因此，《大众日报》对党的决策意图领悟得就准确、及时。山东分局讨论研究的问题，第二天就能在报上作出反映，这样就保证了报纸在第一时间配合党的工作。与此同时，当时分管“三反”“五反”运动报道任务的副总编辑和编委，都各率领一批机动记者驻扎在省级机关和济南市整编节约委员会办公，重点报道省级机关和济南市的“三反”“五反”运动，根据每天的发展情况，直接组织指挥记者来访，并负责编发“三反”“五反”运动的稿件，从而将记者采访与编辑工作统一起来。此外，这一时期《大众日报》还向全省各主要城市派出记者，在当地与通讯员合作，完成了各地“三反”“五反”运动的报道。在“三反”“五反”运动的宣传报道上，《大众日报》之所以取得了宣传鼓动的效果，一条重要的经验就是在编委会的领导下，从运动开始到每一个重要关键时刻，都认真研究了党的路线、方针、政策、任务和要求，调查研究实际情况，并根据党委的领导意图和运动的发展趋势，发动所有的编辑记者反复讨论，共同制定切实可行的具体宣传报道计划。

(二)宣传民主集中制，为建立社会主义民主政治体系鼓与呼

1949 年中华人民共和国成立到 1956 年三大改造基本完成这一阶段，是我国由新民主主义社会向社会主义社会过渡的历史时期。随着新中国一大批与国家经济制度、政治体制密切相关的法律法规的相继问世，我国确立了人民代表大会制的根本政治制度。人民当家做主、参政议政和民主政治参与有了体制和法律的保障，开启了民主政治建设前所未有的良好景象。

1950年3月山东省各界人民代表会议以后,《大众日报》对于全省各级人民民主政权的建设一直比较重视,经常把它列为报纸宣传报道的重要任务之一。《大众日报》对人民民主政权建设的宣传报道,是和对广大干部和人民群众进行民主法制宣传教育一起进行的。

首先,报纸围绕党和政府各个时期的工作,通过大量事实宣传人民政府是来自人民、为人民服务的,是人民群众的一员,必须一切从广大人民群众的根本利益出发,以人民群众的利益为利益,与群众密切打成一片,遇事同群众商量,一刻也不能脱离人民群众,更不容许滥用人民给予的权利,谋取个人一己一派一党的私利。为此,报纸宣传报道了许许多多勤勤恳恳、兢兢业业为人民服务的好干部,通过典型的模范榜样,向各级政府干部进行民主思想和民主作风的宣传教育。1953年1月28日,报纸在第一版头条,突出报道了费县五区大安乡乡长、共产党员李瑞兰积极领导群众发展生产,作风民主、深入,生活艰苦朴素,与当地群众联系密切,受到人民拥护的先进事迹,并发表社论《学习李瑞兰同志的民主作风,进一步密切党与人民群众的联系》,指出李瑞兰全心全意为人民群众服务的精神、有事同群众商量的民主作风和群众路线的工作方法,是每个共产党员应该具有的优良作风,是党和政府一贯倡导的基本原则,号召全省共产党员和各级干部,以李瑞兰为榜样,进一步树立和发扬全心全意为人民群众服务的思想,永远与人民群众紧密地联系在一起。

其次,向广大人民群众进行当家做主的思想教育,反复说明人民群众是国家的主人,既要拥护政府的一切决议和法令,积极响应政府的各项号召,协助各级政府完成各项任务;又要正确行使自己的民主权利,对政府各级工作人员进行批评监督,同一切损害人民群众利益的现象作斗争,这是拥护政府、爱护政府的具体表现。为此,报纸开设“读者来信”(后改为“大众园地”)专栏,不断地刊登一些来自人民群众的对政府工作的批评建议。比如,1953年4月《大众日报》在一版发表“读者来信”专页,对农林厅漠视群众、济南实业建筑工程公司浪费国家财产、济南铁路局不少单位违反劳动政策解雇工人等问题进行了批评。《大众日报》这种重视读者来信的做法,一方面成为联系实际、联系群众、反映群众心声的一种独创,另一方面也成为群众发挥主人翁作用的重要渠道。

此外,报纸还通过对各级政府工作的宣传报道,反映和报道各级政府工作人员发扬民主精神,树立民主作风。为了配合全省第一次县长会议的召开,交流各地民主建政工作的经验,从1952年11月13日至12月26日,《大众日报》在第三版上专门开辟了一个题为“加强民主建政工作”“巩固人民民主制度”的特别宣传栏目,在一个半月内集中报道了各地召开人民代表会议和民主建乡的试点经验。通过各地典型经验,向广大干部和群众宣传了召开人民代表会议、加强人民民主政权建设的重要性和必要性,以及各地在民主建乡工作中的一些好的做法和经验。在全省第一次县长会议开幕和结束的时候,报纸接连发表了《加强人民民主政权建设,迎接大规模建设》和《认真贯彻本省第一次县长会议的精神》两篇社论,针对某些干部和群众对加强人民民主政权建设和建立人民代表会议制度的一些错误认识,着重阐述了社会主义工业化和民主化的关系,指出开展人民民主运动、加强人民民主政权的建设,充分发挥人民群众的政治积极性,使人民群众的政治生活民主化,这是我们在大规模国家经济建设中的主要课题和基本环节。

二、《大众日报》经济话语体系主体角色的建构

(一)宣传党的经济政策,讴歌全省经济建设的成就

新中国成立前夕,党就已经明确了革命胜利后全党的工作重心将由农村转向城市,新闻媒体的工作要围绕着生产建设这个中心并为这个中心服务。1954年7月,中央人民政府新闻总署关于改进报纸工作的决议明确指出:"经济宣传所占的篇幅,不应少于报纸版面的百分之四十。"[①]在上述指导思想的作用下,《大众日报》以极大的精力报道经济新闻。尤其在1953～1957年,《大众日报》开辟了"我们祖国的新山东"专栏,用大量篇幅宣传党的过渡时期的总路线,宣传党的经济政策,宣传山东在经济建设过程中的新情况、新经验、新人物,对于推动山东的经济建设发挥了重要作用。这些经济报道以事实为准绳、以民生为视角、以本土化为特色,多角度、全方位记录了新中国经济建设的重要历史瞬间,在新中国的建设中发出了党报权威而洪亮的声音。但是,很可惜的是从1958年开始,由于受"左"的思想影响,与那个时期全国其他的媒体一样,《大众日报》的经济宣传出现了较大的偏差,搞浮夸风,搞片面性,违背了新闻真实性原则,也对这一时期山东省经济建设的损失具有不可推卸的责任。尽管在1962年之后,党对"大跃进"期间的浮夸风进行了反省,重新回到尊重实事求是的精神和尊重经济建设的规律上来,但由于对于国内形势的错误估计,党作出了"以阶级斗争为纲"的方针政策。于是,一切为阶级斗争服务,经济新闻也被贴上了政治标签。1966～1976年"文革"期间,《大众日报》的经济报道失去了独立性,也失去了可读性。

(二)通过典型报道,鼓舞人们学习先进人物和先进集体

典型报道是前苏联和社会主义中国特有的新闻景观。革命时期,《大众日报》也推出了许多典型人物。新中国成立初期,典型报道更是高潮迭起,这时的

① 余家宏、宁树藩、徐培汀、谭启泰:《新闻学简明词典》,浙江人民出版社1984年版,第102页。

典型报道不仅仅局限于先进个人，先进集体也成为人们学习的榜样。1953 年，毛泽东提出要“重视典型报道”，“……许多材料，都应当公开报道，并发文字广播，三五天一次，方能影响运动的正确进行”。[①] 在国民经济恢复的第一个五年计划时期，国家提倡利用典型报道进行大规模的经济宣传，报纸“积极支持工人阶级和农民群众的一切创举，把先进生产单位、先进生产者的典型经验和重要成就推广到整个建设战线上去”[②]。于是，《大众日报》推出了杨仲海、房启明、徐建春、胡兆坤等先进人物和先进集体。配合“三反”“五反”运动，则对苍山拔棉事件、赵王堂村事件、下柳连村事件进行了报道，并配发多篇社论。1957 年的反右派斗争以后，中央对整个形式估计错误，开始发起“大跃进”运动，在总路线、大跃进、人民公社“三面红旗”路线的影响下，《大众日报》宣传了“人有多大胆，地有多大产”“跑步进入共产主义”等极“左”的口号，做了许多“亩产几千斤、几万斤粮食”的虚假典型报道，违反了新闻真实性的原则，产生了不良的影响。60 年代初期，典型报道走向成熟，《大众日报》一方面配合党中央的号召，对“毛主席的好战士——雷锋”“县委书记的好榜样——焦裕禄”以及“种棉模范吴吉昌”等典型人物以及大庆、大寨等先进集体进行典型报道，另一方面推出了山东的典型人物牛发和、王永兴等，丁家大队被树为全省山区建设的榜样，1965 年在全国农业先进典型展览会上作为重要典型展出。

在“文革”阶段，配合国家宣传的需要，《大众日报》也对“农业学大寨”“厉家寨大队”“白卷英雄张铁生”“反潮流的英雄黄帅”等典型进行了报道，它们都是因为某种政治目的而推出的。为了政治的需要，典型被随意塑造。像大寨一会儿是“艰苦奋斗、自力更生的典型”，一会儿是“阶级斗争的典型”，一会儿是“全面专政的典型”，一会又成了“继续革命的典型”，新闻的真实性与客观性被忽略，只剩下了政治宣传的功能。

客观来讲，从新中国成立开始到 1966 年，虽然我党在社会主义建设期间走过一些弯路，但是总体来说，对于先进人物与先进集体的报道力求客观真实，这些典型人物和集体发动了群众，鼓舞了群众，党报在这些典型人物的宣传中显示了作为党的事业的一部分，始终保持与党和政府的路线、方针、政策高度一致。从 1967 年“文革”开始，典型人物的宣传也进入了“歪曲报道”的时期。但是，即使在这个时期，党报始终保持了与政府的方针、政策相一致。因此，在这一时期，典型报道是社会主义条件下的一种特定的新闻模板，是“社会主义条件下的为无产

① 《毛泽东新闻工作文选》，新华出版社 1983 年版，第 176 页。

② 《中共中央关于改革报纸工作的建议》，《中国新闻年鉴》，中国社会科学出版社 1982 年版，第 96 页。

阶级政治服务的新闻特写"[①]，自始至终都肩负着政治使命。典型报道的兴盛"是和一个轰轰烈烈的革命时代相适应的，以狂热和一元化的舆论导向为其特征"[②]。

三、《大众日报》文化话语体系主体角色的建构

（一）肃清封建思想残余，建设社会主义的新思想

1949年中国大陆的解放摧毁了官僚资本主义，并同时结束了帝国主义在中国的统治，宣告反封建斗争在政治上的胜利。1949年革命的胜利只能说是封建主义作为制度形态的终结，但是新生的中华人民共和国在很多方面带有旧社会的痕迹，而这些痕迹就是封建主义残余。《大众日报》肃清封建残余思想突出地表现在配合《中华人民共和国婚姻法》的实施，进行广泛宣传，使婚姻自由、男女平等的观念深入人心。

中国几千年来长期停滞在封建社会，封建思想以"君君，臣臣，父父，子子"的伦理秩序为中心，世人要遵从"三纲五常"，女子要遵守"三从四德"，妇女在封建婚姻制度中所受的压迫和痛苦比男子更为深重。在山东，男尊女卑思想根深蒂固，虽然历经近代历史中战火的洗礼、西方文明的冲击，但直至新中国成立，山东由于其传统文化特有的长期稳定性，封建思想仍占据主要地位。1950年4月13日，《中华人民共和国婚姻法》经由中央人民政府委员会第七次会议通过，它是我国新民主主义革命时期的一项重要的立法，也是新中国的第一部大法。它制定的基本原则是废除封建主义婚姻制度，实行一夫一妻制，立法精神是要推翻以男子为中心的"夫权"支配，保护妇女和子女的正当利益。当时的山东封建思想对人们仍有巨大的支配力量，要执行这样一部全新的新民主主义《婚姻法》，谈何容易。1950年8月8日，《大众日报》报道苍山县青年妇女因不堪虐待要求离婚，竟然被婆母、丈夫、该村自卫团团长等人杀害。《大众日报》为此发表社论，指出废除封建主义婚姻制度，建立新民主主义的婚姻制度，是人民政府的既定政策，也是国家法律的铁的原则，任何人必须遵守执行，不得违法。

《婚姻法》出台后，《大众日报》进行了全面集中的报道。在1950年4月至12月间，关于《婚姻法》的相关报道就有六七十篇。报道的内容非常全面，涵盖结婚自由、离婚自由、家庭关系等各方面内容。除了刊登政府的政策之外，还大量报道了真人实事。另外，《大众日报》还通过报道妇女积极参加生产，提高妇女的社会地位，从而使《婚姻法》的实施有了社会保障。

---

① 张威：《典型报道：渊源与命运》，《新闻与传播研究》2002年第2期。

② 张威：《典型报道：渊源与命运》，《新闻与传播研究》2002年第2期。

(二)通过读者来信来稿的讨论,引导读者形成正确的价值观

“全党办报、群众办报”一直是我党新闻事业的传统。通过各种渠道,方便群众为报纸献计献策,及时反映自己的困惑,并以读者来信、来稿等方式参与新闻工作,一直被视为加强与群众联系、改善和提高新闻质量的重要手段。《大众日报》在新中国成立初期,面对群众的困惑,往往会设计刊登读者来信,设置讨论议题,之后通过读者来信、编者按、社论等各种形式发出自己的声音,引导舆论。1963 年 5 月,《大众日报》就读者郑维禹对幸福的看法(他认为幸福就是物质生活好),组织读者讨论了“要用什么标准来衡量幸福”的问题。报纸在三版“怎样正确地对待幸福”专栏里连续发表了读者畅谈和探讨幸福观的问题。什么是人生最大的幸福?这个问题在读者中产生了强烈的反响。在引导舆论时,《大众日报》特别注意联系实际,用实人实事实道理,谈自己的认识和体会,很有说服力。例如,《大众日报》曾刊登了售货员刘福英写的一篇文章,作者认为自己能够为人民做一点有意义的事,把党的温暖送到每个人的身上,使更多的人生活得幸福和愉快,这就是自己真正的幸福,因此她说:“顾客的笑容,就是我最大的幸福。”

在反映时代问题时,发表读者意见,进行话题讨论,是《大众日报》常用的一种技巧。在选择话题时,编者一般会选择读者急迫需要解决的话题、读者普遍存在疑惑的话题;在最初开展讨论时,往往依托读者来信,配发按语,提出讨论的问题和要求;在开展讨论的过程中,往往注意讨论的广度和深度,充分利用读者的来信来稿,并且尊重不同的意见,尽量地多采用一些稿件。通过报纸讨论,报纸对公众舆论和社会生活实施了有效的指导和调控,报纸也深化和搞活了宣传报道,并且贴近和争取了广大读者。

四、《大众日报》的新闻改革与业务拓展

(一)1956 年的新闻改革

现代报纸具有传递信息、反映引导舆论、传播知识、休闲娱乐、服务社会等多种社会功能。但在革命胜利前,党报主要为革命战争服务,为夺取政权服务,不可能发挥报纸的其他功能。1956 年是新中国历史发展中带有转折性的一年。国际方面,苏共“二十大”召开,批判了对于斯大林的个人崇拜及斯大林的历史错误;国内方面,党对农业、资本主义工商业、手工业的社会主义改造基本完成。当国际国内的社会环境都发生了巨大变化时,党调整了国内建设的方针政策。1956 年 5 月 2 日,毛泽东在最高国务会议上宣布“在中华人民共和国宪法范围

内，各种学术思想，正确的、错误的，让他们去说，在刊物上、报纸上可以说各种意见"[①]，这就确立了在文化战线上"百花齐放，百家争鸣"的方针。

配合党中央对于新闻改革工作的要求，9 月 15 日《大众日报》发表社论《大家动手，办好大众日报》，许多同志针对报纸宣传工作中存在的问题，大胆地提出了许多改进的倡议，如扩大报道面、加强对有关人民群众生活的宣传报道、增加宣传报道中的知识性和趣味性、提高新闻报道的时效、精心制作标题、加强语法修辞和逻辑的学习、活跃美化版面、改进经济宣传等等。编辑部的民主生活和研究问题的风气也有了发展，大家在工作中的积极性、主动性、创造性得到了进一步发扬。

(二)制定工作条例

1961 年，《大众日报》编委会组织大家系统学习了马克思、列宁、斯大林关于报纸工作的有关论述，学习了党中央关于报刊工作的指示、决定和党中央领导同志的有关讲话、文章，学习了延安《解放日报》、新华总社、《人民日报》有关报刊工作的重要社论，在提高认识的基础上，充分发扬民主，集中大家的智慧和力量，不断地修改、补充，最后制定了《大众日报改进方案》和《大众日报工作规范》两个条例，这两份文件后来成为报纸宣传和报社内部各项业务建设的基本准则。这种通过条例、准则规范新闻报道行为的方式，对于后来报纸的宣传和报社内部各项业务建设都发挥了积极的影响。

(三)创办《农村大众》

1950 年 5 月，《农村大众》创刊，创刊时该报为四刊四版，三日刊，后来停刊。1963 年山东省委决定，将临沂、昌潍、烟台三个地委报纸《临沂大众》《昌潍大众》《烟台日报》和枣庄市委《枣庄市报》、泰安市委《泰安市报》停刊，集中人员和纸张，创办一张以全省农村基层干部和农民群众为对象的通俗报纸。3 月 1 日，《大众日报・农村版》创刊，开始为周双刊，每期刊发 40 多万份，由《大众日报》编委会统一领导。《大众日报・农村版》的一个突出特点就是具有广泛的群众性，充满群众的活动和声音。仅据 1963 年的统计，"一年中共发表各种地方稿件 1572 篇，而编辑部自己采写的稿件只有 120 篇，仅占百分之 7.7%。其余 1451 篇，全部都是各地通讯员的来稿。一年在一、二、三版头条和在专刊、专栏中发表了 387 位先进人物的事迹。这样多的人物上报，受到表扬，在农村干部、社员群

① 邢海鹏：《难忘的一段光辉——试论 1956 年全国新闻改革的意义》，《南京社会科学》1997 年第 10 期。

众中引起了很大的反响”①。

《大众日报·农村版》不仅在内容上注意适应读者的需要，而且在形式上也比较生动活泼。报纸上的文章体裁，除消息、通讯、言论外，还有诗歌、快板、相声、故事等，这些都适应了农民读者的爱好。同时报上的小专栏很多，如“农村青年”“诗歌画”“新农村新风尚”“人民公社好”“民兵”“农业知识”“通讯与读报”“大众来信”“好干部好社员”“干部谈体会”“生活顾问”“讨论会”“答读者问”“黑板报”等等。由于报道的内容比较宽，涉及面比较广，既满足了读者的各种需要，也充实了报纸的宣传内容。农村版的画很多，文字通俗简短，文图并茂。凡在报上发表的典型，有照片的一般都配上照片，没有照片的就配上插图。不仅这样，《大众日报》还根据各个时期的宣传任务，有计划地发表一些连环画，从而使报纸更能吸引读者。

通过这一段时期《大众日报》建立主流媒体地位的历史梳理可以看出，党报建立主流媒体地位需要具备两个条件：其一，是指在种类繁多的舆论场中居于主导地位，扮演舆论领袖的角色。与其他报纸相比较而言，党报要贯彻省委意图的宣传任务，发布信息的权威性与公信力更强，对决策层和广大受众的指导性和影响力也更大。其二，党报作为一种媒体，又要遵循新闻的客观规律，有相对的独立性和自主性。在新闻传播过程中，党报要遵守真实、客观、公正、全面、快捷的新闻规律，而党报的主体性则最明显地体现在党报具有强大的舆论监督功能。历史事实表明，尊重党报的办报主体地位，我们的报纸工作、新闻事业就能得到健康发展，党的宣传才能深入人心，真正起到作用；反之，如果不正视党报的办报主体地位，仅仅简单地把报纸当作政治工具加以利用，将会带来极大的危害。

第三节 改革开放后的党报主体角色(1978～2015)

十一届三中全会的召开，中国开始了改革开放的新时期，中国从封闭型社会向开放型社会转变，从计划经济体制向市场经济体制转变。报业与其他的产业一样，也面临着改革和机遇。这一时期的《大众日报》，除了延续优良传统，做好党的喉舌之外，最引人注目的莫过于在媒体产业化的进程中，始终站在时代的前沿，成为报业改革的尖头兵。

---

① 朱民：《〈大众日报〉五十年》，山东人民出版社1993年版，第441页。

一、《大众日报》政治话语体系主体角色的建构

(一)保持高度的政治敏锐性,始终走在时代的前沿

1978年是中国改革开放元年。在改革开放启动的时刻,在这样一个经济社会发展的重要关头,“两把刀”事件表现出《大众日报》高度的政治敏锐性。

改革开放前,山东与全国多数地方一样,杀猪实行“一把刀”政策:农民养猪,但不能杀猪,只能将猪卖给国营食品店,由商业部门统一宰杀;卖100斤生猪,返还5斤肉票,农民再拿着肉票到国营食品店买猪肉吃,还不能保证兑现。农村生猪多,国营商店收购不了,农民卖猪难,买猪肉也难。农民对“一把刀”政策非常不满,经常说:“喂个猪累死人,吃点肉难死人。”因此,1978年,菏泽地区首先实行了“两把刀”政策,生产队和社员在完成国家生猪派购任务后,可以对自家养的猪自行处理,自宰自食,这个政策得到了当地群众的拥护。对此,记者何荣德详细调查采访,写出了报道《实行杀猪“两把刀”,促进养猪事业发展》,编辑部在头版头条刊发了这篇报道,并且配发编者按,明确提出:“菏泽地区实行杀猪‘两把刀’政策……受到群众的欢迎。实践证明,这是调动集体和社员养猪积极性,促进养猪事业发展的有效措施。”

报道刊发后,在全省引起了强烈反响。有农民到市场上卖猪肉遇到检查人员时,就把用高粱夹着的《大众日报》插在肉摊上,说起话来也有了底气:“请看《大众日报》!”在一次会议上,有些同志以《大众日报》关于“两把刀”的社论违背了国家红头文件为由,要求《大众日报》作检查。编辑部据理力争,用更详细的调查事实予以反驳。记者何荣德在给编辑部的信中说:“新生事物的成长总是艰难曲折的。对两把刀持否定或怀疑态度的人,确实不少。尤其是大机关的人,对民间实情缺乏了解,更易说着道理。特寄去一份关于‘两把刀’的详细调查,请参阅。调查所反映的事实,对吕、张(当时对报道提出反对意见的省直部门干部)也是一个教育。”一个月后,党的十一届三中全会召开。“两把刀”问题在全会公报里找到了依据,论争由此平息。

在1978这个变革之年,“文革”“左”的思想依然很强大,但凡改革,哪怕是一小步,都会受到方方面面的责难和非议。在那样一个“摸着石头过河”的时代,《大众日报》还有两篇报道走到了时代的前列。

1978年10月28日,《大众日报》头版头条刊发通讯《应当让群众富起来——记乳山寨公社党委书记陶荣祥关心群众物质利益的事迹》,“编者按”中批评了“共产党就不该讲物质利益”的错误思想,并且强调:“干部要坚持实事求是和群众路线,为增加群众的物质利益而工作。”

1978年11月14日，《大众日报》头版头条刊登了《大家都来讨论：怎样做到思想再解放一点》，编发了读者建议在报纸上开展解放思想的大讨论和济南市委组织干部开展解放思想大讨论的报道。"本报编辑部按"中指出："思想不解放，胆子就大不了，办法就多不了，步伐就快不了！"随后报纸在二版开辟了"怎样做到思想再解放一点"的讨论专栏。这一讨论专栏到12月18日十一届三中全会开幕那一天，刚好刊发到第10期。

"让群众富起来"，"思想再解放一点"，这些观点在现在已经为人们普遍接受，在当时却是振聋发聩、振奋人心。在改革开放启动的时刻，大众报人凭借着其敏锐的政治洞察力，以其对解放思想、实事求是思想路线的坚持，赢得了群众的拥护，也赢得了历史的尊重。①

1978年，《人民日报》等8家报社开始试水企业化管理，党报开始走向市场。尤其是中国共产党第十四次代表大会之后，确立了报纸信息产业的性质，党报被全面推向市场。面对经营压力，有些媒体迷失了方向，为了争夺眼球，打着引起读者阅读兴趣和所谓的"贴近民生新闻"的旗号，大肆报道娱乐新闻和鸡毛蒜皮的社会新闻。

《大众日报》一方面深化新闻改革，进行了一系列探索创新，吸引高端订户，注重媒体的经济效益；另一方面，坚持做主流大报，坚持党性、人民性，坚持正确的舆论导向，提高舆论影响力。《大众日报》明确党报的影响力来源于对重大政治、经济事件的深度解读，来源于对社会主流新闻、主流资讯的权威发布，来源于对民生、民情、民意的人文关怀。主流媒体与都市报、晚报不同，应该立足于那些关乎国家命运、社会发展、民众福祉的重大事件，要坚守社会责任和记者的职业道德，坚持最高的新闻原则，对真正需要人们关心的事件做及时、准确、全面、深入的报道，而不能在家长里短、鸡毛蒜皮的社会新闻和引起人们感官愉悦的娱乐新闻上耗费太多气力。真正弘扬时代主旋律的任务，必须并且只能由党报来承担。

近年来，传媒格局与传媒生态都发生了重大的改变，《大众日报》始终坚持作为党的耳目喉舌的作用，准确地把握党的政策，坚持正确的舆论导向，担负起作为主流大报的责任。

2007年年初开始，山东诸城重新整合农村组织资源，先后进行了联合党总支建设和农村社区化服务两个具有鲜明特色的新探索。8月份，《大众日报》总编辑傅绍万到诸城调研时，市里着重介绍第一条经验，因为联合党总支建设已经

---

① 参见《敢于发出自己的声音案例：1978年杀猪"两把刀"报道》，大众日报70周年报庆丛书编委会《大众日报新闻创新70例》，大众报业集团内部资料（2008年），第89～93页。

开展了半年，有了显著的效果，而社区化服务才刚刚开展。哪一个经验更值得推广，更具有普遍意义？在新闻人作出决定的时候，实际上是在考验新闻人的新闻敏感与政治素养，考验新闻人是否具有高人一筹的预测能力与眼光，是否能够在重大事件和典型报道中发出自己的声音，发挥引领作用。傅绍万同志派了两名记者深入诸城再次采访，经过审慎思考作出判断：农村社区涵盖全市所有村庄，让千家万户农民跟城里人一样享受政府公共服务，更具有普遍意义和推广价值。于是，决定对诸城首创的以县市为单位连片推行农村社区化服务的创新工作进行重点推广。9月15日，《诸城农民迈进3公里社区服务圈》发表在《大众日报》头版头条。其实，记者去采访时，诸城的农村社区还在开展中，还很不完善，但是《大众日报》看到了这项工作的长远意义和推广价值，重点推广，事实证明这个判断的正确。报道发表后，诸城的创新实践引起了广泛关注，《人民日报》、新华社、央视新闻联播接连进行报道，各地前来参观学习的人越来越多。媒体的支持坚定了诸城推进农村社区化建设的信心，他们加快了推进的步伐。《大众日报》也一直关注着这项工作，并及时报道工作的进展情况。2008年，当诸城的农村社区化建设有了一定规模时，《大众日报》通过消息、通讯和评论等形式将其作为典型放大，浓墨重彩地进行宣传，形成了舆论的优势。目前，诸城的探索已经被民政部誉为“农村社区建设的诸城模式”，并确定诸城为全国农村社区建设实验区，中宣部也组织了中央主要新闻单位对诸城经验进行了集中采访。对于诸城报道的消息也荣获了第十八届中国新闻奖一等奖。①

事实上，2004年3月《大众日报》改扩版，确立了“新闻强报，特色立报”的办报理念之后，至2014年10年间《大众日报》“新办8个地方版、7个行业版，报纸不断增厚变重，服务地方、服务行业能力不断增强；10年17次获中国新闻奖，被业界誉为‘大众日报现象’”②。在中宣部举办的“提高主流媒体舆论引导能力研讨会”上，中宣部的领导也指出：“《大众日报》改版以来，坚持特色立报、新闻强报，突出报纸新闻纸的本质，可读性、影响力明显增强。”③2005～2008年，《大众日报》连续3届、共4件作品获得中国新闻奖一等奖，这在全国报纸中是少有的。

（二）对重大方针政策进行权威解读

党和政府的方针政策、法律法规，都是党报重要的新闻资源。如何将这些新

---

① 参见《发掘创新典型　引领工作实践——案例：诸城农村社区化报道》，大众日报70周年报庆丛书编委会《大众日报新闻创新70例》，大众报业集团内部资料（2008年），第290～293页。

② 《改版致读者》，2014年3月16日《大众日报》。

③ 《改版致读者》，2014年3月16日《大众日报》。

闻资源落到实处，将新闻资源变为新闻产品，是《大众日报》一直在思索的问题。2004 年秋天，中央召开了十六届四中全会，专题研究党的执政能力建设问题，对全党来说这是一个崭新的话题。会前，编辑部调查发现，全省广大党员干部非常关注这次会议，他们不仅仅希望通过媒体得知这次会议的消息、会议的文件，更希望了解这次会议上提出的新思想、新举措以及其丰富的内涵和未来发展的趋势。为满足党员干部的心理需求，编辑部在会前进行了调研，列出了二十多个选题，由两名采编人员专程赶到北京，与有关的权威机构、专家学者联系，邀请他们为《大众日报》作会议精神解读。就这样，在新华社授权播发《中共中央关于加强党的执政能力建设的决定》的当天，《大众日报》拿出 6 个版推出了“十六届四中全会精神解读”，在第一时间对这次会议的新思想、新提法、新精神进行了比较权威全面的解读。在这次成功的策划之后，在以后的十六届五中、六中全会和十七大、十八大召开时，编辑部都会及早策划、及早部署，在会议召开的当天，都能够同时拿出多个版面，对会议精神进行权威解读。这种对重大方针政策的及时、准确的解读，开拓了党和政府宣传方针政策的新路径，确立了主流媒体的权威性，扩大了其公信力和影响力，已经成为《大众日报》作为主流媒体引导舆论的重要手段。①

（三）通过重大的主题策划引导舆论

伴随着网络时代的到来，越来越多的信息成为共享资源。在新的舆论格局中，党报不再是一枝独秀，仅仅依靠权威性和公信力，而缺少了影响力，是无法完成党报的职责和任务的。如果没有具有原创性的新闻产品，是无法吸引受众的眼球的，那么党报就有被边缘化的危险。目前，许多党报已经意识到这样一种新的舆论格局，纷纷在强调舆论导向正确这一原则的同时，也把舆论引导的技巧放在了一个重要位置。重大主题策划成为配合党的工作、提高党报影响力的重要手段。

2003 年 4 月，山东新一届省委领导班子组建不久，山东发展处于“前有标兵，后有追兵”的关键点上。山东应该如何发展？要向南方的省份学些什么？带着这些问题，山东省委、省政府主要领导带领各厅局级以及 17 地市的党政一把手到苏、沪、浙三省学习考察，并且拉开了山东“解放思想，干事创业，科学发展”大讨论的序幕。《大众日报》编辑部敏锐地感觉到这次事件将会对山东未来的发展有重大的意义。因此，《大众日报》马上成立了采访组，赴苏、浙、沪采访，以“借

---

① 参见《重大方针政策及时权威解读——案例：十六届四中全会精神解读》，大众日报 70 周年报庆丛书编委会《大众日报新闻创新 70 例》，大众报业集团内部资料（2008 年），第 232～233 页。

鉴南方经验,加快山东发展"为主题发出了三组系列报道,既有焦点透视,又有采访札记。还组织山东17市的市委书记、市长撰文谈观感、谈思路,随后刊发了一组评论员文章。这组报道在省委工作会议前后刊出,在全省引起了强烈的反响。省委宣传部把报道编撰成《记者眼中的苏沪浙》一书,并指定为全省解放思想大讨论的重要读物。

苏浙沪报道的成功,说明对党委、政府的工作,要时时关注,及早发现新闻线索,并且判断其新闻价值,对筛选出的重大新闻线索要深耕细作,形成报道方案。采访组第一次赴苏浙沪之前,总编辑傅绍万就主持召开了策划会,相关人员共同参加制定方案,这就使得记者的采访有的放矢、有据可依。此后,《大众日报》形成了特派记者组,这就使得重大主题的策划报道形成了制度。[①]

(四)发挥新闻评论的旗帜功能

评论是报纸的旗帜,说的是评论的重要功能。英国《金融时报》的总编安德鲁·高尔斯曾说:"在报业不发达的市场上,新闻就已足够;而在报业竞争非常激烈的市场上,就需要优秀、尖锐、强有力、发人深省的评论。"[②]任何信息的报道,某些事实的描述,如果不加专门的解释和评论,对人们的思维定式几乎不产生任何影响力。尤其现在我们处于一个信息多元化的社会,各种思想层出不穷,人们面对各种新事物、新思潮难免会无所适从。因此人们希望媒体上有正确的、实用的新闻评论指点迷津,以便作出正确的决策。因此,发挥党报新闻评论的功能,引导、启发、教育民众是党报建构主体角色的重要方式。

2007年夏,山东面临着各级领导班子换届的转折点,省委则提出在工作指导上进一步从加快发展转到科学发展、又好又快发展上来,实现科学发展、和谐发展、率先发展。如何认识这种转变?什么是科学发展、和谐发展、率先发展?当时并没有明确答案。为了使中央精神和省委部署及时传达到每一个群众,编辑部在认真调查思考之后,推出了《做科学发展观的忠诚实践者》《做和谐社会建设的积极推动者》《做率先发展的坚定推动者》《在工作指导上实现转变》《改进作风是保证》五篇评论员文章,第一次比较系统地论述了"三个发展",既答疑解惑,又对各种错误认识进行了纠正,统一了广大党员干部的思想。这一组评论也受到了领导的好评。[③]

---

① 参见《大主题下的大策划大制作——案例:走访苏沪浙系列报道》,大众日报70周年报庆丛书编委会《大众日报新闻创新70例》,大众报业集团内部资料(2008年),第205~209页。

② 陈志龙:《后危机时代金融报道的几点思考》,《新闻战线》2010年第6期。

③ 参见《关键时刻发出关键话语——案例:"新春三论"系列评论》,大众日报70周年报庆丛书编委会《大众日报新闻创新70例》,大众报业集团内部资料(2008年),第283~286页。

(五)树立优秀共产党员的形象,唱响时代的主旋律

中国共产党在改革开放之前树立了大量的优秀共产党员的形象,作为所有党员和群众学习的榜样。一提起优秀的共产党员,我们脑海中便会出现焦裕禄、雷锋等英模形象,他们忠于祖国和人民,忠于党的事业,始终把国家和人民的利益放在首位,全心全意为人民服务,鞠躬尽瘁,死而后已。改革开放后,随着经济体制改革的深入和社会主义市场经济体制的建立,人们的行为方式、思想观念、价值体系发生了很大的变化。再加上我国处于改革开放的初期,各种制度建设不够完善,权力缺乏监督与制约,一部分党员干部经不住诱惑,丧失了远大的理想,以权谋私,贪污受贿,腐化堕落,这些现象严重阻碍了改革开放和现代化建设的健康发展,引起了广大人民群众的不满。因此,在新的时期,更需要树立模范共产党员的形象,使广大的党员干部有所学、有所赶、有所超。

改革开放以来,《大众日报》推出了一系列优秀共产党员的形象,在全国引起重大反响的典型人物主要是孔繁森和王乐义。1994 年 12 月,《大众日报》推出了孔繁森同志不幸殉职后的第一篇报道,次年 1 月,又连续两天在头版头条位置推出全面介绍孔繁森事迹的长篇通讯和社论,拉开了宣传活动的序幕。在以后的 4 个月时间里,共发表各种体裁作品 65 篇,这期间,山东省委主要领导同志多次对报道作出重要指示,国防部长迟浩田,山东省委书记赵志浩、副书记韩喜凯、省委宣传部部长董凤基、组织部部长王克玉等领导同志,都为《大众日报》撰文,对孔繁森事迹的宣传起到了极大的推动作用。通过对孔繁森事迹的宣传,在人民群众心目中树起了一座共产党人的新的丰碑。1995 年援藏,山东只分到 300 多人的名额,而报名人数竟达数千人。许多干部三递志愿书,要求到边疆建功立业,显示了优秀共产党员的模范带头作用,也显示了主流媒体宣传的力量。①

2005 年,全党开展了以实践“三个代表”重要思想为主要内容的保持共产党员先进性的教育活动。胡锦涛总书记到先进性教育活动联系点寿光市考察时,了解到王乐义的事迹,由衷地称赞:“王乐义这个头带得好!”还亲口称赞王乐义为“优秀共产党员”。尽管王乐义作为冬暖式大棚蔬菜种植技术的发明者,对他的宣传从 20 世纪 90 年代就开始了,但是总编辑傅绍万敏锐地感觉到,在先进性教育开展之际,应当重新认识王乐义先进事迹的时代意义。于是,2005 年 6 月 30 日,在党的 84 岁生日来临之际,《大众日报》一版以半个版的篇幅,图文联动发表了通讯《这个头,带得好!》。二版配发了评论员文章《保持先进性 当好带头

① 参见《让舆论影响力最大化——案例:“三学”系列专题报道》,大众日报 70 周年丛书编委会《大众日报新闻创新 70 例》,大众报业集团内部资料(2008 年),第 149~150 页。

人》，随后通过系列报道、连环画、摄影专版、编辑部文章等形式，扩大报道的声音。《大众日报》对王乐义的典型报道，前后历时半年余，在全国引起了强烈反响，很多党员干部把这些报道收集起来反复研读，连环画还被用作农村先进性教育用书，单独编印成册公开发行。①

二、《大众日报》经济话语体系主体角色的建构

党的十一届三中全会以来，经济工作、四化建设重新成为我们党和国家的中心工作。在新闻宣传中，经济报道也出现了前所未有的好形势。《大众日报》大胆解放思想，在经济新闻的报道领域、报道角度、报道形式、报道方式等方面，都做了不少有益的探索，取得了可喜的成绩。作为东部沿海省份和经济发达地区，山东的发展历来为全国所瞩目。率先发展，势必率先遇到挑战和考验。在这样的环境下，山东克难攻坚的思路、举措、成效和经验，不但对自身发展具有十分重要的意义，在全国更具借鉴和示范意义。这对《大众日报》进一步提升经济报道的水平，特别是提高多媒体环境下党报经济报道的舆论引导力，提出了新的更高的要求。

（一）准确全面地解读国家经济战略和政策

我国正处于全面深化改革时期，政策更新较快较多，政策变动对经济活动的影响很大，所以各类经济活动主体对宣传和解释政策的需求越来越强。这里讲的政策既有直接的经济政策，又有与经济相关的其他政策，即对经济活动可能产生影响的非经济政策。通常来说，政府进行宏观调控的经济政策对于受众而言过于专业，如果在经济报道中仅仅简单地发布政府经济政策的条文，容易造成受众接受上的隔阂。如何把专业性很强的政策转化为受众知识，为他们的经济行为提供参考和启示，建构政府与公众之间沟通的桥梁，是党报建构经济话语主体角色的重点。这就要求党报对经济政策解读时更强调全局观念，不仅要告知受众这项政策的内容，更要强调如何利用这项政策，要使受众了解政策规定的禁区、发挥主观能动性的空间以及背后的投资机会。党报经济报道的优势就在于不仅能够解释政策制定的背景，传达政策的主要内容，还能结合专题报道、深入报道、专家访谈的形式，全面分析政策中蕴含的影响宏观经济走势的信息，并以一种投资的眼光发现其中的机会、价值，探讨如何利用规则，规避风险。

开发建设黄河三角洲高效生态经济区和山东半岛蓝色经济区是近年来国家着眼区域经济发展全局作出的重要战略部署，也是山东省拓展未来发展新空间，

---

① 参见《老典型赋予崭新时代内涵——案例：王乐义典型系列报道》，大众日报70周年报庆丛书编委会《大众日报新闻创新70例》，大众报业集团内部资料（2008年），第237～243页。

培育新的增长极的必然要求。《大众日报》对于这两大重要的区域经济发展都进行了重点报道。比如，2011 年 12 月底，围绕蓝色经济区上升为国家战略一周年，《大众日报》提前策划，通过先期报道营造气氛，《科学谋篇活全局》《3345 公里海岸线串起优势产业带》《集约用海：构筑蓝色经济新高地》等多篇文章都通过实地采访反映出蓝色经济区给山东各行各业带来的机遇和挑战，分别从区域经济、产业经济、生态环境建设、设施建设、民生改善等角度展示了蓝色经济区一年来的建设成就。在蓝色经济区上升为国家战略一周年之际，《大众日报》又以开设重点栏目和板块组合的方式，通过深度观察、专家解读等方式，将省内相关的厅局领导、各地市领导以及国内资深专家纳入到整体报道之中，体现了报道的高度和权威。

（二）坚持独立思考，当好当地政府的参谋

要当好党委政府的参谋，一方面是为党委政府的经济工作做好服务，更重要的是党报新闻工作者要具有敏锐的新闻触角及一定的经济理论，对经济新闻事件具备思考能力，并能敢于提出自己的真知灼见。

2004 年，《大众日报》改版之后，确立了“办政经大报，建信息超市”的目标，走“特色立报，新闻强报”的路子，经济新闻的地位被提高，成为《大众日报》宣传报道的“重头戏”。与一般的社会新闻不同，经济报道更加错综复杂，真真假假，往往一时难以说得清楚。对于许多记者来说，缺乏专业的经济学知识，成为制约记者报道好经济新闻的障碍。因此，《大众日报》经济报道中心特别重视记者队伍的建设。他们建立了部门读书与沟通制度，让学习工作化，工作学习工作成为常态；并且经常开展经济报道领域的报道规范研究以及优秀作品的案例研究，还通过课题研究提高记者报道的质量和水平。部门的记者经常会开展对外交流活动，在交流中提升专业素养。遇到重点线索，部门记者会联动策划，对重点事件进行集中策划，集中行动。通过这些措施，经济报道中心的记者提高了职业素养，往往能够在细微之处发现独家的新闻线索，对山东出现的经济新闻事件或经济现象也往往能够发表真知灼见。

1987 年，在山东发生了两件与农民和农业生产有关的事情。一件是山东省委、省政府在诸城召开现场会，总结和推广诸城市商品经济大合唱的经验：商业、物资、外贸、金融、粮食等部门，相互信任，相互服务，在强调整体利益的同时，兼顾各方利益，同心协力发展商品生产，为进一步深化农村改革提供了成功的经验。另一件是苍山蒜薹事件。苍山以生产优质蒜薹而著名，大蒜也因此成为全县农民重要的经济来源。可是，县领导和有关部门却没有对全县蒜薹的产销形势作出正确的预测。蒜薹丰收后，没有销路，导致政府与民众之间矛盾激化。蒜

农们纷纷把将要烂掉的蒜薹倒进县政府的院子里，以发泄对于县政府的不满，酿成了“蒜薹事件”。

上述的两件事，正是《诸城与苍山》这篇评论诞生的背景。其实，在这篇评论刊发之前，《大众日报》已经用了很多的篇幅报道过这两件事，包括诸城市是如何组织商品生产大合唱的，苍山“蒜薹事件”主要责任人应该受到严肃处理等，并且也分别就这两个事件配发了社论。但是，《大众日报》并没有停留在对诸城商品经济大合唱如何唱得好、苍山“蒜薹事件”如何会发生作简要分析，而是通过对比和联想，把这两件事放在深化第二步农村改革的时代主题中去思考。在对两个地方的做法进行对比的基础上，将观念层面的内容延伸到了现行经济管理体制方面，并且对这个方面存在的问题进行了剖析、批评，接着又从发展商品经济的角度，对现存的官僚主义以及与商品经济发展不相适应的其他一些表现进行了剖析、批评。这篇评论获得了当年的中国新闻奖，评论刊发许多年之后，山东一些地方的领导同志还能记起这篇评论提出的核心理念。①

而获得 1997 年山东省新闻奖一等奖的系列经济报道“结构调整系列话题”则体现出经济新闻记者的深度和超前性。1996 年，中央经济会议提出，要加大经济结构调整的力度，逐步解决“大而全、小而全”和低水平重复建设的问题，这是搞活国有经济的重中之重。《大众日报》记者围绕着工业结构调整的问题，在企业中做了大量的调查研究，通过向专家学者和政府有关领导请教，形成了自己的想法。当时，深度报道的形式在新闻媒体比较流行，但是经济新闻如何做成深度报道的形式还没有固定的形式。两名记者在没有多少理论准备和指导的情况下，开发自己的创新性思维，采用了一种“散点透视”的报道方式，就是说，从不同的视点逼近新闻事实，从多个角度透视新闻现象，这多个角度和视点可能结论不尽相同，但是这就是深度报道的特点：新闻事实本身就是复杂而多面的，本来就不存在一锤定音的结论，深度报道的目的就是揭示新闻事实和现象的复杂性，给读者提供一个深度思考和持续关注的平台。这一系列报道可以说充分实践了傅绍万同志所说的“一篇稿子也不能解决所有问题，把问题的一个方面讲清也是一篇上乘之作”②的经济报道理念。这组报道一共 6 篇，从多个视角对经济结构调整问题进行了深入的观察，即使在今天看来，当时触及的各个问题依然很有现实针对性，结构调整目前仍然是全面进行经济体制改革的关键问题。③

---

① 参见《靠观念提升指导现实行为——案例：〈诸城与苍山〉》，大众日报 70 周年报庆丛书编委会《大众日报创新 70 例》，大众报业集团内部资料（2008 年），第 130～134 页。

② 于伟：《2008 年大众日报总编评报录》，《青年记者》2009 年第 7 期。

③ 参见《深度报道的“散点透视”——案例：“结构调整话题”系列》，大众日报 70 周年报庆丛书编委会《大众日报创新 70 例》，大众报业集团内部资料（2008 年），第 187～192 页。

(三)从产业、行业、区域与企业的维度关注经济,服务区域经济发展

对于地方党报来说,应该重视经济报道,成为地方经济报道的领头羊,要在全面准确宣传党的路线、方针、政策的基础上,及时反映当地经济建设的情况以及对国家经济建设路线、方针、政策的执行情况,寻找经验教训,为当地的经济做好服务工作。目前,《大众日报》在版面安排上就有产业视线、行业观察、区域观察等专版。《大众日报》经济新闻采编中心安排工作部署时强调:要做新,要强化新闻视角,创新报道形式,在突出新闻要素的同时,通过形式的创新增强可读性。行业报道要做透,要关注最新行业变化,加强对于老行业新动向的研究,以及新兴行业领域的研究,报道更好地体现前沿性、分析性。地方报道要做深,要关注最新改革,深度观察基层经济现象、基层经济改革亮点,做好有价值的样本解读。企业报道要做活,要关注最新思想。企业是市场的主体,要深入挖掘企业家群体,探讨鲁商之道。

《大众日报》经济新闻采编中心围绕全省经济发展的大事,在编委会的统一策划下,一系列行业报道、地方经济报道和企业报道都产生了较大的社会反响。2004～2007年3年时间里,有3篇报道获得中国新闻奖二等奖,入选省精品工程奖。比如《大众日报》首次获得中国新闻奖消息类作品一等奖的新闻报道,即第十七届中国新闻奖一等奖的作品《兖州:2亿吨大煤田不挖了》。兖州是济宁的一个依赖煤炭经济发展起来的县,因为过度开采,出现了很多采煤塌陷地,当地的老百姓对此意见很大。2006年,兖州境内又发现了储量2亿多吨的小孟煤田,如果开采出来,每年将会增加税收5000万元,当时围绕着小孟煤田到底挖不挖曾经出现过非常激烈的争论。最后,兖州市顺从民意,叫停了境内已经完成详勘的小孟煤田,将其全面封存。记者把这个线索报告给编辑部,编辑部领导马上意识到这是一个宣传落实科学发展观的难得的新闻事件,要求把新闻作品做成新闻精品。稿件发回报社后,报社领导亲自指导稿件的修改,总编室的编辑也精心润色,在报道中重点突出了一个县级市如何抵抗住眼前利益的诱惑,在基层执政实践中主动自觉地落实科学发展观这样一个新闻核。科学发展观本来是一个宏大的选题,但是这篇只有800多字的消息却从一个反差极强的小视角入手,反映了科学发展、建设和谐社会的大主题。稿件见报后,人民网、新华网等各大网站纷纷转载,《人民日报》"今日谈"栏目专门据此发表评论:"兖州的做法启示我们,不只是煤炭,也不只是地下的各类矿藏资源,青山绿水、森林草原、蓝天白云

等等，我们都应该也有责任留给后人。”[①]

(四)从民生入手，贴近民众生活

以前党报新闻向上看的多，向下看的少；跑会议多，跑基层少；写宏观综合的多，写柴米油盐的少。党报在民生新闻方面的弱化，让出了一个大的空间，都市报恰恰借助这样一个空间，打开了市场。随着时代的发展，经济的内涵越来越丰富，经济生活与群众生活息息相关，从经济新闻中寻找到民生的视角，这样的新闻将会更具有亲和力，更为群众喜闻乐见。

大众日报经济新闻采编中心始终关注物价、房市、创业、就业、消费等民生经济问题。2002 年，随着改革的不断深化，下岗成为当年度的热门话题。“下岗再就业”是一个大题目，必须让报道落到实处，具有可读性和感染力。大众日报经济新闻采编中心和摄影部经过商讨，决定深入基层，要求记者根据自己的新闻敏感和人格魅力去挖掘新闻人物。这实际上对于党报的记者提出了一个挑战，因为过去大家总是依赖于各级宣传部门、政府职能部门提供线索的方式获取新闻。于是《大众日报》的记者开始跑再就业培训中心、居委会，与那些看起来不可能成为新闻人物的普通人接触。记者们的实地采访产生了价值，他们深入实际，体验到这些下岗职工再就业过程中遇到的困难以及他们自强自立、百折不挠的创业精神。因此，在这组报道中的人物就不再是几句话的人物简介，人物的形象有了情节、细节的衬托，更加的生动形象，也更有感染力。经过近一个月的报道，被采访的 10 位职工齐聚济南参加下岗再就业座谈会，时任山东省委书记吴官正出席并作了重要讲话，为这组报道画上了圆满的句号。

2004 年，《大众日报》改版之后，经济新闻采编中心先后策划推出了“关注家庭服务业”“创业进行时”“物价上涨系关民生”等系列报道，推出了“聚焦民生·消费风向标”“普通百姓的 2010”等民生新闻栏目；同时，还针对“民工荒”、物价上涨等群众关心的社会现象集中报道，反映了当前的焦点、热点和难点问题，引起了广大读者的关注。

三、《大众日报》文化话语体系主体角色的建构

(一)解读与传播社会主义核心价值观

先进文化应当是符合人类社会发展方向，体现社会生产力发展要求，代表社

---

① 崔永刚：《地方消息缘何“问鼎”全国大奖——〈兖州：2 亿吨大煤田不挖了〉荣获中国新闻奖一等奖的几点体会》，《青年记者》2007 年第 18 期。

会成员最根本利益，反映时代发展潮流的文化。党的十七届六中全会审议通过了《中共中央关于深化文化体制改革、推动社会主义文化大发展大繁荣若干重大问题的决定》。全会提出，社会主义核心价值体系是兴国之魂，是社会主义先进文化的精髓，决定着中国特色社会主义发展方向。这个论断深刻地阐述了社会主义核心价值体系在当代中国文化建设乃至整个中国特色社会主义建设中的历史地位。对于社会主义核心价值观的内涵，不同学者提出了不同的见解，《大众日报》发表多篇文章解读社会主义核心价值观。在《积极培育社会主义核心价值观》一文中提出："社会主义核心价值观是社会意识形态的本质体现，深刻影响着人们的观念和精神状态……是一个国家文化软实力的精神内核，核心价值观的生命力和凝聚力，决定了国家文化软实力的强弱。……我们要从中国特色社会主义事业全局的战略高度，充分认识培育传播核心价值观的重大意义，努力把社会主义核心价值观融入国民教育、精神文明建设和党的建设全过程，贯穿改革开放和社会主义现代化建设各领域，体现到精神文化产品创作生产传播各方面，使之真正入脑入心，融入人们的思想观念，成为行为规范，发挥实际作用。"①这就使读者对于社会主义核心价值观的作用有了更为深刻的认识。

同时，《大众日报》也在传播与践行着社会主义核心价值观。2014 年，《大众日报》把传播社会主义核心价值观，弘扬优秀传统文化，作为一个重要的宣传报道主题。6 月，《大众日报》编辑部重磅推出了《落实习近平总书记曲阜讲话精神 弘扬优秀传统文化 建设山东道德高地》的系列报道。开篇以读者来信的形式表达了各地群众渴望弘扬社会主义核心价值观的愿望。在"开栏的话"中作者写道："2013 年 11 月，习近平总书记在视察山东时专门就弘扬中华优秀传统文化发表重要讲话，全省上下深受鼓舞、倍感振奋。一个时期以来，本报陆续收到许多读者来信，结合亲身经历，就弘扬优秀传统文化表达愿望、提出建议，词真意切，令人感动。本报今日编发部分来信，并以此为开端，推出弘扬优秀传统文化建设山东道德高地专栏，围绕落实省委提出的以习近平总书记重要讲话精神为指引，坚持弘扬优秀传统文化，努力在推进社会主义核心价值体系建设上取得新突破的重要要求，刊发系列组合报道，运用来信、消息、评论、连环画、图片以及理论研讨等众多形式，展示孔孟之乡传承弘扬优秀传统文化的强烈愿望，展示各地挖掘优秀传统文化资源、实现创造性转化和创新性发展的成功实践，为经济文化强省建设，为实现中华民族伟大复兴的中国梦提供坚实支撑。"②

社会主义核心价值观属于社会意识的范畴，党报如何通过宣传引导将其落

---

① 《积极培育社会主义核心价值观》，2012 年 12 月 10 日《大众日报》。

② 2014 年 6 月 16 日《大众日报》。

到实处，在人们的生产生活和社会交往中体现社会主义核心价值观的意义，是《大众日报》记者编辑一直在思考的问题。在这次“弘扬优秀传统文化 建设山东道德高地”的主题策划活动中，《大众日报》发表了《“彬彬有礼”看曲阜》《一群背着干粮给孔子打工的人》《日照“好人文化”引领善行义举》《让孝文化焕发时代光彩》《道德名片化作发展原动力》等文章，把社会主义核心价值观融入社会生活，与人们的日常生活紧密结合，无论是内容还是采写手法，都做到了“落小落细落实”。从6月中旬到8月初，这个专栏持续了近一个半月，受到了广大人民群众的欢迎，反响很大。同时，报纸还发挥了主流报纸高品质的特点，通过高立意新闻评论引领舆论。7月10日，《大众日报》在一版推出了编辑部文章《论弘扬优秀传统文化》，分上下两篇，分别以《核心价值观的深厚土壤》和《实现中国梦的强大动力》为题，准确把握优秀传统文化的深刻内涵与时代价值，深刻阐述优秀传统文化在弘扬社会主义核心价值观、助力实现中国梦中的巨大作用，立意高，把握准，结构宏阔，论述精微，是不可多得的佳作。

(二)挖掘先进集体与模范人物，发挥其示范引领作用

改革开放以来，《大众日报》倡导社会主义的先进思想道德和价值观念，树立了许多山东的典型人物与先进集体，像朱文奇、孙家进、刘永年、王德理等，对于反映时代潮流，帮助人民树立正确的价值观、人生观和世界观具有重要的意义。

1997年，《大众日报》开设了“普通人的故事”专栏，把目光投向社会各个阶层、各个行业的普通人，从平凡中发现不寻常，拓展了新闻宣传中典型人物报道的路子，栏目一推出，就受到了广大读者和新闻同行的好评，并且获得首届中国新闻名专栏奖。在这些普通人中，有淘粪工、退休教师、农民、律师、炊事员、仓库保管员……尽管他们的职业、年龄、文化水平不同，但是在他们身上都具有共同的闪光点，那就是他们正确的世界观、人生观和价值观，这些都足以让人敬佩，使人感动。真实是新闻的生命，先进典型之所以能够打动人，是因为他们来自生活，源于群众，有血有肉。在“普通人的故事”中推出的每一个典型都有一段曲曲折折的故事，这些故事虽然很质朴，却使人感到可亲可敬。这些普通人本来都是平常的百姓，他们的事迹见报后，在社会上产生了强烈的反响，许多普通人被群众广泛传颂，受到了社会的认可。

目前，我国处于全面深化改革的时期，社会结构变动，生活方式发生改变，利益格局不断调整，这给人们原有的价值体系和道德观念带来了巨大的冲击，人们在思想认识上的多变性、多样性增强，各种道德观、价值观也呈现出多元并存的状态。在这样一个新的时期，树立典型，发挥其示范引导作用，对于人们建立先进的思想道德理念具有重要的意义。《大众日报》继续坚持把目光投向普通人，

从普通人中寻找典型、树立典型，从平凡的小事中寻找崇高的精神，通过生活鲜活的细节展现榜样的力量。

2014年10月27日，《大众日报》刊登了《凡人善行义举“登”上泰山之巅》，文章以泰山南天门广场，登山的游客纷纷驻足，观看电子大屏幕展现的先模人物事迹作为新闻由头，引出在电子屏幕上播放的40位在2014年“山东省善行义举四德榜”评选中获选的先进人物的先进事迹。这个新闻作品所用新闻由头具有充分的新闻内涵，所写新闻事件是山东“独家”的事件，现实针对性强，并且紧扣当前社会热点和党委政府的重要工作——公民道德建设而写，体现了作者较强的新闻敏感和抓“活鱼”“大鱼”的功底。而这40位先进人物都是我们身边普普通通的人物，但是他们却用平凡的行动，弘扬了中华民族优秀传统美德，为社会主义先进道德树立了标杆和榜样。

（三）创办精品栏目，颂扬真善美，弘扬主旋律

1995年，《大众日报》创办的专栏“周末人物”曾经连续三届获得中国新闻奖名专栏，其间经历了几次改版，但这个栏目始终坚持最初开办栏目的编辑思想，即内在诉求以提升读者人文素养为宗旨，外在形式以贴近实际、贴近生活、贴近读者为要求，对稿件始终坚持“政治上高标准、思想上高品位、选题上高要求”的三高标准。因此，“周末人物”专栏中所报道的人物都有一个共性，就是他们都怀有强烈的社会责任感，是中国社会主义建设进程中的中坚力量。与小报不同，“周末人物”通过写名人如何成名、如何工作、如何生活，满足读者了解名人的健康的心理需求，给读者以人生启迪和心灵滋养，尽显出大报风范。2005年“周末人物”的精华文章集结出书，原山东省省委副书记王修智为此书撰写了题为《树立精品意识，打造新闻名牌》的序言，文中指出：“《大众日报》的‘周末人物’专栏自创办以来，坚持高品位、高格调，不敷衍，不媚俗，强调新闻性、思想性、知识性、趣味性和可读性，让时代骄子走上版面，赢得了读者的好评。”①

党报姓党，但也是报纸，也要遵循一般的新闻规律，因此党报也要做到思想性、新闻性和可读性的统一。迫于经营的压力，传统媒体新闻娱乐化的倾向越来越明显，而娱乐新闻更是八卦新闻、假新闻的重灾区。党报与其他都市类报纸的不同就在于要时刻站在建设社会主义核心价值体系的高度来认识文娱新闻，发挥文娱新闻在提升受众的阅读情趣、价值认同等方面的潜移默化的作用。对于体育新闻来说，体育比赛并不只是为了消遣，而是和平年代凝聚民族精神、提高民族素质的重要载体；而影视娱乐新闻则是传播思想、影响民众价值观念的最有效手段。

---

① 吕德一：《周末人物》，山东友谊出版社2005年版，第3页。

为了发挥党报在文娱新闻上的话语权，2004 年《大众日报》在新一轮的改版中开设了“小逄观星 · 周三有约”专栏。专栏确定了“要有所为，有所不为；在内容上要做到通俗，而不庸俗；在格调上，要做到积极‘吸引’，而不是消极‘迎合’；在姿态上，对娱乐现象采取的是平视，而不是仰视”①的批评原则。十多年来，作者逄春阶把“星”置于公众的道德目光之下，借“星”论理，借“星”说事，借“星”传达社会主义的道德观念和行为准则。实践证明，面对娱乐事件或颇具争议的娱乐话题时，党报及时配发言论，直陈事件背后的本质和动机，有助于消除读者和明星之间因为信息不对称而造成的新闻误读。

四、《大众日报》社会话语体系主体角色的建构

（一）深入基层，积极开展“走基层、转作风、改文风”

新闻宣传的力量在基层，必须根植于人民才能产生强大的传播力，这是《大众日报》优良的历史传统。无论在革命时期还是在社会主义建设初期，《大众日报》始终把反映人民的呼声放在首位。在新的历史时期，《大众日报》依然把触角深入到最基层的社区。2005 年，伴随着《大众日报》地方新闻版《济南新闻》的创刊，青年记者杨学莹开设了专栏“小杨看社区”，把社区居民的喜怒哀乐，原汁原味地搬到了党报上，使基层的老百姓觉得党报可亲、可敬、可读。

2011 年，中宣部、中央外宣办等五部委召开视频会议，在全国新闻战线组织开展“走基层、转作风、改文风”活动，大众日报社采取多种措施，积极鼓励采编人员深入基层转作风、接地气。与此同时，推出重大专题策划“记者下基层 · 农村调查随笔”。这组随笔是记者下基层、“走、转、改”最早的集中行动，活动本身受到了广泛关注，报道发出后受到广泛好评，获总编辑嘉奖，参与报道的记者也代表报社参与录制了全省新闻媒体“走、转、改”专题片，展现了大报记者的良好形象和扎实作风，受到各界好评。

（二）发挥公民舆论监督的作用，成为社会的“排气阀”

在建设有中国特色社会主义的进程中，新闻媒体正确而有效的舆论监督不仅有利于树立党和政府的威信，也有利于提高新闻媒体的公信力和影响力。正确的舆论监督不是破坏，不是找茬，而是社会的“排气阀”，可以帮助释放社会不满情绪，减轻社会的内在压力。《大众日报 · 读者版》的新闻就是通过读者提供的新闻线索，记者实际调查后形成的新闻报道，是群众有效利用媒体，维护自身

---

① 许衍刚主编：《大众日报 70 周年报庆作品集》，大众音像出版社 2010 年版，第 135 页。

权益，享受参政议政民主权利的有效途径。自《大众日报·读者版》创办之后，一系列群众反映的问题得到了快速有效的解决。比如，2012 年 5 月 2 日，《大众日报·读者版》刊登了独家报道《耕地上建起豪华别墅》，对临沂市费县费城镇洪河村一处违章而建的"红顶别墅"予以曝光。见报当天，违章建筑就被叫停；见报第二天，违章建筑就被拆除；见报第三天，费县公布调查结果，处理了三名相关责任人。当然，我们应该对《大众日报》舆论监督的力量有一个清醒的认识，"传媒监督在我国某种程度上是党政权力的延伸或对这种权力的补充，虽然批评者是媒体，但通常被视为某一级政府或党组织的意见，权威性很大"[①]。因此，许多地方政府"不怕上告，就怕见报"。党报作为党的喉舌，这种特点和作用就更加明显。[②]

为了进一步扩大《大众日报·读者版》的影响力，利用网络媒体的互动性，实现纸质媒体向网络媒体的延伸，大众日报网的"读者在线"栏目与《大众日报·读者版》保持密切互动，这就更便于读者反映问题。在"读者在线"栏目，读者不仅可以看到《大众日报·读者版》的所有内容，而且还可以发帖子、作点评，对稿件质量、报道内容等"说三道四"，提出自己的看法与建议。与此同时，新闻热线、民生记者的手机号码等也都放在了网页上，便于读者查询使用。2012 年，《大众日报·读者版》QQ 群开通，新浪、腾讯、凤凰也都开设了读者版的微博客户端，目前其微信公众号也已经开通。

（三）掌握重大社会事件的报道主动权，引导舆论导向

新闻是一种社会化产品，新闻的社会功能越来越为新闻界认可。重大事件，顾名思义是引起大多数人关注的、产生重大影响的事件。与日常事件相比，重大事件以其广泛的关注性，对社会的影响力更大。在一些重大事件的报道中，能否做好舆论引导工作，事实上会关系到社会的安定团结。2008 年"5·12"汶川特大地震，是对媒体应对和把握重大突发事件能力的一次严峻考验，《大众日报》在这一考验中交上了一份令读者满意的答卷。震后第二天，《大众日报》的一名文字记者和一名摄影记者就到达了抗震救灾的第一线，并迅速发回了翔实、感人的现场报道。在此后的两个多月，《大众日报》又先后派出了 8 名记者赶赴灾区。在灾区，《大众日报》记者始终不忘使命，不怕牺牲，不惧艰难，与灾区人民和救灾抢险的官兵战斗在一起，把来自灾区的最新消息以及山东援川人员的动人事迹

---

① 陈力丹：《论我国舆论监督的性质》，《新闻知识》2003 年第 11 期。

② 参见薛广乾《传统纸媒如何抓住网络影响力——以费县"红顶别墅"事件为例》，《青年记者》2012 年第 16 期。

传递给读者。针对前方记者采写不便的实际困难，大众日报社采取了前后方联动的报道方式，前方记者将了解到的新闻用电话传递给后方记者，由后方记者整理润色后发稿。与此同时，编辑部每天推出一篇本报评论，针对不同时段、不同情况，引导舆论，疏导情绪，凝聚力量，强化了党报在重大社会实践中的话语权。从 2008 年 5 月 14 日到 6 月底，《大众日报》共出版专版 100 余个，前后方记者共刊发文字稿件 180 多篇，16 万余字，图片 200 多幅，有力地进行了信息的传递和社会力量的整合。①

（四）将新闻报道与参与社会性公益活动相结合，切实承担党媒的社会责任

报纸在面向社会开展公共服务方面具有独特的优势，报纸不仅仅是信息的提供者，同时也是沟通社会、奉献爱心、参与公益事业的具有公信力的公共媒体。一方面，大众报人以各种方式回报在《大众日报》创刊时做出贡献的老区人民。在战争年代，为了埋机器、藏纸张、掩护报社伤员而壮烈牺牲的沂蒙乡亲有 160 多位。而《大众日报》的印刷所所在地云头峪村更是为《大众日报》的创办做出了突出的贡献，大众报人一时一刻也没有忘记老区人民的养育之恩和牺牲贡献。大众日报集团历届党委确定了一个思路，就是每年都要为村里办一件实事：村里通往山外的是一条盘山小路，农产品难以运出大山，集团投资 30 多万元，修通了一条长 3 公里的宽阔的水泥路，被村民们称为“致富路”；集团出资为村里建蓄水池、扬水站、希望小学……2008 年 4 月云头峪村成功地打出了一眼水井，云头峪村的乡亲们终于可以喝上干净的自来水了。截至 2014 年，《大众日报》已连续 8 年为沂蒙老区打井 9 口，总投资近 1500 万元，解决了 8000 多名村民的吃水难问题。

另一方面，《大众日报》以各种方式奉献爱心。2002 年起，每年 7 月到 9 月初，《大众日报》都会发起“心系寒门学子，奉献真挚爱心”大型慈善助学活动。这项活动由《大众日报》发起，山东省慈善总会、省总工会、共青团山东省委共同主办，截至 2008 年 10 月，在全省已经筹集资金 1.4 亿多元，帮助近 6 万余名高考优秀特困新生顺利走进了大学的校门。活动中，《大众日报》充分发挥了党报的优势，每年开辟专栏，前期回访受助的学生和助学单位负责人，随之报道部分高考新生在困难的学习环境下依然自强不息的感人事迹，引起社会的关注。最后，举办助学金发放仪式，邀请省领导参加。目前，这项活动已经成为大众日报社深具权威性和公信力的公益品牌了。

---

① 参见《掌握重大突发事件报道权——案例：2008 年抗震救灾报道》，大众日报 70 周年报庆丛书编委会《大众日报新闻创新 70 例》，大众报业集团内部资料（2008 年），第 309～311 页。

近年来，大众报人积极参加社会公益活动。爱心救助换肾的孙翠芬母女，121名编辑、记者踊跃捐款11400元，并多次同医院领导和医生沟通，希望为其制定最佳的治疗方案。与山东省文明办、山东省网络办、山东省公安厅、山东省教育厅，共同发起“荧光童行——为山东小学生捐赠荧光衣”大型公益活动，为小学生出行提供一份安全保障。到夏蔚一小开展爱心捐助活动，为夏蔚一小捐赠价值2万余元的爱心书包、图书、彩笔及净水机3台。这种种活动都展现了《大众日报》作为一家主流媒体所承担的社会责任，所具有的奉献精神与人文关怀的高尚品格。

五、《大众日报》的新闻改革与媒体品牌建设

经过30多年的改革开放，传媒业发生了翻天覆地的变化。传媒集团规模不断扩大，体制机制也不断创新。而媒介生态环境也从原来党报的一枝独秀到如今互联网技术催生出的新媒体形态日益繁荣，形成了新的舆论场。技术的巨大进步与社会环境的改变对于党报来说既是挑战也是机遇。无论在何时，党报都是中国共产党进行宣传的中坚力量，是党宣传思想文化、壮大主流舆论的主要阵地，只有壮大自己的实力，党报才能够抢占舆论高地，掌握话语权，形成强大的舆论引导力。因此，从1978年中国报纸的经营体制改革到如今的打造新型主流媒体，大众日报社勇于改革，敢于创新，实现了由报纸到报业集团再到传媒集团的跨越式发展，创造了硬实力与软实力都不断增强的良好局面。

（一）坚持改革创新

从1978年建立“事业单位，企业管理”的经营体制到80年代末创办市场类报纸，再到21世纪初整合资源，成立报业集团，《大众日报》都走到了全国区域性报纸的前列。

1978年，财政部批准《人民日报》等8家报社要求试行企业化管理的报告，拉开了报业在保持事业属性不变的前提下进行企业化经营管理改革的序幕。“事业单位，企业化管理”的具体内涵是：“新闻机构在保持其‘事业’性质的前提下，即保持原有的所有制、政治立场、编辑方针的前提下，在经济管理体制上采取‘企业化’的运作方式，自主经营，独立核算，自负盈亏，依法纳税。”①新闻业进入市场，标志着新闻改革推进到历史性变革阶段。新闻媒介成为一种特殊产业，即信息产业。正是在“事业单位，企业化管理”思路的指引下，《大众日报》的报业经济得到了空前的发展与壮大。20世纪80年代之前的计划经济年代，中国内地

① 董天策：《中国报业的产业化运作》，四川人民出版社2002年版，第29～30页。

基本上是党报一统天下。80 年代末 90 年代初，都市报、晚报等面向市民的报种进入报业市场。《大众日报》于 1988 年创办了第一张市场类子报《齐鲁晚报》，这是山东的第一张晚报。如今《齐鲁晚报》的经营收入在山东居领先地位，成为大众报业集团的经济支柱之一。

2000 年，《大众日报》的发展揭开了新的一页——以《大众日报》为母报组建了大众报业集团。《大众日报》随之在原有改革的基础上加大了改革力度。2003 年，大众报业集团被批准为国家文化体制改革试点单位，根据中共中央关于文化体制改革的相关规定和要求，集团党委对集团发展战略进行了调整，由“稳定母报，发展子报”调整为“发展母报，带动子报”，对《大众日报》实施了新一轮的改版扩版。在对山东报业市场进行充分调研之后，《大众日报》确定了党报的读者定位，即各级党政干部、科研院所和大专院校的知识群体、企事业单位的经营与管理者，把办“主流、权威、高层次、高水平”的政经大报确定为自己的发展目标，坚持“新闻强报、特色立报”的发展路径，以人为本做新闻，扬长避短，突出信息的整合和深度报道功能，从高强度的市场竞争中提高自身的核心竞争力。

（二）实施区域整合

20 世纪末，一些富有远见的报业集团开始着手运作报纸的区域拓展，《大众日报》社作为试水者之一，在青岛、淄博分别创办《半岛都市报》和《鲁中晨报》。如今这两张报纸都成为当地发行量最大的平面媒体。

山东省具有双中心城市发展的特点。除了省会济南是山东经济、政治、文化的中心外，青岛也引领着山东的经济发展，其他的地级市普遍人口多，地域广，经济实力雄厚，也有创办报纸的社会基础，一些经济较发达的地市可以支撑一份甚至几份报纸的发展。随着城市化的推进和山东经济在 20 世纪 90 年代初的快速发展，这种支撑力越来越强。与其他众多的报业集团相比，大众报业集团注重拓展其他区域市场是其显著的特点。《大众日报》董事长傅绍万在多个采访场合中说：“占领地市市场，省报集团的根才能扎牢，发展的后劲才足。否则，省报集团发展的基础就会被逐渐掏空，失掉生存的根基。”[①]在他的领导下，大众报人始终保持着清醒的认识，注重在山东各个地市的发展。在济南，《齐鲁晚报》《生活日报》占据绝对优势；在青岛，《半岛都市报》占据了平面媒体 70%以上的广告、发行份额，发展为三报一刊一网，多种产业并举的半岛报系；在淄博，《鲁中晨报》一报独大。大众报业集团在进行区域拓展时，还通过“产权联合，利益联结，行政推动，文化融合”的方式，即以《大众日报》为龙头，整合地市党报，以齐鲁传媒、半岛

① 范以锦：《山东报业变局观察》，搜狐传媒，http://media.sohu.com/20130524/n376935564.shtml.

传媒为平台，推进跨地区的兼并重组。大众报业集团相继与潍坊报业集团(2009)、临沂日报报业集团(2010)、菏泽日报社(2012)以及青岛报业传媒集团(2013)战略合作，共同经营《潍坊晚报》《沂蒙晚报》，控股经营《鲁南商报》，统一运营《今日菏泽》《牡丹晚报》，基本完成了省内报业布局，同时也整合了省市两级的报业资源，优化了山东省内传媒产业结构。在潍坊、临沂，《大众日报》与潍坊报业集团、临沂报业集团通过产权联结，实现了和两地报业集团联合办报。2012年大众报业集团的财务利润达到7亿多元，居全国各大报业集团首位。

《大众日报》整合地市报纸是一个双赢的举措。对于大众报业集团来说，其削减竞争成本，获得垄断利润的诉求得以实现；对于地市报而言，合作有利于缓解地市报的经营困难。比如，临沂与大众合作附带的条件之一就是大众收购停业多时的临沂新闻大厦。大众报业集团收购新闻大厦花了1.55亿元，收购临沂两张报纸只花了大约4800万元。通过合作地市报社不仅卸下了这一负担，并且换回了相当可观的现金收益。通过控股这种现代企业的经营方式，《大众日报》正在构建成为一个区域特征明显的大型传媒集团。形成区域垄断的优势，一方面可以降低区域内报业间竞争的程度；另一方面新闻资源就具有了排他性，其他新媒介形态也无法进入，能有效应对新媒体的竞争。

凭借着强大的品牌优势、省级党报的资源优势以及灵活的经营手段，大众报业集团基本形成了济南、青岛、鲁中、鲁南四大发展区域，实现了在全省报业的战略布局。

（三）推进品牌建设

党报品牌是指党报主办机构为受众提供服务并被其认可的具有的实际效用及附加价值的要素总和。党报品牌是由有形要素和无形要素构成的。前者是指报纸名称、报徽、版式、内容设置、采访活动等有形的行为和视觉传达系统；后者是指得到受众认可的公信力、影响力和权威性等无形的附加价值。在不同的语境下，党报品牌也指党报的主办机构，比如《大众日报》报纸的本体是一个产品品牌，而大众报业集团则是《大众日报》的主办机构，是一个企业品牌。

2008年，大众报业集团党委根据报业发展的阶段性特征和集团实际，提出具体明确的奋斗目标——“品牌媒体，报业八强，活力集团，和谐家园”，并且明确提出了“三四五”的发展战略，即：重点培育《大众日报》《齐鲁晚报》《半岛都市报》三大支柱，建设济南、青岛、鲁中、鲁南这四个全省经济最为发达地区的发展基地，打造广告会展业、印刷业、发行物流业、网络文化业、商用楼和宾馆餐饮业这五个产业集群。借助于《大众日报》这个母品牌，大众报业集团一直在努力开拓新的产业领域和新的盈利点。

2010 年 3 月，大众传媒大厦奠基开工。7 月，大众报业集团与临沂日报报业集团签订战略合作框架协议，共同组建沂蒙晚报传媒有限公司、鲁南商报传媒有限公司。10 月，大众网“齐鲁晚报手机版”用户突破 200 万人，成为全国首家读者突破 200 万的地方手机媒体。2011 年 5 月，由集团和山东产权交易中心共同成立的山东文化产权交易所揭牌。6 月，大众报业集团参股山东广电网络公司，进军网络电视领域，成为第二大股东。2012 年 4 月，山东大众创业投资有限公司成立。7 月，面向山东半岛蓝色经济区的《蓝色快报》创刊。10 月，集团与菏泽日报社共同成立的菏泽牡丹传媒有限公司揭牌。2013 年 9 月，大众传媒产业基地项目完成征地 500 亩，一期规划建设汽车文化产业园。10 月，《大众教育》创刊，这是《大众日报》创办的第 7 个行业版；大众日报《淄博新闻》创刊，这是《大众日报》创办的第 8 个地方新闻版。2014 年，大众传媒大厦落成启用，山东手机传媒有限公司成立，山东手机报、山东手机报客户端同步上线开通。借助《大众日报》这个母品牌，大众报业集团不断开拓新的产业，发展母品牌下各个子品牌的力量，实现了从报业集团向传媒集团的跨越。

(四)打造融合媒体

面对互联网的冲击，传统媒体和新兴媒体的融合发展，成为传统媒体转型与创新的必然趋势。早在 2001 年，大众日报网正式上线，《大众日报》就拥有了属于自己的网站。大众网的定位是“推动党报主流媒体影响力进一步向网络延伸，实现纸媒空间的扩充和延展，提升服务读者的时效性、针对性和广泛性。充分借助并整合纸媒优势资源，增强新闻信息的搜集、掌控、放大、梳理、解读能力，强化网络舆情监测、引导，以满足广大网民的多样化、个性化需求，让党报的权威性和公信力在网络中得到彰显。全力追求新闻信息传播的交互性、即时性和扩展性，拓展党报的网络发展和延伸空间。架起纸媒与网媒的沟通桥梁，加速推动媒介融合”①。通过大众网，人们不仅可以获取新闻和信息，还可以发表意见、表达诉求、参与社会生活。大众网的上线，不仅有助于提高新闻宣传力度，而且还在担负新闻宣传这一主要职能的同时，承担了更多的社会公共服务和文化建设的职能。

党的十八大以来，以习近平总书记为核心的新一届中央领导集体高度重视互联网发展和新媒体建设。2014 年，习总书记主持召开了中央全面深化改革领导小组第四次会议并且发表了重要讲话。他在讲话中强调：“推动传统媒体和新兴媒体融合发展，要遵循新闻传播规律和新兴媒体发展规律，强化互联网思维，坚持传统媒体和新兴媒体优势互补、一体发展，坚持先进技术为支撑、内容建设

① 《大众日报网今日正式上线》，2011 年 9 月 16 日《大众日报》。

为根本,推动传统媒体和新兴媒体在内容、渠道、平台、经营、管理等方面的深度融合。”[①]在深入学习、研究了党中央的政策后,大众报业集团党委书记傅绍万明确提出了《大众日报》媒体融合的六字要诀“控体、明路、建端”,即“要在实践中趟开路子,实现这一融合的目标,必须抓牢控制载体这个融合的根本,走传统媒体受众转化的路子,打造将传统媒体和新兴媒体融为一体的终端产品,并将三者作为一个系统统筹推进。其核心要义,是‘订户+手机客户端’”[②]。也就是将报纸订户转化为新媒体用户,实现报纸与新媒体的共生共荣。大众日报手机客户端的理念是“彰显党报权威,传播主流价值,体现专业品质”[③],即坚持党性、人民性的党报优良传统,坚持高品质的内容服务,传播社会主义主流价值观。2015 年 7 月17 日,大众日报手机客户端“新锐大众”正式上线。这是《大众日报》顺应媒体变革趋势,走有大众特色媒体融合之路迈出的重要一步。与“新锐大众”同时上线的,还有《大众日报》官方微博和微信公号。以此为标志,《大众日报》形成了手机客户端、微博、微信公号三位一体的移动传播矩阵。

2014 年 11 月,习近平总书记视察山东一周年,《大众日报》采编部门集体策划了“习近平总书记视察山东一周年・山东答卷”的全媒体报道。整组报道以“跟着习大大看山东”作为统领。在随即播出的网络视频中,漫画式的人物形象、播音员的解说、利用图表新闻的解读,对新闻进行的可视化处理,都使得整个视频生动活泼,令人耳目一新。然后整组报道通过答卷的专题形式将山东一年来的变化展现出来。从新闻生产流程上看,本组报道真正实现了“融合”报道。在新闻采集的源头,以全媒体记者进行文字、图片、视频、音频、动漫制作等全方位采集。在信息处理过程中,对采集到的信息分时段、分层次、按媒体特点需求多次处理,以适应各种媒体形态的需求。从产品呈现形态看,“习近平总书记视察山东一周年”系列报道承载的媒介形态多样,有报纸网络版、PC 网站版、报纸电子版、手机报版、山东 24 小时新闻客户端、微博版、微信版等;报道手段先进,用视频、文字、图片等多种报道形式,贴近的话语方式,轻快活泼的风格,立体呈现了这一年来山东的变化。如此丰富多样的报道手段,既是对各方面舆论资源的整合,又是对时政报道传统模式的创新,令人耳目一新,大大增强了传播效果和影响力,是一次成功尝试。从报道内容上看,“习近平总书记视察山东一周年・山东答卷”站位高,视野开阔,内容丰富,文风鲜活,充分体现了以人为本做新闻

---

① 《中央深改小组第四次会议关注媒体融合》,人民网,http://media.people.com.cn/GB/22114/387950.

② 傅绍万:《媒体融合六字诀:控体,明路,建端》,《新闻战线》2015 年第 11 期。

③ 傅绍万:《媒体融合六字诀:控体,明路,建端》,《新闻战线》2015 年第 11 期。

的理念。

最终，这组策划影响巨大、反响强烈，总阅读量及互动量达到2.7亿人次，取得了极大的社会效益，获得山东省委领导高度肯定，在媒体融合操作层面也具有重要的标杆意义。在新时期，新型主流媒体应该如何利用新的媒体技术、媒体形态报道新闻，更好地坚守国家舆论阵地，传播社会主义核心价值观，《大众日报》的这个系列报道是在新形势下的一个创新之举。在这次报道中，无论何种媒体形态，《大众日报》都坚守了党报集团舆论引导"主阵地、主渠道、主力军"的清醒定位，体现了省委机关报的大局观念、责任担当和良好作风。

（五）拓展对外传播

2007年1月18日，《大众日报·海外版》在北美地区正式出版发行，其前身是《国际日报·山东专版》和《南美侨报·今日山东》，是山东省委宣传部委托大众报业集团承办、对外宣传山东的纸质媒体主渠道。在对外传播中，《大众日报·海外版》配合省委、省政府的工作，主动设计报道议题，将海外读者的关注点与省委、省政府的工作统一起来。2015年7月，由山东省委对外宣传办公室主办的山东省第十一届对外传播奖的评比中，《大众日报·海外版》的三篇作品（《山东抢占中韩自贸区先机》《来山东投资，不仅仅因为啤酒好喝》《留住齐鲁文化记忆》）获得了优秀外宣作品奖。通过这种海外中文媒体平台的形式，《大众日报》向世界树立了"孔子故里，中国山东"的海外形象，通过真实、客观、公正、全面的报道，向世界展示了山东正在发生的一切变化，展示了一个"文化的山东、友好的山东、开放的山东、现代的山东"的山东形象。

大众网则利用新媒体的优势，培育并打造精品栏目、精品报道，将宣传视野由山东扩至全球，提升网站国际传播能力。

首先，大众网一直开设中文、英文、日文、韩文四种语言频道，是山东对外传播的主流媒体平台。大众网的英文频道曾经制作了北京奥运、亚洲杯等专题，网络新闻《八旬女画家为治癌求医山东（英文）》曾获第八届山东省对外传播奖网络新闻奖。日文频道则开设有山东与日本、山东概括、山东经济、山东旅游、山东文化、山东城市、最新消息、图片新闻等栏目，便于日本友人了解现代的山东。韩语频道则以快捷的新闻资讯、舒心的生活服务、便利的旅游时尚为目标，打造网上"韩语生活圈"。同时，大众网依托韩语频道，在新闻、手机报、电子商务等方面与韩国《济州汉拿日报》深度合作。依托与日韩交流的地缘优势以及中日韩共同的儒家文化根源，大众网正在努力成为儒家文化圈国际交流的主流媒体。

其次，大众网高度重视国际传播类报道的原创性策划。目前，大众网负责建设的网上山东抗日战争纪念馆全面实景展示了山东人民英勇抗战的革命历史和为抗战胜利做出的历史性贡献，纪念馆的中、英、韩、日四种语言版本同时上线，只要选择语言版本，鼠标移至相关内容，即可即时显示相应的外文翻译，满足全球网友的浏览需求。在历次山东省对外传播奖的评比中，大众网有多篇优秀作品都获得了对外传播网络作品奖。

再次，大众网是推动儒学文化"走出去"的媒体平台和国际交流平台。为推动儒学文化走出去，大众网儒学频道计划与国内外相关儒学研究协会合办国际化的儒学研究论坛，同时邀请国际知名儒学研究学者入驻讲学，促进国内外学者进行学术交流，推动儒学研究视野全球化。目前，全球化范围内的孔子学院不断拓展，已经成为中国文化传播的重要平台。为大力弘扬传统文化，大众网联合中国孔子网共建中华文化频道，集大众网多平台的媒介资源和中国孔子网深厚的儒家文化基础于一体，汇聚文化信息、传统教育、国学经典等儒家思想精髓，将儒家文化从齐鲁大地发扬光大。

2013 年 9 月，《大众日报》的子报《齐鲁晚报》与《欧洲时报》签订协议，双方合作的《齐鲁晚报 · 欧洲版》创刊，其办报宗旨是"传播齐鲁文化，服务旅欧同乡"[①]，并以"山东故事、中国价值、国际传播"为原则，全面、真实、快速、准确地对外报道山东近年来在政治、经济、文化等方面的发展，力图使之成为山东省向海外推介山东，进行招商引资、吸引海外人才、传播齐鲁文化的载体。同时，《齐鲁晚报 · 欧洲版》也成为生活在欧洲的华人华侨、尤其是山东老乡了解山东的窗口，人们可以获得山东旅游的相关信息，也可以借此了解山东的风土人情。另外，《齐鲁晚报》还依托《欧洲时报》成立了欧洲报道中心。12 月，《齐鲁晚报》与台湾《旺报》签约，合作创办的《齐鲁晚报 · 台北版》也于 2014 年 1 月正式创刊，开启了对台传播的新时代。

在我国，对外传播无论对业界实践还是对学界研究来说都是一个刚刚起步的领域，构建一个完善的对外传播体系对于许多党报集团都还处于一个正在探索的阶段。尽管在山东的对外传播中，《大众日报》构建的传播体系还不成熟和完善，还有一些不尽如人意的地方，但是近 10 年来，已经作出了许多的成绩，也日益成为国际友人了解山东的重要窗口。在未来的发展中，《大众日报》将会致力于国际传播的话语权与影响力建设，成为齐鲁文化走出去与山东对外经贸活动的主流媒体平台。

---

① 虞宝竹：《活跃在欧洲大陆的轻骑兵》，《军事记者》2014 年第 5 期。

第二章　对党报主体角色的现实考察

第一节　多媒体条件的基本描述

一、印刷媒介时代

(一)印刷媒介的产生

在105年前后的东汉时期,蔡伦发明了造纸术。在600年前后的隋朝,中国人民从刻印章中得到启发,发明了人类历史上最早的雕版印刷术。在此基础上,北宋平民毕昇改进了雕版印刷术,发明了活字印刷术。人们有了印刷术以后,信息可以被批量化、大量化、规范化地生产,促进了印刷媒介的产生。

我国印刷媒介的主要形态是报纸、杂志和书籍。报纸是以刊载新闻和时事评论为主的定期向公众发行的印刷出版物,是大众传播的重要载体,具有反映和引导社会舆论的功能。杂志是有固定刊名,以期、卷、号或年、月为序,定期或不定期连续出版的印刷读物。书籍,是指装订成册的图书和文字,带有文字和图像的纸张的集合。

(二)印刷媒介的影响

在印刷媒介产生以后,对社会、文化、政治、经济都产生了深远的影响。

1. 印刷媒介对社会变革的影响

印刷媒介的产生对社会产生了巨大的变革,促使了社会分工更加精细化,产生了新的社会职业(如记者、作家、编辑、书商等),甚至是产生了新的社会产业(如印刷机制造业、油墨生产商等)。印刷媒介的产生使社会产生了读书识字的需求,促进了教育事业的发展。在印刷媒介产生以后,人们的交流方式发生了改变,之前人们主要是口头交流和采用身体姿势等其他非语言性的符号进行交流,现在书面交流和语言符号成为人们交流的重要方式。为了更好地与其他社会成员进行交流，人们需要具备更好的知识文化素养，由此促进了传道、授业、解惑的教育事业的发展。教育事业的普及与发展，有助于促进全民文化水平和文化素质的提高，进而有利于社会的发展。

2. 印刷媒介对文化交流的影响

口头交流的传播时代，文化交流有许多的局限性。文化交流无法突破时间与空间的限制，人们只能进行面对面的交流，同时采用非文字的工具（比如图画、面部表情和手势之类的体态语、物体的摆放等），交流容易出现误解与隔阂，导致流言的滋生和传播。比如"三人成虎"的故事，三个人谎报城市里有老虎，听的人就信以为真了，把谣言当成了事实，认为城里真的有老虎。印刷媒介的产生，可以使信息以书面的形式记录下来，并且进行跨地区、跨时代的传播，从而使文化交流突破了时间和空间的限制。文化因交流而丰富，文化因互鉴而多彩，文化交流可以促进文化的丰富和发展。信息采用书面文字的形式记录和固定下来，书面文字具有表意的统一性和单一性，可以最大限度地消除口语时代的传播隔阂。报纸、杂志、书籍的传播可以传递文化，有助于促进人们文化素质的提高。同时，报纸、杂志可以报道新闻、传递信息，既有银行利率、天气预报等关系着国计民生的硬新闻，又有娱乐八卦、家长里短等软新闻，可以满足大众对于新闻信息的消费需求，丰富大众的日常的娱乐生活和消费生活。

3. 印刷媒介对民主政治的影响

印刷术的发明，促进了信息民主化，进而促进了政治民主化，甚至推动了政治体制的改革。在印刷术发明之前，信息是由社会里的政治、宗教精英控制的，他们的信息传播的手段和意愿有限，而且新闻信息的传播基本只局限于社会中的政治、宗教精英的内部，大众基本很少能获得跨阶层和跨地域的新闻信息。然而在印刷术发明之后，印刷术复制了大量信息供大众消费，大众通过报纸、杂志等印刷媒体开始知晓世界各地的发生的信息，甚至是顶级阶层的信息；同时大众又可以通过报纸、杂志等印刷媒体把自己的参政议政的心声和对顶级阶层不满、批评、建议表达出来，使得顶级阶层在做政治决策时参考民心民意，决策更加民主合理化，一些批评建议甚至可以推动政治体制的改革。比如 2003 年 3 月发生的孙志刚案。孙志刚因为没带身份证而被带到了收容所，最后在收容所被暴打身亡。许多报纸媒体详细报道了此一事件，并曝光了许多同一性质的案件，在社会上掀起了对收容遣送制度的大讨论，引发了对收容遣送制度的反思和抨击，因此随后我国废除了收容遣送制度。[①]

4.印刷媒介对经济发展的影响

印刷术的发明促进了经济的发展,也促进了新的产业的产生(比如印刷机制造业、油墨生产商等)。这些产业可以为社会带来新的经济增长点,拉动社会的经济发展。同时这些产业可以为人们提供新的、大量的就业岗位,增加居民的收入,刺激居民的日常消费,促进社会经济的发展。文化对经济具有重大的反作用,报纸、图书和杂志传递的文化信息可以弘扬中华民族传统文化,促使中华民族传统文化走向世界,通过文化作品增加世界对中国的关注,将可能为中国带来新的投资机会,从而拉动中国的经济的增长。

二、电子媒介时代

(一)电子媒介的产生和发展

1895年,意大利的马可尼发明无线电通信技术,从此以后,电子媒介开始兴起,人们开始进入电子媒介的传播时代。电话、留声机、轮转印刷机、电影、广播、有声电影、收音机、电视、电脑、电子游戏、互联网、无线个人通讯等等纷纷产生。

中国2005年进入互联网时代,从此互联网在中国迅速发展,互联网普及的家庭越来越多,网民数量进一步增加。根据中国互联网络信息中心(CNNIC)在京发布第36次《中国互联网络发展状况统计报告》显示,截至2015年6月,我国网民规模达6.68亿,互联网普及率为48.8%。考虑到中国巨大的人口基数和未来经济的发展速度,网民规模会进一步增加,互联网的普及率也会进一步提高,电子媒介对我们的影响会进一步地加大。[②]

(二)电子媒介的影响

1.电子媒介对人的思维方式的影响

电子媒介会挑战人们以往的思维方式,使思维方式发生改变,由线性和理性的思维方式转向直观的思维方式。麦克卢汉说:"媒介即讯息。"[③]线性、理性的思维方式是书面文化和印刷文化的特征,也就是说,人们以往的思维方式是线性的和理性的。线性思维,是一种直线的、单向的、单维的、缺乏变化的思维方式,

---

① 参见《大学生没暂住证命丧收容所》,人民网,http://www.people.com.cn/GB/shehui/46/20030506/985325.htm.

② 参见《CNNIC发布第36次〈中国互联网络发展状况统计报告〉》,新华网,http://news.xinhuanet.com/politics/2015-07/23/c.128051995.htm.

③ [加]马歇尔·麦克卢汉著,何道宽译:《理解媒介:论人的延伸》,商务印书馆2000年版,第33页。

这个思维方式必须以时空和逻辑顺序进行。如传统的写作和阅读，受稿纸和书本的空间影响，必须以时空和逻辑顺序进行。电子媒介的产生挑战着人们审视世界和认识世界的方式，挑战着人们的线性的、理性的思维方式。

正如艾吕尔所说的："语言的力量和形象（包括图片、电影和图示）的力量根本不一样。每一种媒介形式都有影响人类意识的特征，对人的意识的视觉冲击和听觉冲击也根本不同。因为视觉倚重视觉图像，所以视觉是现实的王国，也就是环绕我们的直接经验。"[①]因此，图片、视频等内容信息的大量出现，影响着人们的意识，对人们的视觉造成冲击，环绕着人们的直接经验，使人们的思维方式趋向于直观。

麦克卢汉提出来了"热媒介"与"冷媒介"的概念，"热媒介"是清晰度比较高的媒介，它提供清晰度高的一揽子信息，不需要观察者参与补足信息。与"热媒介"相反，"冷媒介"提供的信息清晰度低，需要更多的参与与互动去完成这个过程，我们不能够用观察者的字眼，必须把使用这种媒介的人称作"参与者"。

印刷媒介是一种冷媒介，文字稿和读者是有一定的距离的，读者的眼睛需要不断地捕捉书稿上的文字，读者的思维需要最大限度地深度参与，以便能够重构书本上描绘的形象，对于印刷媒介的理解带有自己的强烈的个人主义和主观主义色彩。所以印刷媒介时代是一种线性思维时代。

与印刷媒介相比，广播、视频、动画等电子媒介是一种比较热的媒介。广播提供给受众完全的信号，不需要收听者去补充。和广播一样，视频、动画提供给受众的形象比较鲜明和清晰，也不需要收看者去补充，不需要调动一种线性和理性的思维。

2. 电子媒介对社会文化的影响

电子媒介也在影响和冲击着原有的社会文化，创造出了全新的、刺激人们感官的一种消费文化。中国在 20 世纪 60 年代提出信息化社会。信息化是指信息技术和信息产业在经济和社会发展中的作用日益加强，并发挥主导作用的动态发展过程。它以信息产业在国民经济中的比重、信息技术在传统产业中的应用程度和信息基础设施建设水平为主要标志。传媒在现实的社会领域可以发挥巨大的作用，不仅仅是一种普通的文化消费品，并且可以传递文化，促使一种文化成长，促使社会成员之间的文化与信息的交流，从而培植一种社会文化。电子媒介就像一个巨大的培养皿，在无形当中培养出了社会的一种消费文化，一种后现代文化。电子媒介的兴起，使得传媒的主要传播符号由文字符号转向了图像符号，图像符号作用于人们的视觉器官，极大地刺激着人们的感官。电子媒介中充

① 林文刚：《媒介环境学：思维沿革与多维视野》，北京大学出版社 2007 年版，第 106 页。

斥着娱乐明星、体育明星、成功的商界人士等精英所做的广告，他们身体力行，向公众发出消费的号召。电子媒介中充满着形形色色的时装剧、偶像剧和娱乐节目，美食、时装、化妆品、豪车、高档的生活设施等商品轮番上阵，展现了商品的超强诱惑力，向公众宣传着一种积极消费的理念，激发着公众的消费欲望，增加了公众的消费支出。中国的城市社会正由“生产者社会”逐步转化为“消费者社会”。①

三、多媒体时代

（一）多媒体时代的产生

如果说在电子媒介时代，电子媒介占据传播方式的主导地位，视觉符号占据主导地位，那么在多媒体时代，文字符号、声音符号和图形、图像、动画、视频等视觉符号在新闻信息中共同发挥作用。多媒体时代有三个重要的特征：数字化、社会化、自媒体。

1.数字化特征

通常的计算机应用系统可以处理文字、数据和图形等信息，而具备多媒体技术的计算机除了处理以上的信息种类以外，还可以综合处理图像、声音、动画、视频等信息。

多媒体技术涉及面相当广泛，主要包括：①音频技术：音频采样、压缩、合成及处理、语音识别等。②视频技术：视频数字化及处理。③图像技术：图像处理、图像与图形动态生成。④图像压缩技术：图像压缩、动态视频压缩。⑤通信技术：语音、视频、图像的传输。

2.社会化特征

社会化特征，是从媒介的视角对于媒介与社会、媒介与人的关系的一种表述。多媒体时代，不管是组织、机构还是个人，都无法逃脱媒介的聚焦。同时，对许多人来说，媒介不仅是一种工具，而是一种依赖，成为许多人的一种工作状态、生活状态、生存状态。人们在网络上交流情感、信息、观点，在网络上交友、征婚、购物。

3.自媒体特征

自媒体又称“草根媒体”，传者与受者的界限日益模糊，每一个人都可以成为新闻信息的传播者，向全世界的不特定的多数人传播信息。受众在传播中的地位大大增强，个体、小群体在传播中的主动性大大提高。一方面，受众接受信息

---

① 参见闫方洁《西方新马克思主义的消费社会理论研究》，上海人民出版社2012年版，第208页。

的目的更加自我，除了信息之外，不同的受众还希望获得不同的价值与观念；另一方面，他们对于渠道即媒介的选择，自主性更强，“差异性受众的选择行为”使得媒介产品的销售上真正成了买方市场。

（二）多媒体时代党报的基本特征

多媒体的概念最先出现在技术层面上，是一种以数字技术为核心的计算机技术。多媒体是指利用计算机综合处理文字、声音、图形、图像、动画、视频等多种内容信息，将之数字化，并整合在交互式界面上，使电脑终端能够交互展示不同的媒介形态。①

当多媒体技术运用到新闻传播的实践中，党报过去需要在不同的“通道”分别进行处理的文字、图形、数据、影像、声音等信息，现在可以在同一条“传输路”上进行处理，使党报的新闻信息表现出一种文字、图形、数据、影像、声音等综合的信息形态。新闻信息不仅通过纸张发布，而且通过各种各样的形式传播，包括文字传播、图像传播、声音传播、视频传播、提供数据库检索服务、通过互联网上的电子报纸传播、通过移动终端进行传播等。

第二节　多媒体条件引发的社会变革考察

施拉姆在《传播学概论》中说：“信息状况的重大变化，传播的重大变化，总是伴随着任何一次重大社会变革的。”②因此，多媒体条件的出现，会对信息的采集、处理、发布产生重大的影响，传播的方式和传播的理念也会发生重大的变化，由此会伴随着重大的社会变革。

一、促使社会结构发生改变

多媒体条件等新的技术条件的产生，社会会产生新的职业需求，会对原有的社会分工产生影响。新的技术条件的出现会促使社会分工精细化，并且对员工产生更高的要求，从而社会产生了一批新的工作岗位，同时会导致一批旧有的工作岗位消失，从而导致社会结构发生变化。

（一）产生了新兴的社会职业

新的新闻信息的采集、处理、发布的方式使得媒体产生了新的职业需求——

① 参见[日]桂敬一主编、刘雪雁译《多媒体时代与大众传播》，北京新华出版社 2000 年版，第 109 页。

② [美]威尔伯·施拉姆著，陈亮译：《传播学概论》，新华出版社 1984 年版，第 19 页。

全媒体记者。记者既需要有采访写作文字的能力，又要有处理音频、视频的能力，还要具备拍摄、照相、录音的能力，而且还需要根据报纸、网页、移动客户端、微博微信等不同平台的需要写作不同的新闻稿件，并能在这些终端上发布新闻稿件。同时，新的新闻信息的采集、处理、发布的方式也在促使社会分工更加精细化，比如就媒体来说，原先媒体的美工，现在分工也将更加精细化，细化为网页页面设计师、虚拟现实（VR）美工、用户界面（UI）设计师等。

比如，《扬子晚报》在2012年首次招聘了一批全媒体记者。当有新闻信息发生的时候，《扬子晚报》的新媒体记者第一时间赶赴现场，将简短的文字和图片的事实状况实时地在《扬子晚报》的官方微博上进行播报。接着，将采访录好的视频提供给《扬子晚报》官方微博和《扬子晚报》网视频频道（v. yzwb. net）以及其他授权视频平台播放。随后，全媒体记者们将新闻信息进行加深加全，在《扬子晚报》上刊登。报纸刊登时，报纸上会带有二维码和视频链接，读者们可以通过扫描二维码或者在网络上搜索视频链接，观看新闻信息的采访视频。这样，《扬子晚报》就实现了文字、图片、视频的综合播报和微博、报纸、网络的联合播报。①

比如，由《人民日报》主管主办的一份全国性财经专业报纸《中国基金报》招聘全媒体记者。要求既要有采访写作文字的能力，又要有处理音频、视频的能力，还要具备拍摄、照相、录音的能力。②

（二）导致原有的一些社会职业消失

新的新闻信息的采集、处理、发布方式使得媒体产生了新的职业需求的同时，一些旧的职业也在消失。在新的媒介环境下，一些媒体需要全媒体记者，所以以往不具备全媒体才能的记者会遭到淘汰。同时，一些网络媒体采用大数据分析的形式来自动生成对新闻的分析数据，而不是采用人工分析的方式。随着科学技术的进步，未来将会有越来越多的媒体采用这一方式，同时分析数据的技术功能会越来越强大，会取代一部分媒体从业人员。比如现在流行的自助存取款机，既有存款业务，也有取款业务，并且还有许多的其他功能，也就自然地取代了一部分银行柜员的功能。

（三）社会结构改变的应对措施

对于多媒体条件对社会结构的改变，首先我们要正视并且接受这一现象。

---

① 参见《〈扬子晚报〉首批66名全媒体记者上岗》，新华网，http://news.xinhuanet/newmedia/2012-05/02/c-131563574.htm.

② 参见《〈中国基金报〉招聘全媒体记者：实习生》，应届求职网，http://www.jingjiesheng.com/job-001-793-217.html.

麦克卢汉认为，技术将不可避免地影响社会结构。多媒体技术的出现会不可避免地使社会结构发生改变，产生一些新的社会职业，相应地淘汰一些旧有的社会职业。其次，我们要对这一社会现象进行合理的引导。针对产业结构的调整带来的人员失业的状况，我们要积极引导他们到新的产业就业。我们要对一些失业人员进行合理的引导，进行政策宣传、心理辅导、技能培训，向他们宣传党和政府关于失业人员的帮扶政策，做好失业人员的心理疏导、宽慰工作，给予资金和师资力量支持，帮助他们掌握新的社会需要的工作技能，重新走上工作岗位，为社会做出贡献，实现自己的人生价值。

二、促进社会价值观的多元化发展

所谓价值观即人们关于好坏、得失、善恶、美丑等价值的立场、看法、态度和选择。微博、微信等新媒体在社会生活中发挥着越来越重要的作用，其社会地位也越来越高，舆论影响力也越来越大，在人们的意识形态领域占据着更加重要的地位，形成了一种全新的文化形态，包括网络文化、青年亚文化等，冲击着原有的党报文化和价值观。当今社会，人们对于一件事情的好坏、得失、善恶、美丑的看法、立场、态度和选择越来越多样化，而不是单纯的单一化的选择。同时社会也在鼓励人们发出多种多样的声音和进行多种多样的选择，社会对人们更加包容，为人们提供更大的表达言论的空间和自由发展的空间。

多媒体条件下，人们不仅仅接收到文字信息，而且综合接收到了图形、数据、影像、声音等多种信息。人们之间沟通与交流信息的方式越来越多样化，通过文字、声音、视频等方式来进行交流，沟通与交流信息越来越便捷，人们可以随时进行交流与互动。同时新闻媒体也越来越人性化，更加注重用户体验，鼓励用户及时、互动地表达自己的观点。比如《人民日报》的微博微信和客户端的每条新闻下面都会有用户自己观点的表达，同时《人民日报》的微博微信和客户端的小编也会和用户进行互动，转发用户的一些观点，对用户的观点进行评论和点赞。

针对社会价值观的多元化发展，党报要做好引导社会价值观的工作，弘扬社会主义核心价值观，批评不良的社会价值观。帮助人们鉴别大众流行文化，让人们自觉抵御拜金主义、享乐主义、极端个人主义等不良思想的影响，帮助人们树立正确的价值观，占领人们的思想舆论高地。

三、增加了社会舆论监督的力度

新闻舆论监督是社会一项重要的舆论监督形式。新闻舆论监督是指公众参与国家和社会管理，通过媒介对政府以及社会生活中一些违法行为进行监督。多媒体条件下，人们行使自己监督权的方式更加多元化，不仅可以通过文字表达，而且可以通过图形、数据、影像、声音、表情等众多方式行使自己的监督权。同时人们行使自己的监督权的途径也更加多元化，尤其是随着行使自己监督权的媒介的增加，人们不仅可以通过报纸、电视台、电台的舆论监督类栏目来行使自己的监督权，而且可以通过自己的微博、微信等自媒体来行使自己的监督权，揭露社会的丑恶现象，批评社会上的不良风气，揭发政府官员的一些违法违规的行为，还可以在微博、论坛、新闻客户端等平台上关注一些事件的发展，探寻事件的真相，推动事件的真相水落石出。

比如 2012 年 8 月 26 日，陕西延安境内发生重大车祸，陕西省安监局局长杨达才视察事故现场微笑的照片在微博上被大量转发，引发网友不满。其后他被"人肉搜索"，其一张张戴名表的图片在微博上流传，细心的微博网友扒出来了这些表价值不菲，远非杨达才的工资所能承担，由此陕西纪委介入调查，发现落实了杨达才贪污的事实。随后"表哥"被开除党籍，在 2013 年 9 月被判有期徒刑 14 年。①

郭美美微博"炫富"的事件恐怕是微博反腐的一个影响十分重大的事件。2011 年 6 月 20 日，新浪微博名为"郭美美 Baby"的女子在微博上大晒自己的爱马仕等名包、别墅、跑车等，她的"红十字会商业总经理"的身份引发网友的广泛关注，网友开始质疑红十字会这一慈善机构的公信力。尽管红十字会辩称郭美美与红十字会无关，郭美美的母亲和郭美美也否认与红十字会有关，但是由于受郭美美炫富事件的影响，7 月份开始全国各地社会捐款和慈善组织捐赠的金额急剧下降，个别地方的红十字会所获捐赠甚至几乎为零。至今关于红十字会与郭美美事件仍然众说纷纭。②

2011 年 11 月 20 日，几段不雅视频和几张不雅视频的截图在网络论坛上流传，上传者称不雅视频的主人公是重庆市北碚区区委书记雷政富。尽管雷政富本人否认视频的真实性，并且称图片是 PS 的，但是仍然逃不过网友的火眼金睛。在网友广泛持续的关注下，2012 年 11 月 23 日，雷政富因"不雅视频"事件，被重庆市委免去北碚区区委书记的职务，并对其进行立案调查。调查发现，雷政富身为国家工作人员，利用职务上的便利，为他人谋取利益，非法收受他人给予的财物，已经构成受贿罪，最终雷政富被判处有期徒刑 13 年，剥夺政治权利 3 年。③

---

① 参见《"表哥"杨达才"落马"过程回顾》，新浪网，http://news.sina.com.cn/c/2012-09-22/061925728949.shtml.

② 参见《郭美美炫富，富从何来》，新浪网，http://tech.sina.com.cn/i/2011-06-24/14225688903.shtml.

③ 参见《传重庆公司女员工同雷政富上床可获 300 元加班费》，新浪网，http://news.sin.com.cn/c/2012-11-26/19132566407.shtml.

2012年10月8日，一名网友在天涯社区发帖称：广州市城市管理综合执法局番禺分局政委蔡彬及其家庭成员名下拥有21处房产。帖子一发，一时间引发众多网友的围观。单凭公务员的薪资就能买得起21处房产，引发网友的对蔡姓官员廉洁性的广泛质疑，许多网友将蔡彬戏称为“房叔”。随后广州市纪委介入调查，发现21处房产属实，因此将蔡彬双规。最终他被判刑11年，没收财产335万元。①

随着民主政治的进步，公众参与意识和参与能力的增强，公众对社会生活中的热点难点问题也越来越关注，主流媒体要形成一支年富力强、知识层次高、政治素质好的舆论监督工作队伍，要准确及时地发挥舆论监督的作用，揭露社会的丑恶现象，批评社会上的不良风气。增强主流媒体的权威性、公信力、影响力，推动社会文明的进步和发展，构建和谐社会，全面深化改革，全面建成小康社会。

四、对社会培养的人才提出了更高的要求

多媒体条件下，对社会培养的人才提出了更高的要求，不仅要求人才具有整理文字的能力，具有处理图片、音频、视频的能力，还要具备视频拍摄、照相、录音的能力，并且能根据报纸、网页、移动客户端、微博、微信等不同平台的需要，写作不同的新闻稿件。文字报道要求掌握翔实材料，展示内容的深度和逻辑性；摄影报道要求抓取瞬间，展示事件的冲突性和现场感；视频报道则要求画面先行，叙事直接、生动、故事化、口语化；网络报道要求快速、及时、海量、多媒体，手机报道要求体现出移动性、个性化。并且要求记者不仅要会写，还要写得好，能在这些终端上发布新闻稿件。

高素质、全方面的人才符合媒体、企业等用人单位的需要。现在的媒体、企业等用人单位往往拥有微博、微信、报纸、网站、移动客户端等多个终端或者宣传平台，因此需要员工具备全方面的多种能力。并且员工具备多种能力，有助于降低用人单位的成本，提升用人单位的工作效率。高素质、全方面的人才符合人们自身发展的需要。现在毕业的大学生多，就业竞争压力大，掌握全方面的技能有助于提升大学生的综合素质，提升大学生在寻找工作中的竞争力，降低就业门槛，让大学生有人生出彩的机会。高素质、全方面的人才有利于社会的发展。高素质、全方面的人才培养有助于提高人口素质，为国家社会的发展出谋划策、献计献策，促进国家社会的发展，成为国家社会发展的助推器。

为了培养高素质、全方面的人才，学校的教育体制应该进行改革。学校的教

① 参见《“房产政委”要步“微笑局长”后尘》，和讯网，http://ophion.hexun.com/2012-10-10/146296986.html.

育体制应该适应多媒体时代的发展需要,开设处理音频、视频、摄影、剪辑的多种课程。比如,2007 年,南京大学金陵学院获批开设媒介融合专业,培养掌握多种媒介能力的人才,成为国内首个开设媒体融合专业的院校。[①] 为了提升师资力量,可以面向社会公开招聘有经验的媒体从业者,也可以从海外引进有从业经验的全媒体记者,将他们崭新的理念、技能运用到教学当中来,还可以邀请专家、学者到高校开讲座,分享全媒体从业的经验。

为了培养高素质、全方面的人才,国家应该鼓励设立培训全媒体人才的教育培训机构,同时教育部门也要对培训机构的设立、日常运营加强监管,形成可靠持久的监督保障制度。重点监管培训机构有没有标准化教材、课件及教学方法,有没有正规的教师,征收的学费是否合理,日常的经营是否规范。切实保障人们能在培训机构中学到东西,获得就业所需要的技能,有一个明确的职业生涯规划,明确自己未来的就业发展方向。

五、增加了人们参与民主政治的新途径

多媒体条件下,多种媒体增加了人们参与民主政治的新途径。人们可以通过微博、微信等方式,表达自己的建议意见、批评,参与到民主政治中来。比如全国人大代表、太原铁路局局长杨绍清通过浏览旅客网友在太原铁路局微博的留言,来了解网上群众对铁路工作有何意见、建议。每年人大会议期间,全国人大代表任玉奇都到人民网、新浪网、搜狐网、腾讯网等网站与网民朋友们进行互动,现场回答提问。对从网上收集到的好建议、意见,任玉奇认真进行整理。对其中那些有价值的意见,他还主动深入实地调研。[②]

人们通过微博等新的方式参与到民主政治中来,可以拉近人们与人大代表的距离,近距离地、即时地与人大代表进行互动,表达自己的批评、建议和意见,更好地行使自己的权利。对人大代表来说,微博等新的方式也为他们开辟了一条调研民情民意的新途径,他们可以从中获取许多的信息。这可以增加对民主政治的监督力度,推动中国的民主政治更好更快地向前发展。

---

① 参见《全媒体时代广电人才的培养》,人民网,http://media. people. com. cn/n/2014/1212/c391385-26197328. html.

② 参见《人大代表通过微博等方式收集建议》,东方网,http: news. eastday. com/c/20120320/u/a6435795. html.

第三节　多媒体条件对媒体产业的影响

一、传统媒体产业和新媒体产业

在当今社会，媒体最主要的功能是报道新闻和向社会各界提供信息服务。“产业”作为经济学概念，是一种以投资、生产、销售、营收、回报为中心的经济活动。[①] 所以媒体产业是一种对媒体进行投资，让媒体进行新闻信息的生产和销售，面向社会提供服务，从而直接获得盈利或者间接获得社会美誉度、信用度、公信力等收益的一种经济活动。媒体产业主要是指报道新闻和提供信息服务的产业，包括报纸产业、广播电视产业等传统产业和新媒体产业等。

我国的报纸和广播电视实行事业单位的性质和产业化的经营。这就意味着我国的报纸和广播电视承担着事业单位宣传国家的大政方针政策以及引导舆论的功能，同时我国的报纸和广播电视不享受国家的财政支持，而是面向市场，通过自己的广告经营、印刷经营、多元化经营等在市场上生存，扩大自己的市场份额，赚取利润。1987 年，国家科委首次编制了我国信息产业投入产出表，其中将“新闻事业”和“广播电视事业”纳入“中国信息商品化产业”序列。这意味着国家已经开始将报业和广播电视业视为投入必须有产出的信息产业的一个组成部分了。

新媒体产业是由互联网产业发展而来的，它不仅仅包括互联网产业，而且包括目前的移动互联网产业、户外媒体产业、手机电视、网络广播电视等。互联网产业主要包括：新浪、搜狐、腾讯、网易等门户新闻网站，豆瓣、天涯社区等论坛网站，游戏，腾讯 QQ、微博、博客等社交媒体，淘宝、阿里巴巴等电子商务等。移动互联网产业主要包括：新浪、搜狐、腾讯、网易等新闻网站 APP，天涯等论坛 APP，游戏 APP，社交媒体 APP 以及手机电子商务等。户外媒体是指主要建筑物的楼顶和商业区的门前、路边等户外场地设置的发布信息的媒介，主要形式包括气球、飞艇、车厢、大型充气模型、高档小区走廊楼道等。

纵观媒体产业发展的历史，技术是媒体产业发展的重要推动力，媒体产业的发展与技术的发展是分不开的。印刷术与造纸术的发明促进了印刷媒介的产生，无线电通信技术促进了电报、广播、电视等电子媒介的发展，网络媒体的发展也得益于互联网技术和宽带速度的发展，移动媒体的迅速发展是由于 3G、4G 技术以及 Wifi 技术的普及。多媒体技术的出现、发展，会对媒体产业产生重大的影响。

---

① 参见林刚《新媒体概论》，中国传媒大学出版社 2014 年版，第 174 页。

二、多媒体条件对媒体产业的影响

(一)促进新媒体产业的蓬勃发展

新媒体产业本身就代表着一种新的技术、新的内容、新的表现形式、新的互动形式、新的发展方向。多媒体技术的发展催生了新媒体,从而带动了新媒体产业的蓬勃发展。同时,从长远发展来看,新媒体未来的发展势头依然强劲。2012年上半年,国务院公布《国家"十二五"时期文化改革发展规划纲要》,提出加强新兴政策,鼓励互联网等新兴媒体建设和文化传播渠道建设,这无疑加快了新媒体产业的发展。[①] 同时目前全球经济发展下行,国内经济增速下降,大型企业由于预算和投资效率压力,会将一部分广告预算分流到新媒体,而一些小型的企业迫于预算压力,也会优先选择新媒体。例如传统以购买电视时段为主的药品行业广告,逐渐向低成本的网络等其他媒体转移,房地产业、交通汽车业、零售服务业、金融业也在向新媒体分流,快速消费品等产品的网络广告表现活跃。[②] 而且随着网络速度的提升、Wifi 的普及、大数据及云计算等新的互联网技术的发展,也会促进新媒体的发展。这些都可能进一步削弱党报的影响力,削弱党报的主体角色。

多媒体技术的发展,既提高了人们对于语音、视频、图像的处理能力,也提高了语音、视频、图像的传输能力,提高了语音、视频、图像的传输速度和传输质量,拓展了语音、视频、图像的传输渠道。从而使新媒体的传播信息的表现形式更加丰富,由文字和表情为主转变为文字、表情、图片和小视频,传播信息的速度和质量也进一步提高。比如,微博下面的用户评论由之前的文字发展为现在的文字和图片,有助于满足受众多样化的信息表达需求,帮助受众更好地表达自己的意愿,增强受众的用户体验,增加受众对于新媒体的黏性。对于新媒体自身而言,增强了自身对于用户的吸引力和感染力,有利于增加新的用户和维持旧有的用户,同时增加用户的点击量和关注量。

在新的技术条件的影响下,2010 年以后,网易、搜狐、新浪、腾讯等传统的门户网站纷纷推出了自己的新闻客户端,为用户提供新闻、娱乐、体育、财经、科技等方面的海量资讯,并且会根据用户的阅读习惯与兴趣爱好,为用户提供定制内

---

① 参见《技术变革推动新媒体发展,看好新媒体业务》,梅花网,http://www.meihua.info/a/38887.

② 参见《2013 年电视媒体发展态势展望》,中国剧本网,http:www.juben.cn/news/newsdelt.aspx?ArticleID=127.

容。除此之外,新闻客户端还在不断地发展,涉足电子商务等新的领域,寻找新的赢利模式,延长产业链。比如,2013 年 7 月 1 日,网易新闻客户端上线积分商城,用户之前通过每天的签到、阅读新闻、分享新闻等方式积累的积分可以在积分商场兑换一定的商品,或者在商城购买物品时享受一定的优惠。

在新的技术条件影响下,微博、微信等社交软件也进一步发展。一是进一步扩展社交平台的服务功能。比如,2014 年 1 月 16 日,微信上线新的"微信红包"功能,人们通过绑定银行卡,就可以跟自己的好友发送红包和接收红包。二是进一步拓展赢利模式。2015 年 1 月 21 日,微信正式推出朋友圈广告,商家支付一定的费用出现在朋友圈中,用户可以对商家的广告进行点赞、评论。除了推出微博广告以外,2012 年 6 月 18 日,新浪微博正式上线会员服务,用户每月花 10 元开通会员,可以享受到等级加速、专属个人界面、语音微博等特权。

在新的技术条件影响下,2015 年以来,支付宝这一线上的第三方支付软件开始全面涉足线下。在医院、学校、便利店、食品餐饮等行业都可以用支付宝支付,轻轻一扫就可以支付成功,这极大地方便了用户,也扩大了支付宝的用户数量,增加了支付宝的收益。同时,支付宝在 2013 年 6 月 15 日宣布推出"余额宝",用户放在账户里的钱可以用来购买"余额宝",赚取一定的收益。这表明支付宝除了用来支付网购费用以外,开始涉足基金运营,丰富了支付宝的产业结构,延长了支付宝的产业价值链,增加了支付宝的产业收益。

(二)改变了传统媒体的产业资源

多媒体技术的发展,是新媒体产业发展的助推器,推动了新媒体产业的蓬勃发展。同时,新媒体产业的发展改变了传统媒体的产业资源,对传统媒体的资源造成了一种掠夺,掠夺的资源主要体现为读者资源、广告资源和人力资源。

1. 改变了读者资源

由于比起传统媒体,新媒体的信息传播速度更快捷,信息更加海量化,有价值的信息更多,信息表现的形式更加多样化,信息的保存和处理更加方便,信息的选择性也更强。人们能在新媒体上更快地接收到新闻信息,接收到更多的有价值的信息,有更多的形式来表达自己的意见和看法,更加方便地保存和处理信息。因此,读者大量地从传统媒体转向了新媒体,从新媒体获取新闻信息和服务,传统媒体的读者资源大量流失。

2. 改变了广告资源

媒体具有"双重出售"的属性:一方面向读者出售新闻信息内容,另一方面又向广告商出售广告版面。报纸一方面向读者出售报纸,另一方面又依靠自己的影响力向广告商出售广告版面。影响力越大,广告商购买的广告版面的数量和大小越多。广播电视媒体一方面向观众听众提供免费的广播电视节目，另一方面又把获得的观众听众的注意力资源出售给广告商。广播电视媒体获得的观众和听众的注意力资源越多，获得的广告商的广告投资就越多。如今在新媒体的大量冲击下，传统媒体的读者资源大量流失，影响力大幅下降，影响范围逐渐缩小，所以广告商将广告转而投向新媒体，传统媒体获得的来自广告商的广告资源也大量减少。2015 年上半年，传统媒体广告和报纸广告降幅定格在 5.9% 和 32.1%。中国广告协会报刊分会和央视市场研究（CTR）媒介资讯日前发布的《2015 年 1～6 月中国报纸广告市场分析报告》显示，传统媒体广告整体处在持续下降的通道之中。[①] 在中国市场，互联网广告的市场份额预计 2016 年将超过 43%。

3.改变了人才资源

目前传统媒体的收益主要来自广告，传统媒体的广告资源受到新媒体的强势掠夺，广告收益大量减少，传统媒体的收入受到影响。与传统媒体相反的是，新媒体获得了大量的广告资源，广告收入大幅度增加，所以它们能拿出大量的资金来招兵买马，寻找高素质的人才。比如，运营商世界网 30 万年薪招聘首席记者，同时高薪诚聘记者、编辑、广告销售经理、新媒体商务拓展（BD）、运营商等各级相关人员等。大量人才从传统媒体流向新媒体，就像麦克卢汉所说的，“旧媒体成为另一种新媒体的内容”，传统媒体成为新媒体培养人才的渠道。另外，受经营不善状况的影响，并且传统采编、单一技术人员偏多，复合型、有能力向新媒体转型的人才较少，不少传统媒体纷纷倒闭或者大量裁员，裁掉传统采编、单一技术人员，聘用更多的复合型的新媒体人才。比如 2015 年 11 月 11 日，《瑞丽时尚先锋》杂志停刊。《瑞丽时尚先锋》于 1999 年 3 月创刊，原名为《瑞丽可爱先锋》，2005 年更改为现在的名字。瑞丽传媒在中国时尚期刊史上具有重要的启蒙作用，影响了众多读者和时尚媒体从业人员。例如，《华商报》报社于 2015 年 8 月开始大幅裁员，好几个部门员工被整体裁掉，而且集团其他两家报纸《新文化报》《华商晨报》已先期完成裁员数百人的任务。[②]

（三）丰富了媒体产业的经营模式

媒体产业的经营，即具体的某个报社、电视台、广播电台为了保持和壮大自身的经济实力对所属的人、财、物实施有效管理的各种方法和手段。在媒体从事

① 参见《传统媒体广告下半年面临大考》，中国社会科学网，http://www.cssn.cn/bk/bkpd-qklm/bkpd-ytfx/201508/t2015080 上 2/07235.shtml.

② 参见《〈华商报〉裁员说明了什么》，传媒圈，http://www.mediacirde.cn/? p=27647.

主业经营之外,以媒体为主体所从事的其他各种各样的经营活动均被称之为媒体的多种经营,它是媒体主业经营的补充,也是壮大媒体经济实力的另一条途径。①

现在我国媒体常见的经营项目有对外承揽印刷业务、开办照相和彩照冲洗扩印业务、提供信息咨询服务、提供数据库咨询服务、提供舆情服务、从事旅游服务和导游业、投资开办宾馆和饭店等、出售信息资料、创办学校以及投资商业、房地产业、期货业、股票业等经济领域。

媒体开展多元化经营有利于壮大媒体的经济实力,可以增加媒体的经济收入,发挥媒体的品牌资源优势,发挥媒体品牌的公信力和权威性,可以平衡媒体的经营风险。

开展多元化经营要注意选择与媒体经营性质相近的经营项目。这样可以借用媒体原有的人才资源、物质资源与金钱资源,提高经营管理成功的几率。比如上海报业集团发展文化创意产业,借用上海报业集团原有的文化管理人才和文化创意人才,媒体发展可以借鉴上海报业集团经营报业、文化产业的经验,增加经营文化创意产业成功的几率。

(四)促进媒体产业与其他产业的融合发展

1.新媒体产业是媒介融合的产物

新媒体产业本来就是媒介融合的产物。例如,在网络媒体的细分产业中,网络报纸是互联网与传统报纸融合的结果,网络广播电视则是互联网同传统广播电视融合的产物。与之类似,在手机媒体的细分产业中,手机报纸是手机媒体与传统报纸的融合,手机广播电视则是手机与广播电视的融合。由于新媒体本身没有足够的内容积淀,它只能借助媒介融合的力量从传统媒体中获得内容资源。另外,新媒体产业的形式创新也需要媒介融合的力量的推动,无论是诸如数字电视、IPTV(交互式网络电视)的硬件融合,还是诸如网络杂志、手机报纸的融合发展,都是在媒介融合的思想指导下诞生和发展的。②

2.传统媒体产业正在进行产业融合

传统媒体产业正在进行着产业融合,传统媒体产业不仅仅与新媒体产业进行融合,并且也在与其他相关产业进行着融合。这是新形势下的传统媒体产业缓解自身发展危机的必然要求。当今社会新媒体蓬勃发展,受众阅读媒介的偏好和介质发生了改变,传统媒体产业为了适应形势的要求,缓解自身产业的发展

① 参见唐绪军《报业经济与报业经营》,北京新华出版社 1999 年版,第 380 页。
② 参见宫承波主编《新媒体概论》,中国广播电视出版社 2012 年版,第 216 页。

危机，必须要进行产业融合。这也是新形势下传统媒体产业促进自身发展的必然要求。进行产业融合有助于延长传统媒体产业的产业链，增加传统媒体产业的产业价值，从而增加运营产业过程中的盈利，丰富产业的赢利模式。

(1)传统媒体产业与新媒体产业进行融合

传统媒体产业正在与新媒体产业进行融合发展。比如，传统的报业与互联网产业进行融合，产生了报纸的电子版；传统的广播电视业与互联网产业进行融合，产生了网络广播电视。这一融合发展主要表现在技术的融合、内容的融合和表现形式的融合。传统的报业与广播电视业在与新媒体产业进行融合的时候，传统产业为了要呈现自己生产的内容，必须要采用一些新媒体产业的先进的多媒体技术。传统媒体产业与新媒体产业在进行融合的时候，要贡献一部分自己生产的内容，并且考虑到互联网和移动互联网用户的阅读偏好和阅读习惯，传统媒体产业还要借鉴一些新媒体产业的内容特点。传统产业在互联网上和移动互联网上呈现内容时，不能只是单纯地呈现原有的传统产业呈现的文字、声音、画面等内容，而是应该呈现文字、声音、图像、动画和视频等多媒体形态的内容。

(2)传统媒体产业与其他相关产业进行融合

传统媒体产业正在与一些其他的相关产业进行着融合，这些产业被纳入到传统媒体产业的产业价值链中来。比如IT产业中的智能手机制造业和媒体制造设备业也已经进入到媒体产业中来。2013年读者出版集团联手上海斐讯(PHICOMM)共同推出了一款智能手机读者i800。[①] 相信随着传统媒体产业的发展，未来还有更多的产业被纳入到传统媒体产业的产业价值链中来。

第四节　多媒体条件对党报主体角色的影响

一、党报主体角色的概念

党报的主体角色又可以表述为党报的主体地位、主流媒体。关于主体角色、主体地位、主流媒体，学界和业界的各位人士有着许许多多不同的表述。

复旦大学新闻学院周胜林认为，主流媒体是相对于非主流媒体而言，影响力大，起主导作用，能够代表或左右舆论的省级以上媒体称为主流媒体，主要是指中央各省市区党委机关报和中央各省市区广播电台、电视台以及一些其他的大

---

① 参见《淘宝卖读者i800手机套，一套难求被解围》，泡泡网，http://www.pcpop.com/cloc/o/884/884942.shtml.

报大台。[①]

中国人民大学喻国明教授认为，主流媒体就是关注社会发展的主流问题，成为社会主流人群所倚重的资讯来源和思想来源的高级媒体。[②]

清华大学新闻传播学院教授刘建明认为，主流媒体绝不仅仅是对受众份额的占有，更不是硬性的订阅，而是负有对受众思想的引领，以其权威性指导受众思考方面的职责。主流媒体的本质、核心和标志只有一个，就是以它的思想影响力受到社会主导阶层的关注，成为社会主流人群每天必阅的媒体。同时这种引导又具有高度理性化的特征。[③]

浙江大学传媒和国际文化学院邵志择认为，主流媒体就是依靠主流资本，面向主流受众，运用主流的表现方式，体现主流观念和主流生活方式，在社会中享有较高声誉的媒体。[④]

综合来看，关于党报的主体角色、主体地位或者说主流媒体的理解和表述可以划分为以下两个方面：

一是从影响力和公信力来界定主流媒体。主流媒体的影响力大，不仅仅是影响普通民众，而且影响着社会主流人群。何为社会主流人群呢？笔者认为，社会主流人群应该是占据着一定的社会资源（如经济资源、政治资源、文化资源、教育资源等），甚至是社会资源的配置者，具有一定的社会地位，对社会决策有发言权的人群。不仅仅是告诉受众最近最新的新闻信息，而且引领着受众的思想，以其权威性来指导着受众的思考，具有公信力。

二是从宣传的属性和功能来界定主流媒体。主流媒体就是承担重要的宣传任务和功能的强势媒体。也就是说，主流媒体承担着国家和政府的重要的宣传任务，要负责宣传国家的大政方针政策，解读政府工作等。

笔者认为，除了这两个比较显著的特征以外，主流媒体还应该具备以下几个特征：

一是主流媒体是一个相对的概念，主要是相对于非主流媒体来说。

二是主流媒体无关体制，体制内的媒体可以成为主流媒体，体制外的媒体也可以成为主流媒体。

三是主流媒体从业人员的素质要高。主流媒体的从业人员要具备正确的政治素质，信仰马克思列宁主义、毛泽东思想、中国特色社会理论体系等科学的思

---

① 参见周胜林《论主流媒体》，《新闻界》2001 年第 6 期。

② 参见立洪友《什么是主流媒体》，2003 年 8 月 21 日《中原铁道报》。

③ 参见刘建明《解读主流媒体》，《新闻与写作》2004 年第 4 期。

④ 参见邵志择《关于党报成为主流媒介的探讨》，《新闻记者》2002 年第 3 期。

想理论体系。主流媒体的从业人员还要有过硬的专业技能，采、写、编、评的本领都要过硬，还要具有较好的沟通力和学习力，在新闻工作的实践过程中不断地学习，不断地进步。

四是主流媒体要具备一定的规模和级别。能够代表或左右舆论的市级以上媒体称为主流媒体，主要是指中央各省市区党委机关报和中央各省市区广播电台、电视台以及一些其他的大报大台。

五是主流媒体一定要得到公众的认可。主流媒体不仅仅要影响主流人群，而且在公众中具有公信力。公众相信主流媒体的新闻报道都是真实的，新闻评论能够得到公众的赞同，新闻报道具有较强的感染力和号召力。比如主流媒体发起公益活动或者环境保护活动，能够得到公众的响应和号召。

二、多媒体条件对党报主体角色的外部影响

从外部环境来说，多媒体条件对党报主体角色的影响主要体现在媒介技术因素、媒介生态因素、媒介受众因素和媒体产业因素上。

（一）媒介技术因素

最近几年以来，多媒体技术得到显著的发展。哈罗德·因尼斯提出，传播技术的发展可以造就不同的社会形态和文化形态。麦克卢汉也认为，技术将不可避免地影响人们的思考方式、社会结构甚至文化形态。因此，在当代社会，多媒体技术的发展将不可避免地改变人们的思考方式。人们的思考方式由之前的主要处理文字信息转变为综合思考处理文字、声音、图形、图像、动画、视频等多种内容信息，人们进行思考时的信息来源由之前的党报、电视等传统媒体到现在的党报、电视等传统媒体和微博、微信等新媒体。

多媒体技术的发展也会带来文化形态的改变。在当代社会，随着微博、微信等新媒体的发展，形成了一种全新的文化形态，包括网络文化、青年亚文化等，冲击着原有的党报文化。

在多媒体技术的发展下，社会形态也在悄然发生着改变。微博、微信等新媒体在社会上发挥着越来越重要的作用，社会地位也越来越高，舆论影响力也越来越大，在人们的意识形态领域占据着更加重要的地位。

受此影响，党报在受众中的影响力在下降，在人们的意识形态领域中占据的地位在下降，党报的主体角色也因此受到了冲击。

（二）媒介生态因素

在众多因素的作用下，党报的媒介生态正在悄然发生着改变。外部经济环

境的改变，政策性因素的改变，微博、微信等新媒体的发展给党报带来巨大的冲击，致使党报的影响力下降，党报的主体角色、主体地位受到了冲击。

1. 外部经济因素的改变

全球的经济发展态势不景气，我国国内的经济增速下降，是导致报纸广告持续大幅下降的重要原因。

始于美国的金融危机，导致国际经济持续不景气，我国经济也退出两位数增长。作为经济发展“晴雨表”的报业广告，也因此告别了持续十多年的高增长，报业广告持续大幅下降，甚至可以说是面临着“断崖式的下滑”。

2. 新媒体的发展给党报带来巨大的冲击

随着新媒体在内容资源、读者资源、广告资源等方面的强势掠夺，报业的发展遭遇瓶颈，甚至可以说是“寒冬”。

(1)在内容资源方面，微博、微信等自媒体的内容都是由草根用户提供，众多的草根用户提供的内容资源在数量上要远远大于党报记者所能提供的内容资源，在时效性上可以随时进行信息的现场直播，时效性好。同时内容的表达手段灵活多变，融合了表情、文字、图片、影像、声音等多种表达手段，一个表情的表达内容甚至远远超过了几个文字的表达内容。并且在网络上的版权意识比较淡薄，一些传统媒体花费大量的人力、物力、财力采写的文章，被一些网络媒体无偿地转载，并且网络媒体会对转载的内容进行进一步的加工，使得内容更加具有可读性。

(2)在读者资源方面，在网络媒体的冲击下，党报的读者资源大量流失，特别是年轻读者的资源大量流失，许多年轻的读者并没有读报纸的习惯，而是转而阅读网络媒体。

相较于手机，报纸的版面空间较大，需要进行折叠，不方便人们进行携带；报纸的制作需要消耗木材，会对环境造成损坏，不环保；报纸不易储存，容易受到破坏，而手机等电子设备上信息不容易受到损坏，可以轻而易举地进行多处的备份；报纸上的信息的修改、摘录不方便，需要动用其他的笔记本、纸等工具，而人们可以轻松地对手机上的信息进行修改、摘录；人们需要支付一定的费用来获取报纸上的新闻信息，然而人们可以免费地在手机上获取新闻信息，并且新闻信息呈现海量化，远比报纸上的新闻信息要丰富。这些报纸的劣势，或者说是手机等电子设备的优势，驱使着人们转而通过手机从网络媒体上获取信息。

(3)在报纸现有的经营结构中，广告、发行、印务是报纸收入的“三驾马车”，即三个最主要的收入来源，其中广告是报纸最主要的收入来源。据统计，在中国，在整体的报纸收入结构中，广告所占的比重达到70%左右。尽管随着整个广告市场结构的变化，报纸广告在整体的经营中所占的比重有上下波动的痕迹，但这个比重一直较高。

在广告资源方面，受读者资源流失的影响，党报的广告资源也持续下降，广告主不断流失，越来越多的广告资源投向了新媒体。

(4)党报的发行量在下降。随着市场化程度的不断提高，党报传统的公费订阅报纸资金额度将不断萎缩，党报受到的公费的财政支撑越来越少，而党报目前对自费订阅市场很少开拓，发行的市场化程度相对较低，党报的自费收入相对较少。在网络媒体的冲击下，党报的读者资源大量流失，特别是年轻读者的资源大量流失，所以导致党报的发行量下降，党报的自费收入进一步下降。

3. 外部政策因素的改变

政策性因素导致报纸广告“支柱”动摇，是报纸广告出现断崖式下滑的直接原因。报纸的“三驾马车”是广告、印刷、发行，其中广告是报纸收入的主要来源，报纸的经营模式过度依赖广告。同时，报纸广告对于政策的依赖性过强，其广告收入与政策的变动呈现出高度的一致性。十八大之后，我国经济进入新的转折期，同时全面推进深化改革，一系列政策对报业广告产生重大影响，其中以房地产政策和限制医药广告影响最大、也最为直接。十八大以来，为了改善民生，我国的房地产政策的总体趋势是调控和整顿房地产市场，平抑房价上涨速度。受此影响，我国的房地产的发展速度受到了一定的影响，广告的投放量也相应减少。而报纸是房地产广告投放的重要渠道，相较于其他媒体，报纸的彩色广告版面特别适合表现房地产的居住环境、建筑细节、房间设计构造等方面的情况。因此，房地产广告的投放量减少，会对报纸的广告产生很大的冲击。2015 年 9 月 1 日，国家推出了新的《广告法》，完善了保健食品、药品、医疗、医疗器械等医药产品的广告准则，对报纸上刊登的医药广告进行严格限制。医药广告是报纸的重要的广告收入来源，受此影响，报纸的广告收入会大量减少。

(三)媒介受众因素

1. 受众对于新闻信息的需求和偏好发生了变化

新一代的年轻受众与上一代的受众相比，新闻的偏好发生了改变，更加喜欢娱乐化、生活化的软新闻报道。同时新一代的年轻受众更加注重自己的个性需求，对新闻信息具有个性化的需求。

近几年来，中国对外开放的程度不断增强，与外国的联系逐渐增多，人们也更加希望媒体具有国际视野，与国际接轨，报道更多的国外信息。比如人们对最近的在法国巴黎发生的 ISIS 组织的恐怖袭击事件的关注，《人民日报》、中央电视台、新华通讯社、《光明日报》等国家主流媒体都在持续地报道关注这一事件，体现了人们希望媒体具有国际视野，与国际接轨，报道更多的国外信息。

如何对党报内容进行改变，来迎合现在的受众对于新闻信息的需求和偏好，巩固党报的主体角色，对党报来说也是一种不小的挑战。

2.受众的阅读习惯发生着深刻的改变

受众的阅读习惯呈现出显著的碎片化特征。地铁上的十几、二十几分钟，等公交车时的几分钟，睡前的十几分钟，人们都在进行快速的、碎片化的阅读，用几秒钟的时间刷几条微博，用几分钟的时间看一篇微信公众号的文章。

同时，受众阅读新闻信息的时间也在发生着改变。受众往往会更倾向于在节假日、午休时间、晚上时间、公交车上地铁上的时间进行阅读，时间通常趋于几个集中的时间段：上午 9:30～12:00、下午 3:30～5:30、晚上 8:30～11:30，这些时间段成为受众阅读的高峰期。按照用户的活跃程度进行排序，晚上活跃用户最多，上午次之，下午稍微少一些。[①]

受众在获取新闻信息时，往往没有固定的获取新闻信息的平台。受众往往通过搜索引擎来搜索自己想要获取的新闻信息，而不是专门地去一个网站来获取新闻信息，对网站的忠诚度低，通过超链接去到一个又一个的网站。因为通过搜索引擎来搜索，可以方便快捷地获得自己想要获取的信息，同时有多种信息可以供自己选择，信息的选择性强。因此，如何吸引受众，满足受众的新闻信息需求，培养受众的忠诚度和依赖度，巩固党报的主体角色，对党报的电子新闻网站来说，也是一个不小的挑战。

3.受众更加注重自身的体验

“受众体验”是受众对于媒介文化产品的一种综合感知，它吸引新的受众群体，并通过创造价值满意来留住现有的受众。在现在的信息时代，受众的需求发生了质的变化：从低层次需求向高层次需求转变，从同质化、大众化消费需求向差异化、多样化和参与化的消费倾向转化，多媒介文化和技术正对受众的媒介体验进行着重塑，受众更加注重自身的体验。新媒体带来的即时性、新鲜感和互动性优势必然将原本钟情于传统报纸媒介体验的受众进行分流，接下来导致的将是报纸受众忠诚度的逐渐瓦解，党报对于受众的影响力下降，党报的主体角色受到冲击。

美国另一位传播学研究的著名学者梅罗维茨则从“社会场景”下媒介责任的视角进行了研究。在《消失的地域：电子媒介对社会行为的影响》一书中，他用社会学领域中的场景理论来分析媒介特别是电子媒介对人的社会行为产生的影响。他认为，信息传递模式是社会状态的基本元素，信息传播模式的变化是造成社会变化的一个重要因素，“电子媒介最根本的不是通过其内容来影响我们，而

① 参见李开复《微博改变一切》，上海财经大学出版社 2011 年版，第 118 页。

是通过改变社会生活的场景地理来产生影响"[①]。电子媒介通过改变社会场景的界限,不仅是简单地使我们更迅速详细地接近事件或者行为,它们还给了我们新事件和新行为。

随着互联网的普及以及手机、平板电脑等便携式终端的盛行,信息的传播速度呈几何级数增长,媒介的影响力因子也呈现出多样化的态势,官方网站、微博、微信、客户端等网络传播方式给报纸的发展带来了新的契机。面对这种多媒体形式,报纸媒体要学会顺势而为,巧妙借力,以提升受众体验。

在多媒体以及"数字化"大潮的冲击下,报纸媒体应该成立新媒体运营中心,并根据自身情况有侧重点地选择在各类空前火爆的新媒体形式上开通自己的官方账号,并且聘请熟知新媒体形态以及发展态势的专业人员进行专门的维护,将这些新媒体平台视为自身品牌传播的新的有效平台,使受众能通过多种渠道接收到报纸提供的信息产品与服务,并鼓励受众积极参与和反馈,建立维系和巩固与受众感情的新通路,如此向受众传达的是更加饱满丰富而且与时俱进的品牌形象,这对报纸媒介品牌的可持续发展、扩大报纸的影响力意义重大。其中,《人民日报》的网络运营就给其他党报带来了诸多启示,党报媒体也着实应该借鉴他们的成功经验,重新确立新媒体时代的报纸发展策略,要借助互联网等多种媒体形态进行新一轮的品牌构建,提升党报的影响力,巩固党报的主体角色。[②]

(四)媒介产业因素

1.以资本为纽带,党报集团实现跨地区、跨媒体横向发展

跨地区经营是指党报集团不只在本地区从事经营活动,而且跨地区运作资本,向本地区之外的区域进行投资收购,从事经营活动。比如广东的南方报业传媒集团跨区域经营云南的《云南信息报》。《云南信息报》开办于1998年,隶属云南出版集团公司。南方报业传媒集团与云南出版集团公司共同投资成立云南信息报云广传媒有限公司,合作经营《云南信息报》,南方报业传媒集团出资4000万,占51%的股权。《云南信息报》隶属南方报业传媒集团的三大报系之一的南方都市报系,由《南方都市报》负责开发运营。跨区域经营可以扩大报业集团的市场,增强报业集团的受众,增加报业集团影响力,从而壮大报业集团的实力,增加报业集团抵抗市场风险的能力。

跨媒体经营是指党报集团尝试报纸、广播、电视、杂志等多种媒体形态的经

---

① [美]美约书亚·梅罗维茨著,肖志军译:《消失的地域:电子媒介对社会行为的影响》,清华大学出版社2002年版,第6页。

② 参见刘明洋、王景强《报业发展战略与报业品牌运营》,山东人民出版社2014年版,第82~83页。

营，不仅仅局限于报纸媒体形态的经营。比如2015年4月14日，金鹰报刊社划归湖南日报报业集团。再比如，2015年4月15日，新华日报与全北道民日报签订了2015年继续开展“中国江苏”韩文专版合作协议书。浙报传媒收购边锋和浩方两家游戏公司，目前这两家游戏公司已经成为浙报传媒收入的重要来源。跨媒体经营可以完善党报集团的产业链，促进党报集团的产业发展，又符合当今媒介融合的大趋势。

2. 党报也积极发展数字报业，介入新媒体的经营

《人民日报》作为全国影响力最大的党报，自然也在新媒体运营上走在全国党报的前列。2012年7月22日，《人民日报》官方微博正式开通，经过3年多的发展，现在已经拥有5万多的粉丝，成为影响力最大、公信力最高的媒体微博。2013年4月，《人民日报》开通微信公众账号，口号是“参与、沟通、记录时代”。凭借微信这一社交平台具有的影响力和《人民日报》原有的巨大的影响力，《人民日报》的微信公众账号发展迅速，现在已经基本实现了全天候的新闻信息的发布。2014年6月12日，《人民日报》的移动客户端正式上线，口号是“有品质的新闻”，栏目分为“闻、评、问、听、报、帮”等。至此，《人民日报》形成了微博、微信、移动客户端这一“两微一端”的新媒体矩阵格局，传播渠道广，覆盖的受众面广，传播符号多样化，文字、图片、视频、声音、动画等多种符号共同传播。

3. 在管理上，党报建立以财务管理为核心的系统管理

2001年6月，广州日报报业集团在全国媒体行业中第一个引进建立以现代财务为核心的报业集团企业资源计划(ERP)管理工程——广州日报报业集团企业管理软件(SAP)系统，使《广州日报》的各项经营管理业务在统一、集成的SAP系统平台上运行。到目前为止，SAP系统已涵盖《广州日报》的财务、发行、广告、印刷、采编、社办、装修、基建以及技术等部门的业务管理或采购管理，由此建立了一个以集团财务为核心，集财务预算、核算、控制与资金运作于一体的、国际先进的企业经营管理系统，从而进一步加强了财务监控，实施透明管理，有效地改善了企业经营。

4. 党报开展多元化的经营

(1)开发舆情服务产品

2015年10月8日，人民日报社与中国电信集团公司在北京签署战略合作协议。根据协议，中国电信集团公司与人民日报社将在云计算、大数据、舆情等领域开展深入合作。在云计算领域，双方将从IDC等底层基础资源合作，逐步上升至云产品和应用服务合作，在云主机、弹性块存储(EBS)及内容分发网络(CDN)领域加强合作；在大数据、舆情领域，双方将发挥各自优势，共同设计面向双方用户的数据分析、舆情服务等产品，为最终用户提供一流的移动互联网新

产品和服务。

(2)发展文化创意产业

比如上海报业集团组建了文化新媒体投资平台和地产金融股权投资平台，作为文化创意产业发展的两个支柱平台。2015 年 10 月 13 日，张家口市委宣传部与北京日报报业集团在张家口日报社签署战略合作框架协议。双方将在文化创意产业、思想文化宣传、信息资源共享、人才交流等方面开展广泛合作。

(3)投资房地产业

20 世纪 90 年代后期开始，广州日报报业集团投资房地产业，组建了一系列公司，像大洋梅地亚宾馆、大洋房地产公司等。这些多元化的经营方式是党报在市场经济条件下，发展党报产业的必然选择。同时，在多媒体环境下，党报为了巩固自身的发展，缓解自身发展的危机，增加自身的收益，必须要加大多元化的经营。这些多元化的经营方式扩大了党报的赢利渠道，开发了党报除广告之外的新的赢利途径，有效地平衡了党报的经营风险。

三、多媒体条件对党报主体角色的内部环境影响

从内部环境来说，多媒体条件对党报主体角色的影响主要体现在组织结构、采编流程、内容生产与销售方式上。

(一)党报的组织结构

在多媒体条件的影响下，党报内部的组织结构发生着变化。唐绪军的《报业经济与报业经营》中提出："报社的组织管理指的是，以保障报社的各项工作高效、有序运转为目标的一整套机制与控制方法，它是报业经营的基础。其主要内容包括：确定报社的基本目标，明确内部的组织结构和领导体制，合理设置工作机构，制定出科学的决策程序、编辑方针以及必要的规章制度。"[①]综合来看，党报内部组织机构的变化可以概括为以下两个方面：

一是党报成立专门的新媒体部门，负责专门运作党报的微博、微信、APP 客户端等新媒体。比如，2015 年 4 月 16 日，甘肃报业协会新媒体委员会在兰州成立。2015 年 5 月 13 日，长江日报报业集团和人民网合作成立中三角地区大数据和新媒体研究中心。

二是党报改变原有部门各自为战的情况，成立一个统一的运作部门，综合管理报纸、网站和微博微信等新媒体。比如杭州日报报业集团提出"建设'1+3'现代传播体系"的战略目标。即建立一支紧密合作的全媒体采编队伍，一套融合报

---

① 唐绪军：《报业经济与报业经营》，北京新华出版社 1999 年版，第 214 页。

纸、网站和移动终端三种媒体发布渠道的运作体系，实现报纸、网站、APP客户端、微博、微信五大平台协同运作，全时段发布、实时发布、多屏发布、立体发布。

《人民日报》成立“中央厨房”，下设统筹推广、内容定制、可视化三个团队。人民日报社在办好《人民日报》的同时，积极推动手机移动客户端和微博、微信“两微一端”的发展，全天候、多角度地为受众提供新闻信息与服务。人民日报法人微博聚集用户7200多万，被称为“中国第一媒体微博”。人民日报微信公众号快速发展，在微信平台各类公众号中影响力排名第一。人民日报客户端上线一年零三个月，累计下载量已超过7700万。真正实现了“有新闻的地方就有《人民日报》，有用户的地方就有《人民日报》”①。

《烟台日报》于2008年组建了全媒体新闻中心，全媒体新闻中心以“中央厨房”的方式运作。这种全媒体操作实践的具体模式表现为：由集团记者采集同一个内容，包含文字、图片、音频和视频等素材，然后把这些不同种类的素材纳入全媒体数据库，接着二次加工和二次编辑这些素材，使之成为新闻半成品，最后由各媒体各取所需选择新闻半成品，并对新闻半成品再次深加工，以生产出各种形态的终端产品。全媒体操作模式实现了一次采集、动态整合、多个渠道、多次发布的数字化传播过程。②

（二）党报的采编流程

1. 在多媒体条件的影响下，党报的内部采编流程发生了变化

采编流程实现了视频、文字、图片等多格式新闻信息的一次采集，多介质发布。记者在采集新闻信息时，可以一次采集视频、文字、图片等多种形式的新闻信息，同时在报纸、广播电视、微博微信、移动客户端等多种介质上发布。

2. 党报内容生产链条的两端都发生了变化

在编辑部生产的前端，微博、微信、论坛、网站等大量草根记者生产的内容和信息被纳入到报纸的内容生产中来，信息采集的渠道大大拓展。在编辑部生产的后端，新闻信息的发布实现了信息的多介质发布，报纸、网络、手机客户端等多种媒体同时发布。③

《人民日报》推出了“中央厨房”的概念，改变了《人民日报》的原有的内容生产，记者一次采集，编辑多次生成，渠道多元传播。比如2015年3月4日下午，

---

① 参见《人民日报客户端三期正式上线　人民日报社新媒体中心成立》，人民网，http://media.people.com/cn/n/2015/1009/c40606-2767515/.html.

② 参见王佳航《主流媒体核心竞争力》，中国传媒大学出版社2010年版，第50页。

③ 参见王佳航《主流媒体核心竞争力》，中国传媒大学出版社2010年版，第50页。

习近平总书记、李克强总理参加政协联组讨论。17:31 人民日报客户端、17:35 人民网发出了习近平总书记相关报道和链接,15:08 环球网发出李克强总理活动的图文快讯。

光明日报社提出“融媒体”的概念,形成新的传播链,把采集的新闻信息通过《光明日报》、光明网、光明云媒、云端读报等新媒体产品以及诗词中国、核心价值观百场讲坛等活动传播出去。

广州日报报业集团成立中央编辑部,改变原有的采编流程,实现“滚动采访,滚动发布”“统一指挥,统一把关”“多元呈现,多媒传播”。有负责纸媒的夜编中心,负责网站更新的大洋网,负责新闻 APP、微博、微信更新的全媒体中心,独立的音视频部,及数字新闻实验室。

改革前,广州日报报业集团各采编队伍基本属于独立运作。负责纸媒出版的部门和线上更新的部门往来很少。尤其是大洋网,成立后被划归粤传媒,连编辑部都不在总部。记者日常的采访和发稿都只是围绕自己的部门,跨部门投稿现象基本没有。由于集团内部纸媒占据了大多数采编资源,线上新闻力量相对单薄。除了“等、靠、要”,网站、微博、微信信息更新多数是拿其他网上的稿子抄抄编编。中央编辑部的成立,打通了集团内部通道。信息资源经过全媒体整合,被量体裁衣地分配给集团内部不同的子媒体。

《解放日报》尝试改变编辑流程,以往编辑重点放在“三校”“核红”上,而现代媒体更加注重用户体验,让读者在阅读后有所收获,所以《解放日报》重视选题策划和一审,让这两个环节来促进稿件质量。

这样的做法有许多的优势与好处,可以增强传媒集团内部各个部门的沟通和协调,打破原有各个部门各自为战的局面,从而提高集团运作的效率和速度。可以节约采编成本。传媒集团在“中央厨房”模式下,各媒体可以统一协调组织,过去是每个媒体都派记者,现在是整个集团派一个记者就行了,这就大大节约了采编成本。

(三)党报的内容生产与销售方式

1. 党报的内容生产多媒体化

党报传统的报道方式就是采用文字的方式报道,而在多媒体条件下,党报的报道方式也发展了改变,报道内容呈现多媒体化。党报不仅仅在传播文字,而且同时传播文字、声音、图片、图表、动态图像、动画乃至视频等等。

例如,《人民日报》在报道新闻信息时,特别是在微博、移动客户端等平台上进行新闻信息报道的时候,注重采用多媒体报道的形式,不仅仅采用传统的文字、图片的报道方式,还配有图表、动画乃至现场直播的视频等等。在《人民日报》的微博上，九张图的报道形式成为《人民日报》微博的最重要的报道形式，许多新闻信息都通过九张图的形式呈现给受众。这样的图片报道形式，比起传统的文字报道，生动形象，富有画面感，有利于增强对于受众的吸引力与感染力，增加用户的点击量与收藏量。在《人民日报》的移动客户端上，增加大量的视频报道的方式，甚至是现场直播视频的方式，为受众提供更多的阅读新闻的方式的选择，满足受众多样化的需求。

2.针对不同媒体形态确立发稿原则

不同的媒体形态要求的发稿形态不同，纸质媒体要求文字的深度和广度，而视频要求画面先行，讲究拍摄技巧和画面感，微博、微信、移动客户端则要求新闻信息简短、精练，图文并茂，满足人们碎片化的阅读。党报传统的发稿原则是纸质媒体优先发稿，然后再上传到网站上发表。现在党报改变了传统的发稿原则，针对不同的媒体形态确定不同的发稿原则。

比如《广州日报》确立的发稿原则就是将即时新闻尽快在新媒体上推出，独家和深度稿件则由纸媒先发，新媒体可以提前导读并于见报次日转载。而在操作上，《广州日报》要求记者到达现场确认可靠信息后，10分钟内发回快讯，2小时内发回消息，最后，一定时间内采写完整并具有纵深的新闻稿。

3.党报集团内媒体共享线索和选题

传统党报的新闻信息的生产，是一家集团的几家报纸同时派出记者去采访同一个新闻事件，比如大众报业集团下面的《齐鲁晚报》《生活日报》就是派出记者去采访同一个事件，这样会造成采访的人力资源、物力资源、财力资源的极大浪费。现在党报的内容生产，由全媒体记者出去采访，然后将采访的新闻信息放在资源库里供整个报业集团采用，极大地节约了人力、物力和财力。例如，《人民日报》的记者编辑通过报题软件、微信群、电话、邮件等手段连接在一起，新闻线索在群内共享；《广州日报》打破原有的部门限制，将采编人员集中在一起办公，共享线索与选题。

4.党报的图像功能得到强化

党报的美编不仅仅是美编，更重要的是要做好党报的版式设计。党报图像功能的强化主要表现在内容方面和版式方面。在内容方面，党报的图像化倾向主要表现在党报的新闻越来越注重图像化。党报开始把一些新闻用可视的图片表现出来，同时也增加新闻版面中图片的数量。在版式方面，党报的图像化倾向主要表现在利用图片、色彩、字体等编排手段打造版面的"视觉中心"，吸引受众的注意力，并且通过改变报型更加符合读者的读图心理需求。

党报的图像功能的强化，是为了更好地满足受众读图的心理需求，让党报更加具有视觉冲击力，吸引受众的注意力，增加受众的购买力，扩大党报在受众中的影响力。让党报更加融入受众的生活中,成为受众生活的一部分,使受众的意识形态受到党报更大的影响,从而实现党报意识形态的建构。

5.加强策划,并重视采前会的价值

例如《新华日报》建立上下联动的主题新闻策划会,在策划会上大家对各个选题进行讨论,一旦选题确定,就组织记者进行采写。这种主题新闻策划会有助于提高记者的报道质量和业务素质,提高选题的水平和质量,提高《新华日报》的稿件质量,从而更好地吸引读者。

6.更加注重受众导向

多媒体技术的发展影响了党报的内容生产环节,使得党报的内容生产环节增加了技术含量。但是党报的内容生产要处理好技术与人性的关系,让技术与人性协调发展,即让技术的发展围绕人的需求展开。能根据消费者的生活习惯、操作习惯,方便消费者,既能从技术层面上满足消费者的功能诉求,又能满足消费者人性化的心理需求。人类可以在一定程度上来控制技术,让技术更好地来为人类服务。

7.党报销售渠道的拓展

当多媒体技术运用到新闻传播的实践中,党报的一个重要的表现就是新闻信息发布平台的多元化,由此也带来广告平台的多元化,拓展了党报的销售渠道。党报的新闻信息不仅可以通过纸媒发布,而且可以通过各种各样的形式传播,包括文字传播、图像传播、声音传播、视频传播、提供数据库检索服务、通过互联网上的电子报纸传播、通过移动终端进行传播等。例如,解放日报报业集团提出"4i 策略",打造了包括手机(i-news)、电子报(i-paper)、电子杂志(i-mook)和公共视屏(i-street)的系列多媒介品牌。受众不仅可以在纸质媒介上获取信息,而且可以通过电脑界面,MP3、MP4、手机、平板电脑等移动终端,户外屏幕等获取信息。因此,党报不仅可以向广告商出售纸媒上的广告版面,而且可以出售互联网上、移动终端、户外屏幕上的广告版面。

(四)巩固党报主体角色地位

微博、微信等新媒体的发展给党报带来巨大的冲击。随着新媒体在内容资源、读者资源、广告资源等方面的强势争夺,读者资源和广告资源进一步减少,报业的发展遭遇瓶颈,甚至可以说是遭遇"寒冬"。同时新一代的年轻读者对于新闻信息的需求和偏好,随着时代的发展也发生了变化,更加喜欢娱乐化、生活化的软新闻报道,更加注重自己的个性化需求,更加要求媒体具有国际视野。现阶段党报并不能完全满足年轻读者对于新闻信息的需求。并且,目前我国的经济形势不景气,受经济下行因素的影响,党报的收益特别是广告收益受到了较大的影响。

党报的发行量下降和读者资源的下降，导致党报的传播范围缩小，党报的影响力下降。同时读者的阅读习惯发生了改变，倾向于从移动终端上获取新闻信息，而不是报纸，这也导致党报影响力的下降。党报影响力的下降制约着党报的宣传和引导舆论功能的发挥，这个功能对于国家安全、政权稳定、社会进步、民族素质提升发挥着重要作用。因为党报影响力的下降和党报的宣传和引导舆论功能的发挥受到制约，党报的主体角色也受到了冲击。

因此，我们要推动党报的转型发展。坚持发展报纸的战略重点不动摇，在一些区域市场上，强势报业集团形成了很强的掌控力，开始由竞争转向竞合，通过竞合实现对区域市场的控制甚至垄断，打开未来报业发展巨大的利润空间。像山东的大众报业集团，整合青岛、潍坊、临沂、菏泽等地的市场类报纸，在淄博、东营创办了自己的报纸，基本辐射了山东报业市场，整合后利润实现了大幅增长。

我们还要发挥报纸优势，像维护生命一样维护好报纸的权威性、公信力、价值观。要下大力气提升和发挥好信息选择、加工、整合、解读能力。要确立以人为本的核心传播理念，使报道围绕人、关心人、造福人，更好地吸引人、感染人。要增强报道的独特性，在报纸所在区域和行业发掘、控制报道资源，增强唯一性、不可替代性。要加强知识产权保护，对网站任意转载报纸内容的行为，应当拿起法律武器维权。还要跟上新媒体发展要求，加快纸媒内容生产模式的改变。

要用好网络的长处，用好网络对热点的发酵能力、网络的平台互动能力。根据热点，组织舆论，形成强势；把网络作为"舆论大集"，设置议题，构建话语体系，吸引网民舆论汇聚于这个集市，并从中选择，体现在报纸上，积极影响与改变舆论。报和网互动起来，使网络更好地服务于报纸。从一些成功的网站看，形成品牌栏目，尤其是论坛栏目，是报纸网站的一大优势，也是进行热点引导的最有效的途径，应在这个方面集中力量，办出特色。要形成网上的广告效应。一条独家的新闻，在不影响纸媒的前提下，可以先在自己的网站上发布部分要素，吸引读者阅读报纸。可以制作一些有独特价值的信息上网，免费赠送，以凝聚读者。报纸应办好自己的网站，利用移动媒体，开通微博等，拓展报纸影响力。①

总之，要让党报继续扮演好党报的主体角色，巩固党报的主体地位，把党报打造成为新型主流媒体，让党报具有强大的影响力、感染力、公信力和宣传功能、舆论引导功能，书写纸媒的无限美好的发展明天。

---

① 参见傅绍万《坚守纸媒，用好网络——也谈报纸和网络的关系》，《新闻战线》2013 年第 6 期。

第三章　党报主体角色建构的“四个视角”

近年来，依托互联网的新兴媒体迅速崛起并快速发展，党报媒介生态发生了重大变革。“多媒体条件”的背后，不只是技术的革命，也是新的社会推动力量的形成，既改变着媒介自身的生态，也改变着媒介与社会、组织、个人的关系。中国社会正处于转型期，各方面的改革也进入了深水区。在这样的背景下，党报发挥好舆论引导主体角色的作用，具有重要的意义。在多媒体条件下，党报要建构主体角色，也需要在产业领域有清晰的价值定位，需要实现社会效益和经济效益的统一。受众特征在多媒体条件下也有了很大的变化，对受众的关注必不可少。在本章节中，我们将从生态视角、社会视角、产业视角和受众视角四个维度为多媒体条件下党报的主体角色建构提供可行性路径。

第一节　生态视角

一、媒介生态理论概述

关于媒介生态，浙江大学邵培仁教授在《媒介理论前沿》一书中将其定义为：“在一定社会环境中媒介各构成要素之间、媒介之间、媒介与外部环境之间关联互动而达到的一种相对平衡的和谐的结构状态。”[①]从这一概念的界定可以看出，媒介本身构成了环境，同时也处于环境之中。媒介生态并不是作为一种恒定不变的事物而存在的，而是一个变动不定的流动的结构。无论是媒介内部构成要素，或是某一媒介，抑或是媒介外部的某一环境发生了变化，那么整个媒介生态也会发生相应的变化。

媒介系统、社会系统、受众系统是构成媒介生态系统的基本构成要素。媒介

① 邵培仁等：《媒介理论前沿》，浙江大学出版社 2009 年版，第 6 页。

系统是所有的媒介聚合到一起所组成的系统，但它并不仅仅是我们可以看到的报纸、杂志、广播、电视等具像化的媒介，更为重要的是，它们构成一个内在的体系，在相互竞争中生存，并且相互作用；社会系统涵盖了政治、经济、文化、科技、法律等各个领域，这些领域中的各个因素都可能对媒介系统产生影响；受众系统主要包括读者、观众、听众、网民等。媒介系统、社会系统、受众系统三者之间相互联系、相互作用。例如：社会系统中的政治等诸多因素可与媒介系统互动构成媒介制度和政策环境；媒介系统中的媒介形态发生变化可对受众系统产生影响，而受众反过来又可影响各类媒介的发展。

在多媒体条件下，从媒介生态的视角建构党报的主体角色，可以从媒介宏观生态和媒介微观生态两个层面来进行考量。在本书中，媒介宏观生态是指媒介所处的外部生态环境，包括政治、经济、文化、科技、法律等；媒介微观生态是指该媒介与其他媒介之间相互竞争、相互作用所形成的生态环境。

二、多媒体条件下党报的媒介生态

黄仁忠、王勇将新中国成立以来我国媒介生态的变迁梳理成三个阶段：政治化生态阶段（1949～1978 年）、市场化生态阶段（1979 年至 20 世纪 90 年代末）和数字化生态阶段（20 世纪 90 年代末至今）。在政治化生态阶段，政治权力深入到媒介生态的各个角落，媒体成为政治权力实现的手段和工具，媒体被政治所“绑架”，偏离了媒体发展的规律。在市场化生态阶段，媒介具有政治属性和市场属性的双重属性，媒介市场化生存，功能多元化，确立以受众为中心的传播关系。在数字化生态阶段，新媒体、新业务层出不穷，媒介融合成为趋势，传媒产业发展提速。[①] 在本书中，我们所着重探讨的是第三个阶段——数字化生态阶段。在多媒体条件下，这一阶段党报所处的媒介宏观生态和媒介微观生态主要呈现出以下特征：

（一）新媒介形态不断出现

从 1609 年世界上第一张报纸诞生到 1920 年广播事业诞生，再到 1936 年全球第一座电视台创建，用了 300 多年的时间。而从电视的出现到 1969 年互联网的问世，只用了三十几年。互联网不是一个媒体的概念，而是一种工具。此后，被称为“第五媒体”的手机出现并经历了 3G、4G 等技术的革新。依托互联网，从 PC 端发展到移动端，从门户网站发展到社交平台，从博客到微博到微信再到其延伸出来的很多产品，不断出现的新的媒介形态更新的时间越来越短。

---

① 参见黄仁忠、王勇《论我国媒介生态变迁的三个阶段》，《今传媒》2013 年第 1 期。

（二）新兴媒体用户急剧增长，移动媒体发展势头迅猛

中国互联网络信息中心(CNNIC)2005 年 7 月发布的《第 16 次中国互联网络发展状况调查统计报告》显示，截至 2005 年 6 月，我国的网民数为 1.03 亿人。[①] 而 2015 年 7 月发布的《第 36 次中国互联网络发展状况统计报告》显示，截至 2015 年 6 月，我国网民规模达 6.68 亿，互联网普及率为 48.8%(见图 3-1)。其中，我国手机网民规模达 5.94 亿人。[②] 10 年间，新媒体用户急剧增长(见图 3-2)。

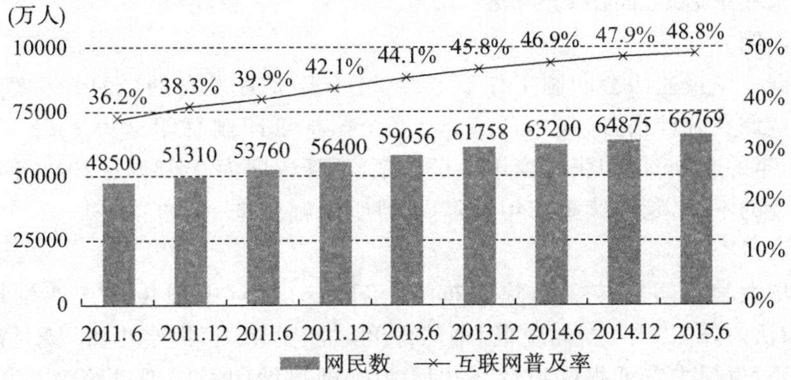

图 3-1 中国网民规模和互联网普及率

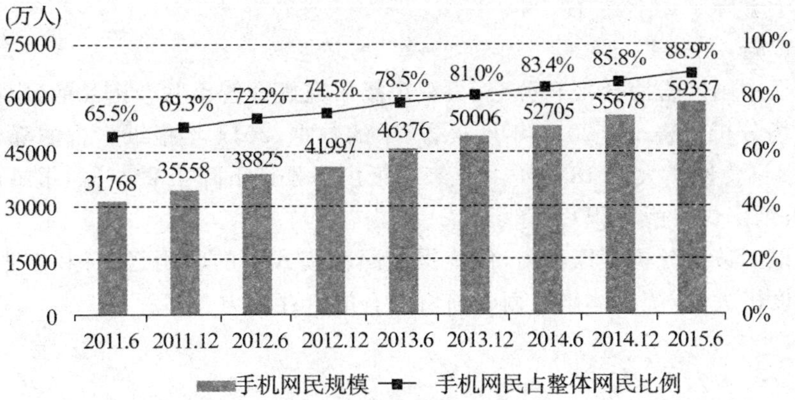

图 3-2 中国手机网民规模及其占网民比例

根据腾讯科技，企鹅智酷和中国人民大学新闻学院新媒体研究所 2014 年 11 月联合发布的《移动媒体趋势报告：中国网络媒体的未来(2014)》，截至 2014

① 参见中国互联网络信息中心《第 16 次中国互联网络发展状况统计报告》，第 37 页。

② 参见中国互联网络信息中心《第 36 次中国互联网络发展状况统计报告》，第 7～8 页。

年5月，全球移动互联网使用量占互联网使用总量的25%，亚洲更是达到37%。2014年6月，中国手机上网比例首次超过PC机上网比例，手机网民规模超八成。[①] 移动新闻客户端、移动视频客户端、移动社交媒体等发展势头迅猛。

（三）传统媒体"断崖式"滑落

10年前，传统媒体的生存已经陷入困境，业界提出了报业寒冬论。当时这一观点引发了很多的争论，业内有支持者，也有反对者。而在10年后的今天，有专家称报业正遭遇"断崖式"滑落。

1. 印刷

根据中国报业协会印刷工作委员会2015年5月发布的《2014年度全国报纸印刷量调查统计报告》显示，2014年度全国报纸印刷总印量为1360亿印张，较2013年的1505亿印张减少145亿印张，下降幅度为9.63%。2014年全国报纸总印量的下降，是连续第三年下降，而且下降幅度进一步扩大。

2. 发行

清华大学新闻与传播学院发布的《传媒蓝皮书：中国传媒产业发展报告(2015)》认为，2014年《新闻晚报》悄然停刊，"澎湃新闻"横空出世，既是新旧交替的符号，也标志着纸媒的没落。2014年全国报纸印刷用纸量约为270万吨，比2013年减少了近1/4。这说明尽管各家报社对发行量讳莫如深，但报纸发行量事实上下降了25%左右。[②]

3. 广告

根据中国广告协会报刊分会、央视市场研究媒介智讯联合出品的《中国报纸广告市场分析报告——2014年度报告》中的数据，2014年报纸广告的降幅由上年的8.1%急剧扩大到18.3%，3年来报纸广告累计下降了29.6%，报纸广告资源量（报纸广告占版面积）下降了20.9%。[③]

从以上数据分析可以看出，传统报业赢利模式中的印刷、发行和广告减少、下降幅度极大，传统媒体确在面临前所未有的生存压力。

---

① 参见腾讯网·企鹅智酷与清华大学新闻与传播学院新媒体研究中心《众媒时代：2015中国新媒体发展趋势报告》，腾讯网，http://www.360doc.com/content/15/1121/21/21733879_514862973.shtml.

② 《2015中国传媒产业发展报告发布会在京举行》，新浪传媒，http://news.sina.com.cn/m/2015-05-11/112531817510.shtml.

③ 参见中国广告协会报刊分会、央视市场研究媒介智讯《中国报纸广告市场分析报告——2014年度报告》。

（四）新兴媒体生存压力显现

新兴媒体的迅速崛起，对传统媒体带来了极大的冲击。那么新兴媒体是不是就以一种胜利者的姿态毫无障碍地稳步前行了呢？很显然，答案是否定的。新兴媒体由于其诸多的“先天不足”也面临着生存压力。

众所周知，新媒体得以出现和发展最重要的因素是技术，但同时技术复制能力是非常强的。当一个新的社交媒体出现后，与之相类似的媒体平台也会相继出现，这就使得新兴媒体更新换代非常快，很多的新兴媒体平台是持续不了很久的。再者，新媒体的内容是深度缺乏的。有些传统媒体转型发展过程中所开发的新媒体平台，就是单纯地把报纸的内容复制过来，有些新媒体平台尽管在内容方面做得很好，却没有找到合适的商业模式来支持自身的运作。

（五）国家政策推动传统媒体和新兴媒体融合发展

2014 年 8 月 18 日，习近平主持召开中央全面深化改革领导小组第四次会议，通过了《关于推动传统媒体和新兴媒体融合发展的指导意见》（以下简称《指导意见》）。《指导意见》指出，整合新闻媒体资源，推动传统媒体和新兴媒体融合发展，是落实中央全面深化改革部署、推进宣传文化领域改革创新的一项重要任务，是适应媒体格局深刻变化，提升主流媒体传播公信力、影响力和舆论引导能力的重要举措。习近平总书记还强调，推动传统媒体和新兴媒体融合发展，要遵循新闻传播规律和新兴媒体发展规律，强化互联网思维，坚持传统媒体和新兴媒体优势互补、一体发展，坚持先进技术为支撑、内容建设为根本，推动传统媒体和新兴媒体在内容、渠道、平台、经营、管理等方面的深度融合，着力打造一批形态多样、手段先进、具有竞争力的新型主流媒体，建成几家拥有强大实力和传播力、公信力、影响力的新型媒体集团，形成立体多样、融合发展的现代传播体系。要一手抓融合，一手抓管理，确保融合发展沿着正确方向推进。[①] 从《指导意见》可以看出，传统媒体与新兴媒体的融合发展已经上升为国家战略，打造新型主流媒体、建成新型媒体集团、形成现代传播体系是我国媒体融合发展的主要目标。

2015 年 2 月，财政部发布的《关于申报 2015 年度文化产业发展专项资金的通知》，将“推动传统媒体和新兴媒体融合发展”纳入重点支持内容之一。支持传统媒体运用已有技术成果，开展全媒体、大数据应用、视听新媒体、音视频集成播控等平台建设；支持传统媒体发挥内容资源优势，创新文化产品和服务，培育核

① 参见《推动传统媒体和新兴媒体融合发展》，人民网，http://media.people.com.cn/GB/22114/387950/.

心竞争力;支持传统媒体与新兴媒体在内容、渠道、平台、经营、管理等方面的深度融合,拓展传播渠道与影响力。

我们可以看到,国家在政策层面积极推动传统媒体与新兴媒体的融合发展,给予财政资金支持。在这样的媒介宏观生态下,党报也应积极探索与新兴媒体的融合发展之路,在内容、渠道、平台、经营、管理等方面实现与新兴媒体的深度融合。

三、多媒体条件下党报的媒介生态位整合策略

"生态位"这一概念自美国生物学家约瑟夫·格林内尔(Joseph Grinnell)于1917年首次提出后被广为人知,指的是某一个体或种群在生态系统中所处的时空位置及功能关系。这一概念应用于媒介研究领域就产生了媒介生态位的概念。邵培仁教授认为,任何一种媒介都必然有其特殊的时间与空间上的位置和状况,亦即有其特殊的生存与发展的土壤和条件,以及它在这一状态下的特有行为和作用,很少有两种媒介能长期占有同一生态位。[①] 时间生态位、空间生态位、功能生态位、营养生态位是邵培仁教授提出的主要观点。在多媒体条件下的媒介生态中,分析党报在所有媒介形态中所占据位置、与其他媒介的关系以及其所发挥的功能作用,为党报确立生态位,是建构其主体角色的关键。

党报与其他报纸、广播、电视以及依托互联网技术发展起来的新兴媒体是多媒体条件下媒介系统的主要构成要素。根据国家新闻出版广电总局2014年8月《2013年全国新闻出版业基本情况》统计,2013年中国大陆地区共出版报纸1915种。其中:党报约400余种,约占报纸总数的20%;区域性城市类报纸近300种,约占报纸总数的15%;行业专业类、读者对象类报纸共700余种,约占报纸总数的40%;生活服务类报纸200余种,约占报纸总数的12%。[②] 广播、电视是与报纸长期以来共存的传统大众传播媒介。随着技术的发展,新兴媒体迅速崛起,这其中有些是独立的新媒体,而有些是在传统媒体转型发展过程中开发的新媒体,这使得媒介生态系统变得复杂而多元。

生态位整合是邵培仁教授提出的生态位竞争策略之一,是指围绕媒介主打品牌和核心生态位,将多个媒介种群依据同中心的相关度进行重新组合、合理改造,甚至并购其他媒介种群,同时逐步放弃或公开拍卖自身的远离媒介核心业务的投资或资产,将主要资源和能量集中在媒介最具有优势的项目上开展新的竞

① 参见邵培仁等《媒介生态学:媒介作为绿色生态的研究》,中国传媒大学出版社2008年版,第72页。

② 参见中华全国新闻工作者协会《中国新闻事业发展报告》,http://news.xinhuanet.com/zgjx/2014-12/29/c_133880855.htm.

争。[①] 在复杂、多元的多媒体条件下，党报要想生存和发展，需要进行时空生态位、功能生态位、营养生态位的整合。

（一）时空生态位整合

党报作为纸媒，从新闻信息的采集到发布，生产所用时间较长，印刷出版的周期一般是一天。而在多媒体条件下，信息传播速度快，传播渠道广，在这些方面传统媒体是无法比拟的。因此，党报可以借助新兴媒体获得更为广阔的时空生态位。

党报要进行时空生态位的整合，应该根据自身特点，优化新闻生产流程，实现采编资源的有效利用；拓宽传播的渠道，实现新闻信息的跨媒体平台共享；丰富内容的呈现方式，实现融合新闻报道；掌握传播的时间，实现新闻内容的有效到达。总之，通过一系列策略有效实施时空生态位的整合。

1.优化新闻生产流程

传统媒体在与新兴媒体融合发展的过程中，最经常的一个做法是设立新媒体部门，这个部门根据自己的采编策划进行独立运作，而新闻内容与传统媒体有很大的重合之处，这就造成了媒体资源的浪费，因此需要党报在进行时空生态位整合的过程中优化新闻生产流程。

党报应该打通传统媒体与新兴媒体之间的界限，通过技术建立统一运作平台，不管是党报纸媒部门的采编人员，还是党报新媒体部门的采编人员，都可以通过这一运作平台进行统一管理。在这一平台上，可以实现选题探讨、任务分配、采集的基本信息汇总等功能。根据汇总的基本信息，各种媒介形态再根据自身的特点将新闻信息加工处理成适合传播的内容。相比传统媒体与新兴媒体分开运作，这种做法大大节约了资源，提高了新闻的生产效率。《人民日报》的全媒体平台、《光明日报》的融媒体中心等都作了很好的示范。

2.拓宽新闻传播渠道

在复杂、多元的媒介生态下，受众接收新闻信息的渠道也更多更广。在各类形态的媒介提供的新闻信息能够满足受众的基本需求的情况下，受众会选择成本最低、阅读最便捷的渠道。从依托互联网络的新闻网站，到社交化的微博、微信公共账号，再到新闻客户端，这些都是党报在时空生态位整合过程中需要拓展的渠道。

党报是否要在新闻网站、官方微博、微信公号、新闻客户端上平均用力？笔者认为，答案是否定的。腾讯网·企鹅智酷与清华大学新闻与传播学院新媒体

---

① 参见邵培仁等《媒介生态学：媒介作为绿色生态的研究》，中国传媒大学出版社2008年版，第73页。

研究中心联合发布的《众媒时代:2015 中国新媒体发展趋势报告》显示,新闻客户端是移动用户看新闻的首选(比例为 54.9%),社交应用作为新闻渠道的比例(17.7%)超过了 PC 端新闻网站(16.9%),而将纸媒作为获取新闻主要渠道的比例仅有 3.8%。① 基于以上数据,新闻客户端应是党报着力拓展的渠道,其次是官方微博、微信公号以及新闻网站。党报应对这些新媒体平台或渠道进行多维整合,形成传播矩阵,使之互相作用,共同发展。

中央级党报《光明日报》在渠道拓展方面作出了积极的探索。2011 年 9 月,推出"云端读报"。这一移动媒体平台可以向用户推送新闻信息,文字、图片、音频、视频均可呈现。"云端读报"曾与中国移动应用商场以及华为、联想、HTC 等手机厂商合作进行推广。2015 年 9 月 29 日,在《光明日报》融媒体成果发布暨合作签约仪式上,"光明校园传媒"正式上线开播,"光明云媒 3.0 版"正式发布。这些渠道可以将党报的内容推送到更多的受众群体中,是传统媒体和新兴媒体成功融合的产物。正如《光明日报》总编辑何东平所说:"我们用一个'融'字,表明报社的态度和要求——新媒体和传统媒体不是单兵作战、不是生硬嫁接、不是此消彼长,而是你中有我、我中有你,互相策应、浑然天成。媒体融合,我们在路上,我们在云端。"②

3. 丰富内容呈现方式

在纸媒上,我们所能看到的新闻内容的呈现,有些是纯文字,有些是文字+图片。在当今的媒介生态下,已不仅仅是"读图时代",党报要获得更为广阔的时空生态位,除了制作精良的新闻图片,还需丰富新闻内容的呈现方式,满足受众的多元化需求。

丰富新闻内容的呈现方式,需与不同的媒介形态相结合。党报应在其开发和运营的不同形态的新媒体平台或渠道上选择合适的新闻内容呈现方式。例如:党报纸媒为满足受众的视觉需求,应丰富新闻图片的类型,不仅要拍摄事件现场的新闻照片,还应制作一些帮助受众更好地理解文字内容的新闻图表以及新闻漫画;党报官方微博、微信公号应注重对新闻内容中核心内容的提炼,并且即时与受众进行互动;新闻客户端与新闻网站应注重音频、视频的新闻内容制作,以满足受众的多元需求。

4. 掌握新闻传播时间

---

① 参见腾讯网·企鹅智酷与清华大学新闻与传播学院新媒体研究中心《众媒时代:2015 中国新媒体发展趋势报告》,http://www.360doc.com/content/15/1121/21/21733879_514862973.shtml.

② 《光明日报探索媒体融合:我们在路上我们在云端》,人民网,http://media.people.com.cn/n/2015/0930/c40606-27649829.html.

党报纸媒的出版周期已固定，党报要实现时空生态位的整合，要充分利用可以即时传播的新媒体平台或渠道，掌握好新闻传播的时间。

党报官方微博、微信公号以及新闻客户端应该注重新闻的传播速度，尤其在一些重要事件、突发事件的报道中，应该成为新闻首发平台，在事件发生的第一时间将信息传递给受众。而党报纸媒则应在新闻内容的深度上下功夫，对新闻事件进行剖析，与官方微博、微信公号以及新闻客户端的快速进行互补，以获得更为广阔的时空生态位。

（二）功能生态位整合

在我国，党报的核心功能是宣传党的纲领、路线和政策，引导舆论。在复杂、多元的媒介生态下，核心功能依然不能改变，可以借助于新的技术、好的形式来发挥这一核心功能。另外，党报还应积极通过新的媒体形态拓展更多的功能，进行功能生态位的整合。

1. 借助新形式发挥核心功能

在宣传党的纲领、路线和政策方面，党报纸媒的传统做法是围绕党的重大会议或活动进行重大主题的宣传报道、开辟临时性或长期性的专栏。在新的媒介生态下，党报除了组织战役性报道、开辟专栏外，还可以充分利用新媒体平台或渠道，举办主题活动等更好地发挥党的喉舌的核心功能。例如，中央级党报《光明日报》在中宣部指导下，与中国人民大学、中国伦理学会共同主办核心价值观大型宣讲活动——核心价值观百场讲坛工程。该活动在举办过程中，充分利用新媒体平台。活动开始前，《光明日报》刊出活动预告，通过网络论坛征集网友关心的问题。活动进行中，运用网络向全国做视频直播，使用微博、微信做花絮报道，并在活动当地进行广播、电视的现场直播。活动结束后，《光明日报》刊出整版或半个版的演讲实录，光明网推出精剪后的演讲专题片。这样的活动举办形式，借助党报的权威性和公信力拉动更多的受众参与，提高活动的社会影响力，更好地发挥了党报的核心功能。[①]

2. 借助新媒体延伸其他功能

在新的媒介生态下，党报除了传递信息、引导舆论等基本功能，还可以借助新媒体平台或渠道延伸其他功能，为受众或者用户提供更好的服务。例如，党报可以在其新闻客户端上设置问答栏目，与受众进行互动，针对受众提出的问题进行解答，或者直接将其作为选题进行新闻采访与报道。党报还可为受众或用户

① 参见陆光高《产品融合：媒体融合发展的关键——〈光明日报〉、光明网的融媒体发展实践探索》，《传媒》2014 年第 24 期。

生活的方方面面提供便利服务，使受众通过其新闻客户端进行水电缴费、医院就诊挂号、导航定位、交通查询等等。

（三）营养生态位整合

党报要在复杂、多元的媒介生态系统中建构主体角色，信息资源、受众资源、广告资源、人才资源等营养生态位极为重要。

1. 信息资源

信息资源可以说是党报主体角色构建的根基。在多媒体条件下，党报应抓牢主流新闻信息资源。大众报业集团集中精力培植三大支柱报纸之一的省级党报《大众日报》(其他两份报纸是《齐鲁晚报》和《半岛都市报》)，便牢牢控制住了全省的主流新闻资源。在 2015 年 7 月 17 日上线的《大众日报》手机新闻客户端“新锐大众”设有时事、财经、生活、文化、消费、法治等栏目，每天即时发布各类新闻资讯。

2. 受众资源

在传统的媒介生态下，党报因其权威性拥有大量的受众群体。新兴媒体的崛起使得党报部分受众群体转移。党报要做的就是留住原有的受众群体，并吸引新受众。党报可以通过给予更多服务的形式，使原有党报纸媒的订阅受众成为新闻客户端的使用用户。另外，党报还可利用官方微博、微信公号不断扩大影响力，与用户进行互动，吸引更多的受众资源。

3. 广告资源

虽然由于新兴媒体的冲击，传统媒体的广告已大幅下降，但党报因其具有权威性和公信力，还是一些广告商的投放选择。党报纸媒要强化自身的品牌影响力，以吸引更多的广告投放。近年来，移动端广告发展势头猛劲，党报应充分利用新媒体平台，尤其是新闻客户端，吸引广告商，这也需要党报新闻客户端做大做强。

4. 人才资源

人才资源是党报主体角色建构的保障。在多媒体条件下，党报所需要的是复合型人才。媒体人员除了需要具备基本的采写编评的业务能力外，在新的媒介形态层出不穷的情况下，还应具备新媒体技术的应用能力。党报应在内部对媒体人员进行培训，或者与高校建立合作关系，培养复合型人才。

人才资源可以采集优质的信息，拥有优质的信息资源会吸引更多的受众资源，有广泛的受众资源又会吸引广告投放。对这些营养生态位进行整合，是党报建构主体角色的保障。

第二节 社会视角

一、社会角色理论概述

我们通常会在戏剧、电影或者电视剧中提及“角色”这一概念，它指的是演员所扮演的某一特定的人物。在社会这个大舞台上，也有各种各样的角色扮演者。

中国人民大学社会系郑杭生教授对“社会角色”给出了这样的定义：指与人们的某种社会地位、身份相一致的一整套权利、义务的规范与行为模式。它是人们对具有特定身份的人的行为期望，它构成社会群体或组织的基础。① 我们可以看到，在这一定义中，“人”是主要研究对象。在庞大的社会系统中，社会组织也扮演着重要的社会角色，比如媒体。依据这一定义，我们可以对媒体的社会角色作一概念性的介绍。媒体的社会角色是指与媒体的社会地位、身份相一致的一整套权利、义务的规范与行为模式。社会及其成员对媒体的社会角色有行为期望，媒体要按照其要求的行为规范去进行社会角色的扮演。

媒体与社会的关系密不可分。媒体之于社会，除了履行基本的传递信息的功能向社会公众反映社会生活的方方面面之外，还负有引导社会舆论、调节社会矛盾、营造良好的社会氛围等责任。也就是说，媒体在社会发展的过程中，根据不同的需要，扮演着不同的角色。社会之于媒体，它将一个庞大、复杂、开放的系统呈现在媒体面前，媒体存在于这个系统中，受社会大系统的影响又反作用于它。

全球化时代下的中国社会，正在经历着政治、经济、文化、科技等诸多方面的新一轮的改革，媒体在其中所扮演的角色越来越重要。我们可以这样来假设，社会是一个大舞台，在这个舞台上表演的剧组有很多，媒体就是其中一个。原来在媒体这个剧组中，有着报纸、广播、电视等资历深厚的老演员，后来依托互联网迅猛发展的各类新媒体形态纷纷加入了这个大剧组当中。由于这些新媒体演员的加入，剧组变得热闹非凡，舞台上的表演也更为多元。越来越多的人成为新演员的粉丝，老演员会从新演员身上吸收新的表演观念和表演方法，而这并不意味着老演员会被新演员所替代。老演员身上拥有着时代的厚重感，对各类角色的深入演绎不是新演员所能够替代的。甚至可以这么说，一个个新演员层出不穷，他们或美丽或帅气，表演技巧相似或相近，这就更加凸显了老演员表演的重要性。党报作为老演员中的一员，发挥着无可替代的作用。

---

① 参见郑杭生《社会学概论新修精编本》，中国人民大学出版社 2015 年版，第 112 页。

二、媒体社会角色的失调

一个媒体自身就是一个复杂的系统，受诸多内部、外部环境因素的影响。而其作为一个整体来扮演社会角色的过程中会遇到各种各样的问题。在此，我们必须要提及媒体的社会责任。

20世纪40年代，美国新闻自由委员会的报告《一个自由而负责的新闻界》首次提出传媒的社会责任概念。这个理论的大前提是：自由与责任相伴而生。位于政府之下，拥有特权地位的传媒，在当今社会具有大众传播的重要功能，因此，传媒有义务对社会承担责任。新闻自由委员会列举了当代社会对传媒的五项要求，它们合在一起就构成了传媒表现行为的测量标准：第一项要求是提供"一种就当日事件在赋予其意义的情境中的真实、全面和智慧的报道"，这就要求传媒必须准确，不能撒谎；第二项要求是传媒应当成为"一个交流评论和批评的论坛"，这就意味着传媒应当努力呈现一切重要观点；第三项要求是传媒要投射出"社会组成群体的典型画面"；第四项要求是传媒有责任"呈现和阐明社会的目标和价值"；第五项要求是传媒要提供"充分接触当日信息的渠道"。①

由于政治制度、经济体制等的不同，社会责任理论在中国有着符合中国实际的应用和发展。2015年11月9日第二十三届中国新闻奖颁奖报告会上，中共中央政治局常委、中央书记处书记刘云山发表讲话指出："要始终坚持新闻的真实性原则，坚守社会责任，恪守职业道德，把社会效益放在首位，坚决抵制虚假报道、有偿新闻，树立新闻宣传工作良好形象。"②

在当下多媒体条件下，传统媒体和新媒体都不乏媒体的社会角色失调、违背媒体社会责任原则的问题。一方面，由于传统媒体自身系统存在诸如内部体制机制不健全、新闻从业人员缺乏职业素养和职业道德等问题，加之受到新媒体的巨大冲击，传统媒体频频出现媒体寻租事件；另一方面，由于新媒体传播方式双向、传播时间实时、传播范围广泛等特点，新媒体虚假新闻、谣言事件等也是屡见不鲜。先让我们来看看近年来影响比较大的媒体寻租和虚假新闻事件。

•《中国特产报》新闻敲诈事件

2010年7月，《中国特产报》记者到宁夏部分县市针对地方存在的个别问题进行反复采访，并以报道当地占用基本农田、拖欠工程款相要挟，迫使当地政府部门先后3次交纳专版宣传费共22万元，随即刊登当地的正面宣传报道。

---

① [美]西奥多·彼得森、威尔伯·施拉姆著，戴鑫译，展江校：《传媒的四种理论》，中国人民大学出版社2008年1版，第62、75～79页。

② 《为凝聚中国力量鼓与呼》，2015年11月9日《南方日报》。

2013 年 4 月 9 日，因其新闻敲诈等问题，该报被其主管单位中国产业报协会责令停业整顿。

2013 年 8 月，该报记者赴陕西省咸阳市彬县采访，利用新闻采访活动谋取不正当利益，先后获取 80 多万元违法所得，被当地公安机关刑事拘留，后经检察院批准逮捕。

2013 年 12 月 4 日，国家新闻出版广电总局正式吊销了该报的出版许可证，报纸最终被停刊。

• 陈永洲事件

2012 年 9 月 26 日到 2013 年 6 月 1 日，《新快报》记者陈永洲曾发表 10 篇有关中联重科“利润虚增”“利益输送”“畸形营销”及涉嫌造假等一系列批评性报道。

2013 年 9 月 9 日，中联重科向长沙市公安局报案称，陈永洲的文章捏造事实诬蔑诋毁中联重科，使企业遭受重大损失。

2013 年 10 月 18 日，长沙警方经立案侦查后，对陈永洲进行跨省刑拘。

2013 年 10 月 23 日、24 日，《新快报》发表声明及在头版呼吁，要求放人。

2013 年 10 月 26 日，陈永洲向办案民警坦承，为显示自己有能耐、获取更多名利，受人指使，在未经核实的情况下连续发表针对中联重科的大量失实报道，致使中联重科声誉严重受损，导致广大股民损失惨重。陈永洲称，在不到一年时间内先后发表的 10 余篇中联重科负面报道中，只有“1 篇半”是自己在他人安排采访下完成的，其余都是由他人提供现成文稿，自己只在此基础上进行修改加工，有的甚至看都没看，就在《新快报》等媒体上刊发。

2013 年 10 月 30 日，长沙市岳麓区人民检察院对《新快报》记者陈永洲以涉嫌损害商业信誉罪批准逮捕。

2014 年 10 月 17 日，一审判决原《新快报》记者陈永洲有期徒刑 1 年 10 个月。

• 21 世纪报系新闻敲诈事件

2014 年 9 月 3 日，上海市公安局宣布侦破一起以舆论监督为幌子、通过有偿新闻非法获取巨额利益的特大新闻敲诈案件，涉案的 21 世纪网相关人员被依法采取刑事强制措施。

2014 年 9 月 25 日，21 世纪传媒股份有限公司总裁沈颢和总经理陈东阳被警方带走。之后，沈颢承认新闻敲诈。新闻敲诈主要有两种形式：一个就是利用负面报道，逼迫企业前来谈合作；另一个就是收取一定的合作费用，在一定期限内不再报道这个企业。

2014 年 11 月 20 日，沈颢、陈东阳等人被上海市检察院第一分院依法批捕。21 世纪报系新闻敲诈案是打击新闻敲诈和虚假新闻专项行动中查处的涉案金额最大、波及面最广的一起案件。“总有一种力量让人泪流满面”，“即使新闻死了，也会留下圣徒无数”，这些出自沈颢的话语曾经感动了无数读者，激励了众多的新闻工作者。此事件一出，一位“新闻圣徒”跌倒，多了一位进行新闻敲诈的媒体人。

以上三起事件[①]是在传媒界乃至整个社会均引起重要影响的事件。除此之外，还有许多被发现以及未被发现的媒体记者利用自己的新闻报道权，来向报道对象“寻租”的事件。在这样媒体社会角色极度失调的背景下，党报作为主流媒体，不仅要引以为戒，杜绝此类事件的发生，更应该切实扮演好社会角色，履行好社会责任。

三、转型期的中国社会

近年来，中国在政治、经济、文化、科技等社会生活的各个领域都取得了巨大的进步。中国要在国际上搞好国际关系，树立大国形象；中国要全面深化改革，到 2020 年实现全面建成小康社会的宏伟目标；中国要全面推进依法治国。在所有目标的实现过程中，党报作为中国共产党各级组织的机关报、作为党和人民的耳目喉舌，应该向社会公众及时传递和全面解读党和国家的方针政策，给公众以信心，引导社会公众积极投身于国家、社会建设。

除此之外，我们也应该看到在全面深化改革的进程中存在着诸多的困难和挑战。中国社会学会名誉会长、中国人民大学社会系郑杭生教授在《走向成功社会》中认为，目前我国社会建设领域面临的挑战主要表现在六个方面：一是市场经济环境下，我们处在一个陌生人的世界，从而面临着建立一个人际关系和谐的社会共同体的挑战；二是在当前这样一个价值观多元开放的时代，我们面临着如何增强社会凝聚力、如何扩大社会共识的挑战；三是在社会分化加剧的形势下，我们面临着落实社会公平正义的挑战；四是在社会重心下移的情况下，我们面临着大力改善民生的挑战；五是在环境恶化的情况下，我们面临着实现环境友好、资源节约的挑战；六是我们面临着社会发展的三大主体——政府组织、市场组织和社会组织相互之间关系的挑战。[②]

上述困难和挑战，从目前中国社会频发的各类危机事件中可见一斑。2006 年国务院发布的《国家突发公共事件总体应急预案》，根据突发公共事件的发生过程、性质和机理，将其分为四类：(1)自然灾害。主要包括水旱灾害、气象灾害、地震灾害、地质灾害、海洋灾害、生物灾害和森林草原火灾等。(2)事故灾难。主要包括工矿商贸等企业的各类安全事故、交通运输事故、公共设施和设备事故、

① 参见人民网、大公网和新华网对事件的报道。

② 参见郑杭生《走向成功社会》，《时事报告》2014 年第 9 期。

环境污染和生态破坏事件等。(3)公共卫生事件。主要包括传染病疫情、群体性不明原因疾病、食品安全和职业危害、动物疫情以及其他严重影响公众健康和生命安全的事件。(4)社会安全事件。主要包括恐怖袭击事件、经济安全事件和涉外突发事件等。[①] 基于此种分类,我们可以看看近年来中国发生的、引起社会广泛关注的危机事件:

2013~2015 年危机事件案例

<table>
<tr><th>类型</th><th>事件</th></tr>
<tr><td rowspan="5">自然灾害</td><td>2013 年 4 月 20 日四川雅安芦山 7.0 级地震
2013 年 7 月 22 日甘肃岷县漳县 6.6 级地震
2014 年 2 月 12 日新疆和田于田县 7.3 级地震
2014 年 8 月 3 日云南鲁甸 6.5 级地震
2014 年 10 月 7 日云南景谷 6.6 级地震
2015 年 7 月 3 日新疆皮山县 6.5 级地震</td></tr>
<tr><td>2013 年"尤特""菲特"台风灾害
2014 年"威马逊"超强台风灾害
2015 年"灿鸿""苏迪罗""杜鹃"台风灾害</td></tr>
<tr><td>2013 年 7 月上中旬四川盆地、西北、华北地区洪涝灾害
2013 年 8 月东北地区洪涝风雹灾害
2014 年 5 月中下旬长江以南洪涝灾害
2014 年 6 月中下旬南方洪涝灾害
2014 年 9 月中上旬华西洪涝灾害
2015 年全国 20 个省遇暴雨洪涝灾害</td></tr>
<tr><td>2013 年 7 月初至 8 月中旬南方地区高温干旱灾害
2014 年 6 月至 8 月东北黄淮等地旱灾
2015 年内蒙古旱灾</td></tr>
<tr><td>2013 年 3 月 29 日西藏墨竹工卡县山体滑坡灾害
2015 年 8 月 12 日陕西山阳山体滑坡灾害
2015 年 11 月 13 日浙江丽水山体滑坡灾害
……</td></tr>
</table>

① 《国家突发公共事件总体应急预案》,中国政府网,http://www.gov.cn/yjgl/2005-08/07/content_21048.htm.

续表

类型	事件
事故灾难	2013年吉林八宝煤矿“3·29”“4·1”瓦斯爆炸事故 2013年5月20日山东章丘保利民爆爆炸事故 2013年6月3日吉林德惠市吉林宝源丰禽业有限公司火灾事故 2013年11月22日山东青岛中石化输油管道泄漏爆炸事故 2014年8月2日江苏昆山工厂爆炸事故 2014年8月2日西藏拉萨尼木交通事故 2014年12月31日上海外滩踩踏事故 2015年6月1日东方之星旅游客船倾覆事件 2015年8月12日天津滨海新区爆炸事故 ……
社会安全事件	2014年3月1日云南昆明火车站暴力恐怖袭击事件 2014年3月8日马航客机失联事件 2014年5月22日新疆暴力恐怖事件 ……

注：表格中呈现的自然灾害、事故灾难、社会安全事件并未穷尽近三年来中国发生的所有危机事件，只是呈现了具有较大影响力的危机事件案例

从以上表格中呈现的危机事件我们可以看出，除了一些自然灾害的不可抗力因素外，转型期的中国社会面临着很多事故灾难和社会安全事件。不管是自然灾害，还是事故灾难和社会安全事件发生后，作为社会系统重要一员的党报，扮演着不可或缺的角色，应肩负起社会责任，及时传递信息、安抚社会情绪、引导舆论，从而推动事件向好的方向发展。

综上所述，在转型期的中国，在各项事业突飞猛进的中国，在危机事件频发的中国，党报作为主流媒体，需要根据实际情况的发展认清自己的社会角色，扮演好社会角色，不断建构和完善社会角色。

四、多媒体条件下党报社会角色的建构

（一）唱响主旋律，引导社会舆论

中国正处于各项社会事业快速发展的时期，党和国家提出了一系列的目标和方针政策。党报作为党和人民的耳目喉舌，应围绕党和国家重大主题组织宣传报道，唱响主旋律。重大主题宣传时期要在党报及其网站上开辟专刊专栏，搭建问政平台。在对国家大政方针的报道上，要以社会公众的话语体系进行分析

和解读,增强公众对社会建设和发展的信心,同时引导公众投身于社会建设当中去。例如,《大众日报》于2015年11月12日推出大型融媒体报道"回眸十二五"和"我讲述·100个人的山东故事"两个栏目。

在全面深化改革的过程中,会遇到诸如就业、教育、医疗、环境等领域各种各样的难点问题。这些问题的解决不在朝夕,需要在党的领导下有策略、有步骤的解决。而当这些问题影响到社会公众的现实生活时,会引发各类社会事件。党报应当主动关注社会建设和发展过程中遇到的问题,通过对其合理解读,缓和社会公众因这些难点问题所产生的焦虑,从而为社会建设营造良好的舆论氛围,积聚更多的正能量。

党报作为媒体,最基本的社会功能还是传递信息。在当下多媒体环境下,信息传播的渠道多元、内容繁杂,这为谣言传播提供了沃土。谣言产生后,党报应发挥主流媒体的权威优势,及时将真相通过报纸发文、官方微博和微信发声等方式传递给社会大众,消除社会上存在的恐慌情绪。

(二)"线上线下"配合,履行人文关怀

和谐社会应该是一个充满人文关怀的社会。党报在扮演社会角色的过程中,应树立民本意识,打通"线上线下"两个渠道,履行人文关怀责任。

"线上"指的是党报在新闻报道中履行人文关怀。党报应在日常的新闻报道中多关注弱势群体,主动深入研究报道残疾人、贫困人员、农民工、留守儿童、空巢老人等的生活状况,引起社会相关部门的广泛关注,对其提供帮助。例如:《大众日报》2015年6月12日观点版热评文章呼吁,让留守儿童中毒身亡的悲剧不再上演;11月23日观点版热评文章深度解析养老床位"空并紧张着"有历史、市场、政府等多方原因。在突发灾难性事件的采访报道过程中,党报在准确全面地报道灾难事件全过程的基础上,要以人为本,避免对受灾人群造成二次伤害,尽可能多地展现"大爱",呼吁社会各界予以帮助,给受灾人民提供信心。党报还应在报纸或者网站上搭建社会性互动平台,多听来自基层群众的呼声,及时报道他们所反映的问题。

"线下"指的是党报利用自身的媒体资源构建公益平台,举办公益性活动,汇聚爱心,传递真情,为弱势群体等提供实实在在的服务,履行党报的人文关怀。一者党报可以组织内部工作人员主动献爱心;二者党报可以通过活动的举办号召社会人员参与进来。例如,2015年1月22日,《大众日报》爱心献血车正式启用,大众报业集团员工踊跃献血,许多企业、社会人士也积极参与其中。

（三）繁荣发展文化，引领社会风尚

党报作为主流媒体，应引领社会主流文化价值观，推动我国文化产业的发展。党报应该坚持社会主义核心价值体系，主动策划报道典型人物、典型事件，组织开展文化惠民活动，设立文化惠民项目。

当今多媒体条件下，社会公众更多地聚焦于时下发生的社会热点事件，而对传统文化关注得较少。党报应主动挖掘优秀传统文化，通过“线上”报道和“线下”活动的方式进行优秀传统文化的宣传。在纷繁杂乱的信息中，让社会公众依然能够看到我国的优秀传统文化，并将其传承下去。新媒体为低俗文化的传播提供了渠道，在这样的背景下，党报应大力做好文化宣传，传播高雅健康文化，引领社会风尚。

媒体本身就是文化产业的一部分，党报应发挥媒体资源优势，推动文化与企业的交流合作。同时，做大自身媒体品牌，拉长文化产业链。

（四）开拓国际视野，发好中国声音

当今国际环境复杂，国际事件频发，国际舆论传播环境多元。在这样的背景之下，开拓国际视野，引导中国受众理解中国国际事务，在国际事件中发好中国声音，是党报扮演好社会角色的重要部分。

随着中国国际地位的日益提高，国际事务也日益增多，国家领导人出访、中国与其他国家的经贸往来、文化交流活动等频繁。以国家领导人出访为例，党报不仅要向受众传递国家领导人在什么时间去了哪国访问，还需要解读此次出访的主题、结果以及对中国未来发展的意义等，引导受众对中国国际事务有更深层次的理解。

当今国际关系矛盾加剧，2015 年国际事件频发。党报应该在国际事件中发好中国声音，表明中国立场。例如，11 月 24 日俄罗斯空军战机在土叙边境飞行时，被土耳其空军战机以“侵犯领空，多次警告无效”为由发射导弹击落，在叙利亚一侧坠毁。针对此事件，《大众日报》在 11 月 25 日的国际版及时报道这一事件，并通过访问高级研究员、高校教授、国际问题学者等对事件进行分析。11 月 26 日国际版发表《俄称不会对土耳其发动战争》，继续跟踪对此事件的报道。11 月 28 日，又在国际版刊登我国外交部发言人针对俄战机被击落事件的观点，表明中国的立场。

（五）定期开展教育培训，提升党报工作人员社会责任感

约瑟夫 · 普利策在 1904 年的《北美评论》上为他成立新闻学院的提议辩解

时说:“只有最高的理想、最兢兢业业的工作愿望、对所遇问题最准确的知识和最真诚的道德责任感,才能使新闻事业不屈从于商业利益,不为自己谋取私利,不与公众利益为敌。”①在多媒体条件下,媒体寻租、虚假新闻等事件频频发生,党报要避免类似的社会角色失调事件的发生,重点是培养以及提升党报领导者、采编队伍的社会责任感。第一,党报可组织媒体工作人员外出参加学习、交流、进修,或者在内部定期组织学习交流活动,对现有媒体工作人员进行再培养,使其对党报的社会地位产生认同,并积极扮演好这一角色;第二,党报可与高校建立合作,选派优秀工作人员进入新闻专业课堂,提前参与未来媒体工作人员的教育,引导其提前树立履行媒体社会责任的意识,高校可将优秀学生推荐到党报;第三,党报应制定工作人员需要遵守的道德规范和相应的业务规范,建立专门的新闻道德委员会,制定工作章程,对于违反媒体社会责任原则的媒体工作人员应予以严惩。

第三节 产业视角

一、报业经济和产业化理论概述

杨海军、王成文在《传媒经济学》一书中对报业经济作出这样的解释:报业经济就是以满足报业价值补偿与价值增值的需求为目的的,对各种资源进行有效分配的活动。新中国成立后,中国报业经济先后经历了从有限产业化时期(1949～1956 年)、事业化时期(1957～1978 年)到产业化时期(1979 年至今)三个主要时期。② 在本章节中,我们主要探索第三个时期——“产业化时期”。报业产业化是用符合经济规律的手段来实现报业与市场经济接轨的,是意识形态型媒介向产业化经营媒介的转化,其最终目的是打破报业的现有格局,使报业成为符合经济发展规律的产业。③

著名报人崔恩卿 2008 年在接受采访时,将报业产业化分为三种运营状态:基础运营状态、规模运营状态和资本运营状态。基础运营状态主要是产品运营,即生产和销售单一产品——报纸(报纸的编采、发行、广告经营三位一体的运营),这是报业之本,也是报业运营的最基本形态。随着报业的发展,报纸进入规

---

① 转引自[美]西奥多·彼得森、威尔伯·施拉姆著,戴鑫译、展江校《传媒的四种理论》,中国人民大学出版社 2008 年版,第 71 页。

② 参见杨海军、王成文《传媒经济学》,河南大学出版社 2008 年版,第 159～160 页。

③ 参见王倩、王倩倩《报业产业化的成功探索——大众报业集团“三四五”发展战略解析》,《新闻研究导刊》2012 年第 11 期。

模运营，这是做大做强的大趋势，表现为经营报纸的多个产品，如系列报、发行投递业、印刷业和广告业等等。这是第二个阶段，规模经营或多种经营阶段。第三个阶段是大规模融资经营阶段，既包括"合伙人""股份制"，也包括"上市融资"和"对外投资"。这是更大规模的发展需求，也是更加社会化的发展需求，是报业经营的高级状态。并且，他指出，目前中国报业产业化仍处于转型的起步期，处在一个争取产业化和限制产业化的过程中，具体表现是以事业性集团化的形态模糊报业的企业性产业化本质。①

在中国报业产业化仍然处于转型起步期的大环境下，在当今多媒体环境下，党报的产业化发展遇到了诸多困境。我们将通过案例研究，为党报主体角色在产业领域提供价值定位，为实现党报经济效益与社会效益的一体化发展提供可行性路径。

二、多媒体条件下党报产业化发展困境

新兴媒体的迅速崛起和发展无疑是造成党报在产业化发展过程中困难重重的一个重要原因。我国传统报业的赢利模式就是简单的"印刷＋发行＋广告"，面对新兴媒体的崛起，这一传统的赢利模式受到冲击，报纸的发行量不断减少，广告收入持续走低。在本章的第一节"生态视角"中，我们已经对新兴媒体的发展做了介绍，并且用报纸在印刷、发行和广告领域的详细数据说明了 10 年间我国的报纸从最初的"寒冬"走向"断崖式滑落"，加之学界和业界在新兴媒体对传统媒体的冲击这一话题上的研究甚多，在此，我们就不再赘述。

但是，我们也应该看到，除了新兴媒体的冲击这一原因，从报业的内部形态来说，其实早就存在着需要在内部进行结构调理和资源整合的问题。也就是说，即便没有新媒体的出现并对报业发展产生冲击和影响，一些报纸也会遇到发展的压力。其中，同质化竞争和同质化发展是核心问题所在。

在产业发展的高速期，较低的产业门槛和简单的商业模式足以让大家过得很好。在遇到竞争时，一些不太合乎产业良性发展的竞争手段将被广泛应用，而且有些还被业界作为经验进行推广。实际上，非理性竞争与发展已经为报纸这个产业埋下了祸根。

一方面，报业阵营的扩张，使同城报纸过量。而在整个媒体市场上，报业可以分得的广告额度并不会增长，所以大家都在抢蛋糕。正因为这样，才出现过无数次的"大战"，才出现同城报纸竞争中的很多潜规则。例如，搞社区报纸，搞免

① 参见赵金《中国报业产业化进程中的难点与突破——访著名报人崔恩卿》，《青年记者》2008 年第 25 期。

费报纸，或者压低报价、增加版面等。走过以后才发现，局限于报纸内部的竞争，其实早已走不动了。

另一方面，在竞争的同时，对于新闻、对于受众，反而缺少了应有的关注和重视。从产业链条的角度看，在报纸这个产业链条的起点和终端，都没有投入很大的精力。所以报业原有的商业模式甚至发展模式，已经在新技术带来的新经济面前落伍了。

同时，我们也应该看到报业在中国所造成的资源浪费。一个城市除了党报外，还会创办其他数张报纸，所刊登新闻信息重复率高，造成资源的浪费。多媒体条件下，传统媒体与新兴媒体融合发展，开发一些新的传播平台，例如新闻客户端等。新闻客户端的内容多来源于纸质媒体，有些是直接将报纸上的内容简单搬到客户端上，不同媒体的新闻客户端所推送的新闻又有极大的重复性，这又会造成新一轮的资源浪费。

还有一点，来源于报业的管理及运行体制。报业实行市场化，在中国并没有多少年。报业独特的管理方式，也让报业与其他产业不同，讲市场化却没有完全市场化，讲竞争也没有完全竞争。所以从最初的设计到最后的结果并不一致。对于这点，设计者、管理者和报业的经营者其实都很清楚，但大家宁愿都在这个框架中行事，而不去突破。

所以，报业的快速下滑，原因并不只是来自于外部，更来自于内部。新兴媒体的出现并快速发展，起到了催化的作用，将报业存在的许多问题从隐性化变为显性化，加剧了报业的滑坡。①

三、多媒体条件下党报产业发展路径

多媒体条件下，内容依然为王。党报最主要的任务还是要做大做强内容，以足够的新闻底气和产业底气接纳“自外向内”进入的资本和技术，并借势发展。除此之外，党报作为传统媒体可以“自内向外”地向其他产业领域进行扩展，可以牵手新兴媒体孕育出新的产业模式和商业形态，可以向报业的上下游产业进行扩张，还可以向非媒产业进行扩张，也就是所谓的跨界发展。

（一）内容依然为王

先让我们一起来看看这样几个事件。

2013 年 8 月 5 日，美国电子商务巨头亚马逊公司首席执行官杰夫・贝佐斯以 2.5 亿美元收购《华盛顿邮报》。按照其说法，亚马逊将长期为《华盛顿邮报》

---

① 参见刘明洋《重提“媒体信任”》，《青年记者》2015 年第 24 期。

提供经济支持，以帮助这份日渐衰微的报纸找到盈利之路。

2013年4月，阿里巴巴战略投资《商业评论》。2014年3月，阿里巴巴耗资8.04亿美元，获得文化中国60%的股份，也曲线买下了文化中国旗下的《京华时报》《费加罗FIGARO》等媒体。2015年6月，阿里巴巴与上海文化广播影视集团(SMG)达成战略合作，双方宣布将以SMG旗下"第一财经传媒"为平台，全面进军数据与相关服务领域，阿里巴巴的投资额高达12亿元，强势介入到"第一财经"的重组再造中。2015年12月，阿里巴巴正式收购《南华早报》。

复星下属复星信息公司与南方报业集团合资合作成立广东21世纪出版服务公司，与成都商报合资成立上海激动传媒公司，还先后与《21世纪经济报道》《现代金报》《武汉晨报》《现代快报》《环球企业家》等进行了整体合资，与《华商报》《重庆时报》《华商晨报》《新文化报》等进行了合资。

不论是世界上还是在中国，资本注入传统媒体的脚步越走越快，而且带着很大的豪气。但我们需要意识到的是，资本只是有限的力量。传统媒体需要保持底气，保持媒体产业独有的价值，才会避免成为技术或资本的奴隶。那么，传统媒体的底气在哪儿？独有的价值是什么？毫无疑问，是内容。

另外，在多媒体条件下，不管是新兴媒体还是传统媒体都在求快求新，但内容同质化现象严重。为应对新兴媒体的冲击，作为传统媒体的报纸会探索寻求各种产业路径，而忽略了自身最具优势的内容制作。在此，我们要提及品牌经济这一概念。冯蕾音、钱天放认为，品牌经济是以品牌为核心，整合各种经济要素，带动经济整体运营的一种经济形态。它是企业经营的高级形态，也是市场经济高级阶段形态，是一种新高度的经济文明。[①] 最初报业品牌的树立靠的是什么呢？是内容。由内容所带来的品牌经济效应不可忽略。只有将内容做大做强，才会为党报的其他经济活动奠定坚实的基础。

综上所述，传统媒体，尤其是党报，应该充分利用独特的诸如人才资源方面的优势，强化内容制作。

首先，党报应改善新闻报道话语表达体系，使新闻内容更具贴近性。党报因其中国共产党各级组织机关报的性质，与其他媒体相比较，还肩负着宣传中国共产党的纲领、路线和政策的使命。在宣传报道的过程中，不应是简单地传达，应该对党的纲领、路线或者国家政策的话语进行解读以便于受众理解。同时，党报应该加强与受众的互动，对于受众所反映的难于理解之处给予更为详细的阐释。

其次，党报应制作精品内容。如果在信息发布速度和信息传递量上无法与新兴媒体竞争，那不妨在新闻深度上下功夫。对于一些可预测性新闻，比如国家

---

① 参见王成荣《品牌价值论》，中国人民大学出版社2008年版，第2页。

重大会议，要提前做好独特角度的专题策划；对于一些不可预测性新闻，比如一些重大事故的发生，除了将事实真相传递给受众外，还要深度挖掘事件发生的原因，呼吁社会各界的关注，避免此类事件的再次发生。

再次，党报应以多种方式呈现内容。通过报纸文字、图片，新闻网站、客户端、官方微博、官方微信音视频、超链接实现融合新闻报道。

总之，做大做强内容是党报产业化发展的根基，再加上技术、资本的支持，才会实现党报产业化的均衡发展。

（二）横向扩展

党报产业的横向扩展指的是，党报在多媒体条件下转型发展，与新兴媒体融合发展，从而孕育出新的产业模式和商业形态。例如，2015 年 7 月 17 日，《大众日报》手机客户端“新锐大众”正式上线，这是《大众日报》顺应媒体变革趋势，走有大众特色媒体融合之路迈出的重要一步。与“新锐大众”同时上线的，还有《大众日报》官方微博和微信公众号。以此为标志，《大众日报》形成了手机客户端、微博、微信公号三位一体的移动传播矩阵。①

1. 内容赢利

在党报拥抱新兴媒体的过程中，其内容可以被制作成适用于新闻网站电子版、手机报、官方微博、微信公共账号等不同媒介形态的产品进行多次销售，使内容增值，从而实现效益最大化。

付费墙模式。付费墙模式是针对特定在线新闻采用付费阅读的一种方式，最早开始于美国《纽约时报》，其订阅收入已超过了广告收入。据美国皮尤中心发布的《2013 年美国新闻媒体报告》透露，全美 1380 家日报中有 450 家已经或即将对电子版收费，这些报纸不仅包括像《纽约时报》这样的享有大份额市场的知名报纸，同样还有一些小型甚至微型的报纸。② 从目前业界实践成果看，付费墙模式主要包括 7 种：完全付费模式、分类付费模式、计量付费模式、计时付费模式、线上线下结合模式、预览付费模式、广告赞助模式。③ 不排除在报业未来的探索中，还会出现其他新型的付费墙模式。当然，党报要实现这种付费墙的赢利模式需要强大的内容支撑和一定的媒介环境。

数据库模式。《日本经济新闻》的一个做法是将所有新闻报道都变成数据输入数据库，当天的新闻在网站上可以看到，但到当天晚上 12 点以后，所有新闻在

---

① 《“新锐大众”客户端上线，〈大众日报〉微博、微信公号推出》，《青年记者》2015 年第 21 期。
② 参见贾金玺、马可《读者仍然需要新闻——2013 年美国新闻媒体报告》，《新闻记者》2013 年第 5 期。
③ 参见徐雅兰《付费墙模式的应用实践》，《新闻界》2012 年第 12 期。

网站上就会消失。它在网站上登出的新闻会比报纸晚一个小时。而且,不会在网站上登载全部内容,只刊登其中一部分,要想深入了解,只能进入数据库或去看报纸。同时,用类似谷歌或百度这些搜索引擎是搜不到其新闻内容的,只能去他们相应的数据库进行查找,这时其数据库就成为一个卖点。[①] 党报可尝试建设党报内容数据库。我们并非是要复制《日本经济新闻》数据库销售模式,但是建立党报内容数据库是极其必要的。所有党报内容放置在数据库之中,根据不同介质的媒体平台特点,进行内容的重新编排,实现内容的多次销售,却是一个可行性的方案。

2. 广告赢利

新媒体背景下,除了传统报业的广告收入,党报纸质媒体转型发展过程中开发的新闻网站、客户端等是新的广告盈利点。

目前报业网上广告的增长速度远远超过传统报业广告的增长速度。移动互联网第三方数据挖掘和整合营销机构艾瑞咨询 2015 年 4 月发布的《2014～2015 年中国移动广告行业研究报告》显示:在总体趋势上,中国超越英国,跃居全球第二大移动广告市场。2014 年,移动广告市场规模达 275.6 亿元,较 2013 年增长 137.38%。[②] 法国广告巨头阳狮集团旗下的实力传播集团发布的《2014 年 Q4 全球广告市场预测》认为,移动端是全球广告支出增长的引擎,预计 2014～2017 年,全球新增广告支出的 51%将来自移动广告。2014～2017 年,移动端广告将以年均 38%的速度增长。[③]

从以上数据来看,移动互联网广告还有大幅度上涨的空间。在这样的大趋势之下,党报应重视新闻客户端建设,扩大其影响力,吸引广告投放,使其成为新的广告盈利点。

(三)纵向扩展

党报产业的纵向扩展指的是,党报在多媒体条件下,引进新技术,向报业的主产业链条的上下游进行扩展。报业拓展到印刷、物流等产业早已不是什么新鲜事,在此我们主要探讨的是如何充分利用新的技术资源,优化这一产业链条,找到新路径,创造更多的经济效益。

1. 优化党报印刷产业链条

---

① 参见崔保国《地市报如何思考战略定位》,2009 年 4 月 14 日《中国新闻出版报》。

② 艾瑞咨询:《2014～2015 年中国移动广告行业研究报告》,http://www.cnad.com/html/Article/2015/0504/20150504114336282.shtml.

③ 参见实力传播《2014 年 Q4 全球广告市场预测》,http://www.digitaling.com/articles/13048.html,2014 年 12 月 9 日.

在技术高速发展的今天，党报要善于寻找、引进可利用的新技术资源，优化自身有一定基础的商业领域。例如，印刷是各个报纸都在进行的业务，如果依托新技术对这一领域进行技术上的变革，将会为党报拓展新的商业模式。

中央级党报《人民日报》在这方面做出了示范。2015 年 3 月 17 日，人民日报社印刷厂就引进数码印刷生产线与方正电子正式签署协议，成为国内首家打造喷墨数码印刷生产线的报业印刷机构。喷墨数字技术能够为报业印刷提供的，不仅仅是技术上的变革，更是商业模式的拓展与创新，如开发利用市场，创办新的服务，提供创新的、有趣的媒体产品等等，印刷社区报纸、个性化报纸、数据化报纸等也将成为可试行的商业模式……[①]

2. 优化党报物流产业链条

报纸发展物流业已经是业界较为普遍的做法。在多媒体的条件下，党报可以将物流产业链条加以优化延伸，嫁接支付系统，拓展到电子商务领域，使之成为一个盈利点。

电子商务从狭义上来讲，是指在互联网开放的网络环境下，买卖双方不谋面地进行各种商务活动、交易活动、金融活动和相关的综合服务活动，它是一种新型的商业运营模式。[②] 中国互联网信息中心 2015 年 7 月发布的《第 36 次中国互联网络发展状况统计报告》显示，截至 2015 年 6 月，我国网络购物用户规模达到 3.74 亿，较 2014 年底增加 1249 万人，半年度增长率为 3.5%。使用网上支付的用户规模达到 3.59 亿，较 2014 年底增加 5455 万人，半年度增长率为 17.9%。与 2014 年 12 月相比，我国网民使用网上支付的比例从 46.9%提升至 53.7%。与此同时，手机支付增长迅速，用户规模达到 2.76 亿，半年度增长率为 26.9%，是整体网上支付市场用户规模增长速度的 1.5 倍，网民手机支付的使用比例由 39%提升至 46.5%。[③]

通过以上分析可以看出，这一发展趋势无疑给党报依托其网站及移动客户端的电子商务营销带来契机。如果说现代人对电子商务还存在交易不安全的担忧，那么党报自身的权威和公信力恰巧可以消除这样的担忧。再加上党报广泛的覆盖范围，原有发行渠道上的物流配送，即可实现较大的盈利。

(四)外围扩展

党报产业的外围扩展指的是，除了横向扩展和纵向扩展，党报在报业外围涉

---

① 《报业印刷开启转型新路径》，《中国报业》2015 年第 7 期。

② 参见戴建中《电子商务概论》，清华大学出版社 2009 年版，第 6 页。

③ 参见中国互联网络信息中心《中国互联网络发展状况统计报告》，2015 年 7 月。

足的各种各样的产业，也就是所谓的跨界发展，其中包括扩展至文化产业领域和非文化产业领域。

1.扩展至文化产业其他领域

报业本身就是文化产业领域重要的组成部分，因此，党报参与文化产业领域的其他相关产业就具有一定的品牌优势和资源优势。例如，图书出版、会展业、电影和影视节目的制作发行、文艺创作与表演、动漫游戏软件的设计与开发等等，党报都可以尝试涉足，扩展自己的盈利范围。

以电影和影视节目的制作发行为例。党报在日常的新闻采写过程中，会接触各种各样的人物和事件，其中有一些就可以成为电影题材，比如感人事迹。党报在发现这些优秀电影题材的情况下，就可以与电影制作公司合作制作电影。

2.扩展至非文化产业领域

党报可以依托背后的报业集团进入资本市场。在这一方面，大众报业集团做了很好的尝试。根据国家新闻出版广电总局2014年12月对大众报业集团的调研显示，大众报业集团在进入资本市场方面做了许多尝试，积累了丰厚的资金反哺办报，并形成良性循环。一是股份制发展。在印刷厂建设方面实行了股份合作，两次吸收华泰集团资金近亿元；集团对半岛传媒公司实现股份制改造，两次融资4亿元，成为山东第一家完成股改的大型文化企业。二是资源资本化。对有线电视股权资本化运作，成立了山东省文化产业投资公司，引进战略投资近12亿元，使集团公司相关投资不到一年增值近一倍，山东省文化产业投资公司注册资本近16亿元，成为全省最大、全国领先的文化产业投融资平台。三是搭建资本运营平台，成立山东省文化产业投资公司、文化产权交易所、大众创业投资公司，为资本运作创造了条件，使集团公司成为全国独一无二的集文投、创投、文交所3个文化资本对接平台于一身的传媒航母。①

除此之外，房地产、旅游、教育、食品等领域，也是党报可以借助其品牌进行赢利的产业。例如，2015年5月，天津日报报业集团与食品集团开展战略合作。双方合作的内容主要是：天津食品集团将整合旗下资源，以天津日报报业集团为主要宣传媒介对外宣传报道和品牌推广；利用报业集团报刊发行站开展旗下产品直营店合作。天津日报报业集团利用宣传平台、策划设计、培训教育、市场调研等优势，为天津食品集团提供支持；利用运输物流优势为食品集团提供物流配送服务。双方就各自优势业务进行深入而广泛的产业合作。②

① 参见国家新闻出版广电总局调研组《大众报业集团改革及媒体融合发展情况调研报告》，《传媒》2015年第3期。

② 参见张立平《天津食品集团与天津日报报业集团开展战略合作》，2015年5月22日《天津日报》。

党报的一系列产业化活动会增强经营活力，增加盈利，实现效益最大化；但是在产业化发展的过程中，党报一定要注意不可盲目追求产业扩展，一定要视自身实际情况而定。

第四节 受众视角

一、多媒体条件下受众的变化

学者童清艳在《受众研究》一书中对受众概念作了一些解析：受众有固定的指向，简单说来指的是一种或多种媒体渠道，指类似渠道的内容或形式的读者、观众或听众。受众所指的对象是不断变化的，与媒体技术对媒体发展的推动密切相关，既可以指18世纪早期的小说读者群，也可以指20世纪卫星电视的用户、21世纪的网络用户。受众是社会环境的产物（一定的社会环境引发人们共同的文化爱好、理解和信息需求），同时也是特定媒体内容的产物。[①] 我们可以这样来理解，随着社会环境的改变、新兴媒体的迅速崛起和快速发展、传播手段的极大丰富，受众这一概念也不断被延伸和扩展。对于党报来说，就是读者到用户的转变。

中国互联网络信息中心（CNNIC）2015年7月发布的《第36次中国互联网络发展状况统计报告》显示：截至2015年6月，我国网民规模达6.68亿，互联网普及率为48.8%。其中，我国手机网民规模达5.94亿。我国网络新闻用户规模为5.55亿，较2014年底增加3572万，增长率为6.9%。网民中的网络新闻使用率为83.1%，比2014年底增长了3.1个百分点。其中，手机网络新闻用户规模为4.60亿，与2014年底相比增长了4420万人，增长率为10.6%，网民使用率为77.4%，相比2014年底增长2.8个百分点。网络新闻作为信息获取类的重要应用，使用率仅次于即时通信，排在第二位。从网络新闻的发展状况来看，主要呈现新闻入口多样化、内容推荐精准化的特点（见图3-3）。[②] 通过以上的数据可以看出，多媒体条件下，受众选择、受众行为及受众媒体使用发生了重大变化。

---

① 参见童清艳《受众研究》，上海交通大学出版社2013年版，第12～13页。

② 参见中国互联网络信息中心《第36次中国互联网络发展状况统计报告》，2015年7月。

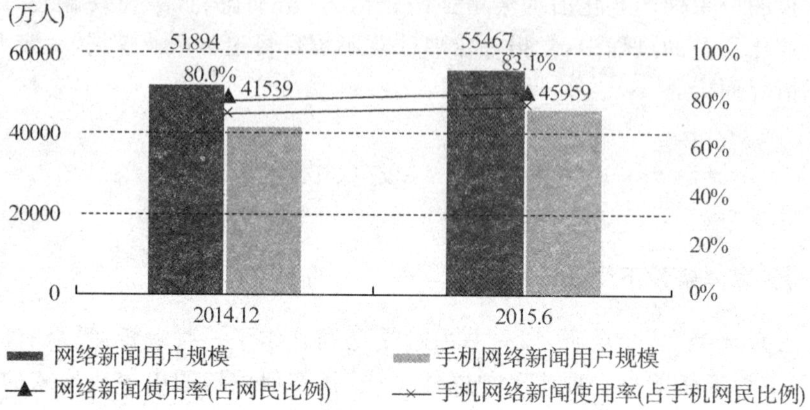

图 3-3 2014.12～2015.6 网络新闻/手机网络新闻用户规模及使用率

（一）由被动接受者变为传受一体

在传统的传播模式下，受众只能单向地、被动地接受传播者传递的信息。而在多媒体条件下，借助于各类媒介传播平台，受众改变了过去单纯的媒体接受者的角色。受众不仅可以接受媒体传递的各类信息，也可以主动传播信息成为新闻的传播者，还可以与媒体进行互动。比如，受众有自己的微博、微信、贴吧账号，事件发生后，由受众先在社交媒体平台上发布信息，传统媒体再跟进报道的众多案例，已经足以说明受众主动传播者的角色。受众也可以在多种媒体平台上发表自己对事件的看法，与媒体互动，甚至是质疑媒体。当交互性成为受众的常态活动时，受众的概念也就被赋予了这一新的特征——受众就可以被定义为，置身于传播环境中的实现信息传播的个人或群体。①

（二）由传统阅读模式变为碎片化阅读

来自《中国青年报》的一份调查表明，71％的人认为现实生活充满了焦虑。当代社会的一个突出特征便是时间不够用，信息的过剩分散了受众的注意力，他们只能随机地、浮光掠影地碎片式阅读。据美国传媒教育机构 Poynter Institute 公布的一项调查结果显示，68％的小报纸读者能够读完一整篇文章，而大报读者读完一篇文章的比例只有 59％。② 我们可以看到，对于时间不够用的焦虑心态，再加上移动媒体的发展，受众的阅读呈碎片化。这样的阅读，碰到自己感兴趣的

① 参见童清艳《受众研究》，上海交通大学出版社 2013 年版，第 206 页。

② 参见王华芬《社会转型期受众的变化对党报的影响》，《法制与社会》2007 年第 9 期。

内容,会一览而过,很难进入深度思考阶段;而对于自己不感兴趣的内容,直接跳过。阅读的过程中也会随时被移动媒体上弹出的消息吸引走。这是现在受众的阅读常态。

(三)由媒体的信息需求变为媒体多种功能依赖

以前,受众对于媒体的需求只是简单的信息需求,知晓社会生活各个领域发生的事情。而现在在媒体化生存的状况下,受众的一切都变得与媒体相关。从消费的角度讲,不仅精神文化消费可以通过媒体来实现(比如图书的阅读、影视的欣赏等),物质消费也可以通过媒体来实现(比如打出租车、网上购物等)。还有更多的交往,也可以通过媒体来实现,从点对点的聊天到点对面的聊天,一切都可以在媒体搭建起的各类平台上实现。媒体成为受众生活中不可缺少的内容。离开媒体,现代人就失去了生活的能力。这种依赖成为一种常态化的生活方式。

(四)由大众到小众

在传统的传播模式下,由专业化的记者完成新闻的写作,传播给大众。媒体要做的是尽可能吸引更多的受众来关注自己。而随着新兴媒体的迅速崛起和快速发展,大众媒体的强势地位日渐衰落。海量的信息以各种各样的形式呈现在受众面前,受众有了更多的选择,而不是像以前一样单纯地接受大众媒体传播的信息。他们筛除冗余信息,选择自己感兴趣的内容,来满足自己的个性化需求。受众在多媒体条件下的这一转变,使得个性化需求成为媒体关注的重点。

在多媒体条件下,受众由大众传播的被动接受者变为传受一体,阅读模式变为碎片化阅读,以前对于媒体简单的信息需求变为对其多种功能的依赖,受众也从"大众"分离出来成为具有个性化的受众。对于这些变化,党报在建构主体角色的过程中都应该有所考量,并且采取与之相对应的有效的受众策略。

二、党报新闻产品化

由于互联网带来传播环境及生态的变化,社交媒体快速成长,以及媒体融合的思维与行动,党报需要由读者思维转换为用户思维。用户需要在获取信息的同时,获得一种体验。这就要求党报从制作新闻作品转变为制作新闻产品。

从新闻作品转向新闻产品,意味着需要从作品创作思维转向产品制作思维。其中,创意性、综合性和多元性是三个显著的特点。[①]

① 参见刘明洋《新闻产品化的意义》,《青年记者》2015年第12期。

(一)创意性

作品是一个具有个性化、情感化、知识化的概念,更强调创作的价值;而产品是一个工业化的概念,讲求功能,讲求实效,在销售时还讲求性价比,更强调制作的价值,包括全过程中的产品研发、设计、加工、销售、服务。

就新闻生产而言,作品化导向与产品化导向有着极其明显和重要的差别。作品化导向是以创作者为主的,完成创作是重要的目的;产品化导向则是以客户为主的,满足客户需求是最重要的目标。作品的创作过程也需要创意,但这种创意带有很浓的创作者个人色彩,个人思维能力往往会决定作品的创意水平;产品的制作过程所需要的创意,则更多的是一种团队创意或组织创意,集体思维的能力决定产品的创意水平。

当"规模化""模块化""系统化"这样的概念成为新闻产品生产的常规思路时,创意性便需要由个人思维转化为团队思维。一个名记者对于媒体的作用,将会被一个团队的作用所取代。他只是制作链条上的一环,而不再是全部。

(二)综合性

新闻作为产品,就需要注重形态,注重品质,注重包装,注重营销,还需要注重必要的售后服务。在媒体融合的大潮下,借助于重大事件(如两会报道),一些媒体推出了新闻的融合产品,有的逐步形成了稳定、成熟的模式。在这种融合产品的模式下,单一作品式的传统新闻呈现方式已不存在,每个单一的作品都是新闻产品车间或"中央厨房"中的一个配件,只有进入组装线,通过整体的组合、加工、包装成为一盘色香味俱全的"大餐",才会适应阅读者的口味,才会受到关注。每一个新闻产品的制作过程都是整合各种新闻要素、新闻手段、新闻技术、新闻人才的过程,既有纵向的链条整合,也有横向的元素整合。这不是随意的堆砌,而是有主题、有框架、有逻辑甚至是照着"菜谱"来制作的。整个过程更强调分工、协作,强调综合性、一致性。

(三)多元性

新闻产品的多元性体现为三种产品形态融合的趋势,也就是内容产品、技术产品和资本产品。

内容产品是新闻产品的根本,内容过去是、现在是、将来也依然是媒体竞争的重要法宝。不过,当下的内容是一种组合式内容,同样的新闻内容因为组合方式的变化,其价值容量及价值呈现都与以往有所不同。

技术产品是新闻产品的重要支撑,在融合新闻的模式下,对于新闻制作、发布与阅读技术的选择与应用，不仅为内容的呈现提供支持，其本身就是新闻作品的构成要素，而且因为技术而形成和实现的系统化、持续化、动态化、即时化的受众参与，也与媒体人一起丰富新闻产品。

资本产品则是媒体强化与受众关系的重要黏合剂。尽管从目前来看，新闻产品中的资本产品还不突出，但从趋势上说，在未来的融合新闻产品中，资本的元素会越来越受到重视，不管是付费还是免费，我们都需要重视资本对于新闻产品制作的影响。

2014 年 9 月 8 日，《华尔街日报》推出了增值服务 WSJ Plus（WSJ＋），只有付费订阅者才能够进入。WSJ 的会员资格需要付费，而参加 WSJ＋的活动仍然需要付出费用。WSJ＋提供了线上线下四类活动：WSJ＋Talk、Offers、Experience 和 Gateway。WSJ＋Talk，一个高质量的线下论坛，云集了众多精英人士，其主要内容是订阅者可以参加线下的访谈，与嘉宾做交流，谈论从商业、财经到艺术和生活方式的各类话题；Offers，致力于推荐各类高质量的生活方式，与其他品牌共同进行营销推广；Experience，主要是组织线下的休闲活动，为有共同爱好的人营造社交机会，这类活动大多是新产品、新服务的体验活动，要根据活动的情况收取较高的费用；Gateway，提供抽奖的机会，奖品是豪华的休闲之旅。[①] 从这款增值服务产品我们可以看到，《华尔街日报》站在用户的角度设置了较多休闲娱乐性质的活动，满足用户的需求，并使其获得自身的身份认同，这就能长期让受众感知到媒体的存在，能长期跟媒体保持一种联系。

三、注重用户体验

用户体验最早来源于 IT 领域里用户和人机界面的交互过程。在互联网条件下，注重用户体验是关键，党报媒体的发展也不例外。党报在其新闻网站、新闻客户端、微博、微信的开发与运营中应注重用户体验。用户在使用这些媒体平台时的感受好，那么用户体验就好；感受不好，那么用户体验就差。党报新闻网站、新闻客户端、微博、微信公众号的用户体验体现在多个方面。比如说视觉体验、功能体验、互动体验、情感体验等等。

（一）视觉体验

视觉体验是用户在使用党报新媒体平台时的第一个感受。色彩搭配、字体字号、图文以及广告的摆放等都会对用户的视觉体验造成影响。作为党报新媒

---

① 参见《华尔街日报：从提供新闻到提供生活方式》，微传媒，http://www.aiweibang.com/yuedu/39656504.html.

体平台的新闻网站、微博、微信公共账号，应该从界面设计上进行统一的视觉设计，给用户留下综合的印象。

首先，在新媒体平台上，党报需要放置品牌标识，这些品牌标识本身自带颜色，应该注意的是，在党报新闻网站和微博的网页版的底色设置上不应与党报标识的颜色有冲突。在栏目的标识设计上也应注意与整体色调的搭配。整体效果应简洁大方，突出个性。

其次，各个栏目名称的字体字号、新闻报道的字体字号等都需要经过专业视觉设计人员根据不同新媒体平台的特点进行设计。新媒体平台不同于纸质媒体，在新媒体平台上发布的新闻内容，除了在新闻标题上可以作突出显示，也可以通过不同字体或者加粗的方式对新闻中的重点内容进行重点区分，以方便读者的快速阅读。

最后，在新媒体平台上，应注意图片的数量以及大小。例如，党报微信公众号上的发布的新闻可以根据内容插入相应的图片。在新闻网站以及新闻客户端的首页可以实现新闻图片的滚动呈现。图文以及广告的摆放不宜杂乱，应根据各个新媒体平台的特点进行区划规整。

（二）功能体验

功能体验是指用户在使用党报新媒体平台时是否便利、操作效率的高低以及对于其所实现的功能的感受。好的功能体验会让用户对党报新媒体平台形成使用依赖。

首先，党报新媒体平台应该确保用户在使用时方便快捷。这些平台上的任务应简单、易操作，移动媒体上的关键功能按钮应通过放置位置或者形象化的标识进行突出处理。用户可以不用通过长时间的探索就可熟悉该平台的操作要领，提高用户的操作效率。

其次，党报新媒体平台应该满足用户阅读新闻的功能体验。新媒体平台要让用户可以快速找到自己想要了解的新闻。例如：党报新闻网站以及新闻客户端上应设置“新闻搜索”检索框，用户可以通过关键词进行搜索新闻；新媒体平台上栏目也要进行清晰的区分，用户可以在感兴趣的栏目下进行新闻阅读。

最后，党报新媒体平台可以拓展除提供新闻之外的功能，以使用户获得更好的功能体验。例如：党报新闻客户端可以为用户设置问答专区，对于用户提出的合理问题进行解答；可以向用户提供天气预报、交通路况等信息的推送；还可以在这一平台上实现医院挂号、缴水电费等外围服务。

(三)互动体验

多媒体条件下,社会化媒体层出不穷。用户更愿意在社会化媒体上发表观点,实现与他人的互动。在这样的背景下,党报建设新媒体平台,就不是把纸质媒体上的内容搬上来,而是在新媒体平台上实现与用户的互动。这种互动不是党报媒体人员与用户的互动,而是党报新媒体上拟人化形象与用户的互动。

首先,党报应树立新媒体拟人化形象。这一拟人化形象的确立需要对党报的形象进行挖掘,应该与党报的形象相对接。当这一拟人化形象与用户进行互动时,要让用户感受到就是在与一个真真实实的人在交流,使得用户能够联想到党报的形象,获得较好的互动体验。

其次,党报新媒体形象不可成为一个"假人"。党报新媒体形象可以根据党报名称设置一个名字。但是在新媒体平台上发布信息时,仅仅加上新媒体形象的名字并不意味着拟人化传播的成功,这个形象要成为一个真真实实的人的存在。他有性格,有自己的话语风格,会与用户聊天,或者发表自己的观点。

再次,党报新媒体形象不能出现人格分裂。新媒体平台上信息的发布以及与用户的互动都是由党报媒体工作人员来完成,极易出现的问题是党报媒体工作人员有时可能会以自己的人格代替新媒体形象的人格,发表自己的观点。这样,新媒体形象有时是自己,有时是媒体工作人员,造成新媒体形象的人格分裂。这就对用户的互动体验产生影响。

最后,党报新媒体形象应及时发声。对于用户提出的问题或者不同看法,要及时给予回应以及解答。试想一下,如果用户提出了自己的问题,党报新闻客户端迟迟不予以回应,用户的互动体验从何谈起?要让受众感受到自己存在的价值,是党报新媒体平台应重视的。

(四)情感体验

随着当今社会各领域的快速发展,人们生活节奏加快,不免会产生焦虑的心态。党报在做好传递信息的基本功能外,还应走进用户内心,进行一些知识的普及以及人情化的表达,让用户获得好的情感体验。

首先,党报新媒体平台可以关注用户的日常生活,走进用户的日常生活。例如,《大众日报》在其新闻客户端"新锐大众"上设置有"生活"这一栏目。在这一栏目下,除了发布一些健康要闻,也会进行一些身体以及心理方面健康知识的普及。这些信息的发布,会让用户感受到党报站在用户的视角提供服务,获得较好的情感体验。

其次,党报新媒体平台可以进行人情化的表达。例如,在党报微博平台上设置常规性的人情化表达的话题栏目，在用户起床到上班路上的时间段发布一些具有鼓舞、励志性质的内容，激励用户开始美好的一天；在二十四节气、重要节日发布节日祝福语等；在用户睡觉前的时间段主要发布一些治愈系的美文、暖文以及舒缓的音乐，陪伴用户入睡。

用户的视觉体验、功能体验、互动体验以及情感体验是党报在新媒体平台的建设中需要重点考虑的。在党报新媒体平台的开发前期，应注意用户体验的收集与改进。通过设立用户体验小组及时反映可改进的地方；在新媒体平台的运营过程中，注意进行日常维护，也应关注媒体技术前沿，及时融入新的媒体技术，升级党报新媒体平台。

四、用户参与党报内容生产

在多媒体条件下，互动共享是关键，党报应该给受众留出空间，采取 UGC，也就是用户创造内容的方式制作新闻产品。通过设置受众内容分享平台和受众内容评价渠道，调动受众参与的积极性，生产出满足受众需求的内容。

（一）设置受众内容分享平台

众所周知，在新兴媒体未兴起以前，热线电话是受众可以向党报提供新闻线索的一个重要渠道。随着新兴媒体的发展，受众有更多的渠道可以发布自己的声音。例如，有受众碰到一个可报道的事件，那么他的第一反应可能已经不再是拨打媒体的热线，而是拿出手机拍照，然后发微博或者微信朋友圈，受众自身就成为一个媒体。那么，如何才能引导受众主动为党报提供新闻线索呢？

党报可以在其新闻客户端、官方微博和微信公众号上设置受众内容分享平台。在这一平台上，受众可以将自己看到的事件、对社会各个领域的想法发布上来，媒体记者从这些受众提供的线索中创作新闻产品。党报也可以依托新媒体平台设置相关的议题，让读者提出自己对这一议题的想法，收集读者的建议进行写作，实现受众参与党报内容的生产。在可行的情况下，党报可以通过这一平台对参与的受众提供一些奖励，以吸引更多的受众参与。

例如，2015 年春季，《明尼阿波利斯明星论坛报》开始一个名为“Minnessentials”的项目。该报旨在探索明尼苏达的传统。工作人员每期都征集读者意见，而不是简单地撰写报道。编辑呼吁读者采取行动，询问《明星论坛报》需要报道怎样的新闻。接着，编辑使用读者提供的建议，寻找特定案例，邀请读者通过 Twitter 交流想法。到目前为止，“Minnessentials”已经逐渐告别为读者提供现成新闻的传统，将互动变为现实。[①] 在国内，我们可以看到《大众日报》手机客户端也积极引导受众的参与内容的生产。受众可以在这个平台上进行问政以及爆料，也可以在客户端的专区上传自己关注的议题内容，与其他用户一起进行探讨，《大众日报》记者可以根据这些议题进行采访写稿，在手机客户端以及纸质媒体上进行刊登。另外，《大众日报》手机客户端有系列鼓励受众参与的激励方法。比如，定期评选“大众金点子”，对于提供的议题被采纳的受众予以奖励；建立用户积分制度，受众的参与可以为自己积分，这些积分可以换取活动，也可以享受更高质量的内容服务。[②]

（二）设置受众内容评价渠道

在新媒体还未兴起的环境下，受众对党报的反馈往往通过读者来信等渠道，而这样无法实现受众对党报的实时反馈，有一定的滞后性。当今新兴媒体为实时反馈提供了条件。

党报可以在其新闻客户端、官方微博和微信公众号上设置受众内容评价渠道，对于已生产出的新闻，受众可以表达自己的观点。这样党报就可以精准地了解到受众最喜欢哪种题材的新闻，对哪篇新闻存在争议，以便实时对争议性新闻进行进一步的解读。

例如，2015 年 6 月 1 日，一款名叫“网易热”的产品正式上线。这款带有社交属性的内容聚合产品，其核心理念与 Reddit 相似，即在内容排序和筛选机制上主张“用户决定热度”，也就是说将“谁是头条”的决定权完全交给了大众。一条内容的热度受两个关键性因素影响，即用户对该内容的净支持量与该内容的时效性。用户还可以通过“最新”“最具争议”“评论最多”三种方式进行内容浏览。其中，“最具争议”内容，同样由用户的“顶”“踩”数及发布时间共同决定，其“顶”“踩”数越大且越接近的内容将得到更高排序。让用户可以正式、平等地表达“不喜欢”的“态度”。[③] 对于党报来说，可在其手机客户端上实现“让用户决定热度”，头条交给受众来推选。同时，对于受众评价最多的新闻，对这些评价进行分析，对于具有争议性的新闻内容，要及时给出回复，进行合理的解释。

---

① 参见[美]Dena Levitz 著，文敏编译《新闻报道真的可以让读者决定?》，http://toutiao.com/a4556887807/.

② 参见李海燕、王冰《权威、价值、品质——大众日报手机客户端的创办思路》，《青年记者》2015 年第 6 期。

③ 杨雪丹：《让用户决定头条是哪个，网易社会化内容的新尝试》，钛媒体，http://www.tmtpost.com/1019246.html.

五、受众个性化服务

在新媒体技术迅速发展的今天,“受众定制”已经是一个经常被提及的概念。党报应该充分利用数据分析技术对受众进行精确的定位,了解受众的个性化需求,从而提供精准化的服务。

国外一些媒体在受众个性化服务方面进行了很好的尝试。《日本经济新闻》面向付费会员提供个性化定制服务。日经电子版专门针对付费用户的“My News”服务,能够依照个人设定,将连载专栏、用户感兴趣的话题和报道打包推送给用户。用户可以在PC端、平板电脑、智能手机等不同设备上获得最佳的阅读体验。以日经电子版的连载专栏为例,通过“追踪”(follow)功能的设置订阅,付费用户可以在“My News”中集中阅读并接收更新通知。[①] 我国党报可以借鉴这样的方式,为受众提供个性化的服务。

(一)根据不同受众的偏好进行精准服务

不同年龄、不同性别、不同学历、不同工作、不同地域的受众有不同的阅读偏好。党报应该利用大数据技术对受众群体进行分析,根据受众的不同特点提供精准的服务。

以不同年龄段的受众为例。腾讯网·企鹅智酷与清华大学新闻与传播学院新媒体研究中心联合发布的《众媒时代:2015中国新媒体发展趋势报告》显示:40岁及以上用户依然关注传统媒体渠道和表达形式,同时对新媒体的内容持尝试和接受态度;20~39岁用户更多被潮流引导前行,对多种媒体新形式有所关注和好奇,愿意尝试;19岁及以下用户主动拥抱变化,期望更个性化的媒体呈现,热衷社交传播分享,拒绝“严肃”。轻松娱乐类、图片视频类、明星综艺类最受19岁及以下用户欢迎,比例为26.6%、20.5%、16.9%;20~39岁用户在社会调查类与产业经济类新闻方面阅读兴趣比其他群体高,比例为27.5%、12.2%;40岁及以上用户最愿意阅读时政类和生活服务类新闻,比例分别为44.1%、41.9%。[②] 有了这些详尽的数据分析。党报就可以根据不同年龄段受众的喜好推送新闻或者设置相关的栏目有针对性地提供信息服务。

以不同地域的受众为例。根据新闻的接近性原则,受众会较多地关注发生在身边的新闻。那么,党报应该根据受众的地域进行新闻栏目的设置和新闻推

① 参见李杰琼《〈日本经济新闻〉电子版的数据化升级与个性化信息服务》,《中国记者》2015年第7期。

② 参见腾讯网·企鹅智酷与清华大学新闻与传播学院新媒体研究中心《众媒时代:2015中国新媒体发展趋势报告》。

送。例如，中央级党报可对不同省的受众群体设置本省的新闻栏目，省级党报可对不同地市的受众群体设置本地市的新闻栏目。

（二）根据受众上网时段进行精准服务

新兴媒体，尤其是移动媒体的发展，大大改变了受众的阅读习惯。这种环境下的受众可以说是利用碎片化的时间进行碎片化的阅读。工作或者学习空闲时间、等公交乘公交的时候、午休晚睡以前都成为受众的阅读场所或者阅读时间。党报新闻客户端或者微信公众号在进行新闻推送的时候，可以对受众上网时间段进行分析，占领用户的碎片化时间。

例如，根据腾讯网・企鹅智库与清华大学新闻与传播学院新媒体研究中心的研究表明，晚上 18 点到 24 点，是移动用户的主要使用时间，有超过半数的用户会在这一期间使用移动设备。[①] 那么，党报可以根据这样的时间定位，进行新闻信息的精准推送，受众对新闻阅读的可能性会增大。

（三）根据受众的个性需求进行受众定制

以上两点，我们都是基于党报的新媒体平台进行的精准化服务。那么，党报纸媒如何实现受众的精准化服务呢？我们想一个可行性的方案是，根据受众的个性化需求进行受众定制报纸。

新兴媒体具备种种好处，而纸质媒体也具有自己的优势。比如，它的易保存性。有部分受众对纸质媒体有独特的情怀。党报可以根据受众的需求，为受众生产独一无二的报纸，以方便受众珍藏。比如，为一些抗战老兵在抗战纪念日定制个人专属报纸等等。当然，受众个性化定制服务的实现还需要先进印刷技术的支持。

---

① 参见腾讯网・企鹅智酷与清华大学新闻与传播学院新媒体研究中心《众媒时代：2015 中国新媒体发展趋势报告》。

第四章 党报主体角色建构的“三大工程”

第一节 打造能力工程，提升党报传播力

一、丰富内容，解决好传播什么的问题

（一）传播内容决定传播价值

1. 多媒体条件下的信息传播结构变化与内容结构调整

党报发展所面临的多媒体条件是技术革命、社会发展变迁与党报自身历史和时代使命相结合的新闻传播业态。多媒体条件的产生和发展，一方面推动着传播技术革命向更深层次发展，另一方面也从根本上推动着社会系统净化革新，改变着媒介自身生态和媒介与社会、组织、个人的复杂关系。

在多媒体条件下，信息传播结构变化和内容结构调整深刻地影响传播内容的采集、处理、加工、发行诸环节。

在信息结构方面，信息的呈现方式，由单一性、整体化呈现向碎片化、散珠化转变；在信息生产方式方面，由随机性、个体性生产向组织性、规模化生产转变；在信息传播方式方面，由传统的媒体传播向自媒体、全媒体传播转变；病毒式传播、爆炸式增长，信息传播的不完整性与变异性，以及对群体情绪的感染性呈现放大趋势。

内容结构方面，一方面，多媒体条件下技术手段和传播方式的革新使受众不再受限于对信息真实性的判断和实效性的需求，取而代之的是新技术和新呈现方式下，对不同接受能力的受众而言信息的可读性和悦读性；另一方面，多媒体条件下的传播内容结构由信息和观点齐头并进转向信息、观点、娱乐三足鼎立。非理性的媒介技术哲学催生出强大的娱乐需求和媒介消费产业。游戏性和娱乐

性成为媒体重要且不可或缺的社会职能。

2.结构调整带来的机遇和挑战

根据报业研究者陈国权的观点,改革开放以来党报先后经历了行业报、晚报和都市报三轮冲击。[①] 与以往来自行业内的冲击不同,多媒体条件给党报带来的冲击主要来自技术和理念层面,在党报传播内容的选择和制造层面主要表现为四个方面的机遇和挑战。

(1)结构调整带来了党报主流价值观传播的机遇和挑战。随着全球化的持续深入和世界普遍交往的不断加强,社会交往、表达、认知和行为日益媒体化,多媒体条件进一步催生了社会多元价值观的出现。对党报而言,因应多媒体条件下传受关系改变带来的传播力变革,优化传播内容和转变表达方式是党报传播主流价值观的重大机遇。与此同时,党报本身所具有的严肃性、权威性又在一定程度上会造成党报受众心理认知程式化,阻碍党报与受众的亲密接触。此外,被引入党报表达体系的新媒体平台往往缺乏传统把关人监管,表达风格上也极易出现与本体大相径庭的语言和表达方式。这都在一定程度上给党报主流价值观传播带来挑战。

(2)机构调整带来了党报主流话语权掌控的机遇和挑战。多媒体条件的出现为党报掌控主流话语权提供了新工具,规划了新人群,开辟了新战场,与此同时,党报能否充分利用多媒体条件的优势,改变自身形象,通过内容调整和表达方式的亲近性吸引受众,获得公信,是摆在党报面前的一大挑战。

(3)结构调整带来了党报国家传播力构建的机遇和挑战。党报在对外传播中的重要使命是作为官方权威媒体对外发布信息,表达观点,交流互动。信息结构和内容结构的调整,要求党报在对外构建国家传播力的过程中因地制宜、因势利导,用世界语言讲好中国故事。

(4)结构调整带来了党报新叙事风格探索的机遇和挑战。信息传播和交流的实质是人际传播中信息、符号、意义的编码和解码过程。多媒体条件下信息结构变化和内容结构调整,一方面带来了解码难度的增大,另一方面也为拥有强大组织、人才优势和专业化运作能力的党报提供了新机遇。在此过程中,党报应努力探索新叙事风格,通过走基层、转作风、改文风等实践活动,摸索建立适合主流受众的自身表达系统。

---

① 参见陈国权《报业转型新战略》,新华出版社 2014 年版,第 201～203 页。

（二）内容再造

1. 媒介融合

多媒体条件带来的信息结构变化和内容结构调整要求党报加快推进媒介融合进程，推动传统媒体和新兴媒体融合发展。唯有如此，才能在新形势下实现内容精准定位、信息扩容增量和传播有效到达。

在媒介融合的过程中，应在三方面设置目标和工作主线：一是促进媒体业态融合，促进报业融合，推动报网台电优势互补、一体发展。二是促进内容制作模式融合发展，在媒体产品内容制作、采编流程、技术应用、呈现方式、发行渠道上谋求融合发展，建立媒体产品制作“中央厨房”。三是促进组织和资本融合，谋求管理创新，打造形态多样、手段先进、具有竞争力的新型主流媒体或媒体集团。

在媒介融合和内容再造的过程中要注意以下问题：一是注意整合新闻媒体资源，培养全媒体、全平台、全天候的发展思路，推动传统媒体和新兴媒体融合发展。二是遵循新闻传播规律、新兴媒体发展规律和信息市场规律，强化互联网思维，坚持正确方向和舆论导向。三是要将技术建设和内容建设同等重视，积极运用大数据、云计算等新技术手段，探索内容呈现和传播的新媒体形态，优化信息服务和内容制作流程。四是要在内容、渠道、平台、经营、管理等方面同时发力，深度融合，确保方向正确，避免出现形式融合精神不合、片面融合整体不合、短期融合长效不合、政治融合运行不合的伪融合。

2. 资源整合

对多媒体条件下党报提升传播力而言，资源整合是和媒介融合一样举足轻重又迫在眉睫的战略任务。当前，党报和党报集团内部还普遍存在着资源闲置和浪费的问题，整合党报资源、发挥资源优势、挖掘潜能增量是党报因应多媒体条件创新传播内容提升传播能力的重要举措。

（1）要梳理内外资源，建立党报资源数据库。对党报和党报集团系统内外部资源进行排查梳理，分类建立资源数据库。对内而言，可以明确资源优势，发挥资源增量，促进资源合理高效利用；对外而言，可以明确合作重点，建立公共关系网络，培养“意见领袖”，将资源优势转化为竞争优势、市场优势。

（2）要盘活内容资源，打通内容输出关节点。多媒体条件的冲击使当前媒体数量相对过剩的竞争日趋激烈，内容资源的稀缺成为制约很多媒体生存发展的重要因素。要发挥党报在理论研究、权威发布、重大事件策划、业务规范化流程、采编人才培养等内容制作方面的优势资源，突出思想深度，创新报道模式，优化版面配置，改变表现形式，升级传播方式，开放沟通渠道，努力找到多媒体条件下党报传统内容资源对外输出的关节点和发力点，盘活内容资源，突破主体创新。

(3)要整合组织资源,构建减量增效新常态。党报在我国舆论宣传话语体系中占有重要地位,在组织资源方面也存在巨大优势和改进空间。针对党报组织内部机构庞杂、人员配置不合理、资金分配不科学、资源浪费和闲置严重等问题,必须加强组织机构资源整合,精兵简政,在人才管理、制度创新、经费使用、资产监管等方面减量增效,确保精品内容制作在党报发展战略中占有科学比例,合理分配资源,激发资源潜力,减少资源浪费和闲置,以资源整合推动内容再造。

在资源整合方面的一个典型案例是上海报业集团的成立。2013 年 10 月 28 日,经中共上海市委批准,原解放日报报业集团和文汇新民联合报业集团整合重组为上海报业集团,实现强强联合。这次由上海市官方主导的报业整合顺应了传统媒体与新媒体融合发展的大趋势,被认为是应对多媒体挑战、挽救传统媒体颓势的重大举措。学者李良荣认为,“上海报业的调整与改革,不仅仅是通常意义上讲的报业转型,而是上海决策层从战略利益出发,经过精心考量的顶层设计”[①]。合并成立的上海报业集团不仅在很大程度上实现了报业资源整合应用,而且迅速为两报的新媒体发展开拓了新思路。在此之前,虽然“解放”和“文新”两大集团都在新媒体化上做了许多尝试,但由于缺乏整体筹划,并未取得很好的效果。[②] 整合后的上海报业集团统筹各方优势,于 2014 年 7 月推出新媒体产品“澎湃新闻”,提出“专注时政与思想的互联网平台”的产品口号,截至 2015 年 11 月,澎湃新闻客户端仅在 360 手机助手的下载量就突破 118 万次,远超大多数省级党报的发行量。

3. 产品定制

在做好媒介融合和资源整合的基础上,党报谋求优化传播内容、提升传播能力,必须制定符合报纸特点和目标定位的产品定制战略。这是党报在多媒体条件下优化传播内容的制胜关键也是难点所在。

(1)新闻产品定制。媒体的主业是新闻,党报的优势地位也集中表现在新闻生产和发行诸环节中。面对多媒体条件下新媒体的冲击,党报应牢牢把握新闻主业,坚守主战场。所谓媒体融合,是传统媒体和新兴媒体融合发展。二者各有侧重,互为补充,协调一致。失其一便不能称之为融合。在新形势下,应着力探索新闻产品生产定制的新模式,在呈现方式、技术应用、受众细分、产品特色等方面下工夫,探索有本报特色、符合受众需求、适应新技术手段、顺应媒体发展要求的新闻定制产品。

---

① 李良荣:《解读集团合并:上海报业的机遇与责任》,2013 年 10 月 28 日《解放日报》。

② 参见强荧、焦雨虹主编《上海传媒发展报告(2014)——主流媒体:公信力·传播力·影响力》,社会科学文献出版社 2014 年版,第 22~27 页。

在坚守新闻主业方面,《北京日报》建党九十周年专题报道有一定的可取之处。2011 年 6 月 29 日,《北京日报》在头版发布长篇通讯《时代的先锋》;5 月 27 日至 7 月 7 日刊登系列报道《踏访先锋足迹》;2 月 15 日至 6 月 28 日刊登系列报道《历程》,品牌专栏"理论周刊"发表中央军委原副主席迟浩田《应公正地评价袁国平同志的革命业绩》、中央党史研究室研究员李海文《党内高层回忆录热是怎样兴起的》、当代中国研究所所长程中原《张闻天在中共党史上的十大贡献》、陕西人民出版社编辑部主任刘景巍《实事求是原则与〈高岗传〉》等文,既弘扬党报政治性、指导性、权威性,又发挥纸媒深度见长、能帮助读者筛选信息等优势,取得了很好的传播效果。[①]

在新闻产品定制方面,很多党报集团推出了自己的手机客户端。《大众日报》在设计手机客户端的过程中,确立"大树"思维,将客户端作为报业未来发展的一棵大树,植根于受众的土地之上。与单纯复制报纸内容不同,大众日报手机客户端将综合性新闻板块作为客户端大树的主干,行业版和地方版等细分板块作为枝干,稿件、图片、音像制品构成花朵枝叶,立足用户、突出特色、面向高端,层次清晰,结构合理。

(2)信息服务定制。党报的一大资源优势即其作为党的执行部门掌握着丰富的信息资源和庞大的公共关系网络。将信息资源转化为内容资源、产品资源是党报提升传播力的重大战略机遇。信息服务定制可以从纵横两个方向入手:在纵向上,向党报周边形态扩展,如地铁报、社区报、专业报等。《齐鲁晚报》推出的"齐鲁壹点"APP,同时拥有评论互动、地方频道、制作专题、推送信息、数字报等基本功能,之后还将增加挂号、公交及时查询、快递查询、交通违章查询等便民实用功能[②],这种注重用户需求的信息服务定制,对于构建良性的传受互动关系无疑具有重要意义。在横向上,向受众周边需求扩展,如《人民日报》成立环球舆情调查中心,专业从事舆情调查和监测,提供市场服务。

(3)周边产品定制。当今时代是媒介消费的时代。媒介消费的主要特点即是人们的精神消费媒介化,物质消费平台化。在媒介消费过程中引入周边产品定制服务是党报优化传播内容实施差异化战略的重要着力点和打造媒介消费平台的积极探索。通过资源整合,党报应在明确自身资源优势的基础上,依托资本优势、公共关系网络、公信力背书等资源基础合理设计周边定制产品,同时利用党报受众资源丰富的特点,开辟市场,发展用户,推广产品。通过周边产品定制,

---

① 参见闫永栋《唱响时代最强音——十四大以来〈求是〉杂志编辑思想研究》,人民日报出版社 2014 年版,第 238～239 页。

② 参见马凯《融合时代媒体的社会责任》,《青年记者》2015 年第 27 期。

一方面可以实现资源增量利用，为党报生存发展提供全新机遇；另一方面也可以进一步提升党报整体传播能力，打造全媒体传播平台。当前，一些党报将资本优势投入市场，参与金融资本市场，开发自身文化产品，投资文化创意产业等周边产业，利用发行团队进军物流产业，投资房地产、旅游、酒店餐饮等实体经济，甚至开网店、卖产品等，都是进行周边产品定制的多种尝试。

产品定制与受众定位、党报自身定位紧密相连，是党报能力工程中优化传播内容的重要环节，在实施过程中还要注意两方面的问题：

一是要层次递进，条理清晰。多媒体条件的首要特点是多元——价值多元、受众多元、渠道多元、内容多元、技术多元、效果多元。面对复杂的多元环境，党报应对多媒体条件需要引入产品定制思路来优化传播内容。在产品定制的过程中，需要注意产品的层次化和条理性，把握好党报优势和受众需求两个维度，设计时间和空间层次鲜明、线路清晰的实施路线图。围绕主线发展优势，避免东拼西凑，到头来一事无成。

二是要分清主次，合理有序。党报的主战场是报纸，主业是报业。这是报纸尤其是负有意识形态和舆论引导责任的党报永不更变的使命和党性要求。报纸的形态可以变，报业的赢利模式可以变，但党报的主体角色不能变。“作为报业集团，要‘坚定不移干报业，风吹浪打不动摇’。报业如果不坚守好自己的阵地，就会失去自己的容身之地。”[①]一些地方党报，在市场经济的冲击下，不能正确认识党报经营困难的症结所在，一味归咎于多媒体环境的冲击，不思提升能力、改造自我、优化升级，反而将主要精力放在卖房卖车、卖大米、卖酱油上，更有甚者，专营新闻敲诈勒索、以公肥私、因私废公，既有损于党报主流严肃大报的形象，也给党的公信力和影响力带来伤害。

二、优化过程，解决好如何传播的问题

构建健康完整、渠道通畅、方式灵活、沟通有效的传播过程，是党报在多媒体环境下构建主流话语权、提升主流传播力的重要举措。应从传播主体、传播渠道、传播方式、传播对象四方面入手，用好传播内容，做好传播过程控制和优化。

（一）传播主体优化

1. 观念创新

多媒体条件给党报带来的影响和冲击是多方面的，价值多元、受众分化、技术更新、产品升级都要求作为传播主体的党报在观念上顺应潮流，推陈出新。

---

① 傅绍万：《三个维度看报网》，《青年记者》2013 年第 13 期。

(1)要有全局观念。多媒体时代的技术革新和应用普及,造就了全民记者和自媒体平台的飞速成长。新传媒形势下的"蝴蝶效应"更加明显和快速,具有传播价值的信息借助多媒体平台可以实现病毒式传播达到难以预期的后果。因此,在多媒体条件下,作为传播主体的党报从业者更需树立全局观念,坚守媒体责任,把好自身思想关和媒体传播关。

(2)要有全媒体观念。多媒体条件下的媒体竞争是全媒体、全方位、全天候的竞争。作为传播主体必须转变传统观念,在牢牢把握传统报纸主阵地的同时,树立全媒体观念,积极开疆拓土,运用新媒体技术和传播手段扩大传播面和辐射人群。

(3)要有全产业观念。竞争孕育机遇,机遇孕育成功。面对多媒体条件下的媒体竞争,党报管理者和经营者要树立全产业观念,做强主业,做好副业,做大产业,培养市场意识和用户思维,正确处理新闻事业与媒体产业的关系,通过开拓上下游产业,完善报业产业链,提升传播能力。

2. 团队打造

(1)打造管理经营团队。一方面要着力构建多媒体条件下锐意革新、把握事实、观念创新、行动有效的党报管理团队,推动党报管理走向科学化、现代化、市场化,做好媒介融合和新媒体发展的战略规划,做好顶层设计;另一方面要打造适应多媒体发展要求、熟悉多媒体时代特征的专业化经营团队,合理利用多媒体条件,善于把握新闻价值规律和市场规律,解决党报经营问题,解除后顾之忧。

(2)打造人才明星团队。一方面要努力培养适应多媒体传播语境和叙事风格的采编人才,把握多媒体条件下的受众心理、阅读兴趣、传播规律、互动机制,从而生产出针对性强、及时性强、可读性强、互动性强的传播内容;另一方面要努力打造明星团队,打造多媒体时代属于党报自己的明星记者、明星编辑、明星总编辑,变借势传播为造势传播,将名人效应升级为品牌效应,谋求长时效、深层次、宽领域的整合立体传播。

(3)打造高端智库团队。一方面要培养媒体内部业务性人才向研究性人才转变,推动内部学习研究,为传媒业自身发展提供思路;另一方面要依托党报公共关系网络建立相关领域专家智库团队,变资源优势为产业优势,以党报公信力为背书,建设咨询服务平台。

3. 科学管理

多媒体条件给党报管理体系创新提出了全新课题。在多媒体条件下,技术上升为与内容、渠道同样重要的党报发展核心要素。为应对新媒体技术和互联网信息传播技术的要求,党报管理体系必须由传统的行政事业单位集权管理体系向现代化信息科技企业管理体系转变。在转变的过程中,既要尽快转变观念、确立思路，也要从速优化团队、引进人才，不仅要有制度保障、资金支持，而且需要科学管理、灵活创新。

（二）传播渠道优化

1. 树立渠道创新观念

多媒体条件给新闻传播业带来的最显著变化就是“平台”取代“媒体”，传统意义上公告栏式的媒体功能被自媒体的交互传播取代。信息供给不再是传统媒体的特权。从门户网站、电子报到客户端、APP 的发展，大众传播媒介日益走向小众化、分众化的精细传播，以“朋友圈”为代表的网络新人际传播成为传播过程的主流。在这种形势下，党报要提升传播能力，必须树立渠道创新观念，重新发现渠道的价值和意义，重新定位媒体功能和角色。

2. 掌握舆论引导线下、线上两个主战场

要掌握线下主战场，就要充分发挥传统媒体优势，按照新闻传播规律和社会价值规律组织报道，引导舆论，发挥党报作为党、政府和人民喉舌的功能，努力传播社会主流意识形态与主流价值观，坚守专业底线，维护媒体公信力，影响较广泛受众群。

要掌握线上主战场，就要掌握新媒体传播话语体系，熟悉互联网传播规律和多媒体环境，增强信息安全意识和互联网信息安全防护能力，开辟线上意识形态宣传和舆论引导主阵地，丰富形式，打造品牌，弘扬主旋律，传播正能量，做到“守土有责，守土负责，守土尽责”。

3. 善用互联网思维

所谓互联网思维，即必须“适应新兴媒体及时和海量传播、平等和互动交流的特点，改变单向传播，受众被动接受的方式，注重用户体验，满足多样化和个性化的信息需求”①。互动、开放、共享是互联网思维的“标配”，也是多媒体条件下党报优化传播渠道、提升传播能力的战略思维。

互联网＋新媒体，立足互动。多媒体条件给传播渠道带来的最大变化即是新媒体平台和自媒体传播的快速成长。从微博横空出世到微信横扫江湖，互联网思维催动新媒体发展，也给党报传播渠道优化带来机遇和挑战。因应新媒体化平台的发展和自媒体传播的快速成长，党报需要尽快在新媒体世界占有自己的一席之地。因此，既要努力构建自身新媒体平台，将传统媒体优势转化为新媒体渠道竞争优势，占据主导权；又要积极发挥自媒体平台作用，鼓励党报工作者

① 《实践中的马克思主义新闻观——新闻报道经典案例评析》编写组编著：《实践中的马克思主义新闻观——新闻报道经典案例评析》，高等教育出版社 2015 年版，第 346 页。

构建自己的自媒体传播平台，形成互联网传播矩阵；还要善于借用已有新媒体平台，招兵买马为我所用，谋求投入产出的最佳比例。

互联网＋大数据，立足开放。互联网是一个既开放又封闭的系统。开放性在于互联互通全球共享，封闭性则在于技术壁垒和线上信息想象的抽象性。新形势下，党报提升传播能力，要善于运用互联网的开放性特征，抢抓大数据等互联网新兴信息技术手段应用带来的时间红利，主动运用新技术手段和思维方式定位策略、分析受众、制作产品、沟通互动。

互联网＋数据库，立足共享。多媒体时代带来信息的爆炸式增长和信息总量的海量性，如何处理和应用纷繁复杂的信息资源，是信息化社会每个信息接受者都要解决的问题，也是党报优化传播渠道、赢得受众的重要机遇。在信息整体供应充足的时代，谁能向用户提供优质的独家信息谁就能赢得市场和用户，数据库建设和应用正是信息时代高效利用信息的最佳方案。党报要运用互联网思维，结合自身优势，分类建设专业数据库，将信息资源转化为信息产业，拓宽传播渠道，优化渠道应用。

（三）传播方式优化

1. 制作方式

熟练掌握多媒体条件下的传播话语体系，运用新媒体技术和全媒体手段，优化新闻产品采集、整理、加工、制作、流通、反馈等制作流程诸环节，更加科学、合理地确定传播内容、形式、时间选择、程度选择和范围选择，确保传播内容的深度、权威、时效、互动、共享。

2. 呈现方式

由传统文字图片呈现向多媒体环境下视听画相结合的融合呈现方式转变。“读图时代的到来使得媒体在吸引转移受众注意力和进行受众议程设置的过程中获得了更大的便利和可操作空间，抓住受众的眼球就在某种意义上抓住了受众的心。”[①]多媒体条件下的媒介表达，在某种意义上即是注意力表达和获取。因此，党报要在呈现方式上有所调整，优化版面设置，增强视觉悦读性，通过多媒体形态进行信息呈现。

2015 年两会报道的一大亮点是新闻报道呈现的故事化、可视化转变。2015 年 3 月 5 日，新华社在微信客户端推出《看总理报告，读暖男“小七”的故事》图文报道，用拟人化手法解读 GDP 增速 7%[②]，一时间以其形象生动而广受追捧和好评。

---

① 吕晓峰：《新闻杂志人物报道的视觉叙事结构》，《青年记者》2015 年第 18 期。

② 参见张柳静《融媒时代两会报道的创新》，《青年记者》2015 年第 21 期。

3. 传播方式

由传统单向度传播向多媒体条件下的多向度传播转变。多媒体条件造就了网络时代的新拟态环境，与传统拟态环境的封闭性不同，多媒体拟态环境是一个内部互动、共享和开放的系统。在多媒体条件下，党报的传播方式转变要由角色上的告知者向交流者转变，由过程上的单向度一次传播向多向度交互传播转变，由目标上的议程设置向“说服”转变，由效果上的“使用满足”向行为转变。

仍然以2015年两会报道为例。在中央级媒体的两会报道上，基于多媒体平台的整合传播成为主流趋势，被总结为“全媒体平台、多媒体产品、融媒体报道”。《人民日报》第一次设立全媒体平台“中央厨房”，针对不同发稿平台的需求制作新闻，各平台日均发稿量超过100条，单日阅读量破亿次。新华社首推多媒体产品“两会新华全媒头条”，读者通过扫描二维码可以随时获取两会资讯，参与热点话题讨论。《光明日报》推出融媒体报道平台“炫融特刊”，用文字、图片、音频、动画等多种方式复合报道两会。据统计，两会期间，中央主流媒体仅两会经济方面的图解、视频、动画等报道量就超过6000条，总阅读量过80亿次，极大地丰富了两会报道的形式和内容，获得了很好的传播效果。①

（四）传播对象优化

1. 受众发现

明确传播对象是提升传播力的第一步。多媒体条件下，党报需要进行受众对象的再发现。传统党报依靠党政机关征订发行为主，受众对象相对固定。在多媒体条件下，受众的匿名性增大，党报的受众发现应关注三个群体：

（1）核心受众：按照两级传播理论，媒体影响力的传播是由“媒体影响受众——受众影响社会”两个阶段构成的。“作为党报，提高影响力，就要把着力点放在‘影响最有影响力的人群’上。”②在多媒体条件下，党报的核心受众不仅是传统意义上的精英阶层，也包括在互联网空间中拥有影响力的“意见领袖”。

（2）主要受众：即对党报有使用与满足需求的读者群体。从党报功能来看，是需要“说服”的主要群体。在多媒体条件下，舆论环境更加复杂，信息的不确定性和传播的快速性，很容易在极短时间内造成难以估计的后果。因此，党报要认真定位主要受众群，加强引导，提升党报传播能力，实现说服与行为控制的统一。

（3）潜在受众：即党报未来的主要目标受众群体。要积极引导当代青年和学

---

① 参见刘洋《传播进入“新媒体＋”时代——2015全国两会新闻报道观察》，《青年记者》2015年第20期。

② 傅绍万：《破译报业腾飞的密码》，红旗出版社2012年版，第293页。

生关心时政、关心祖国，发挥党报在青年和学生思想政治教育中的积极作用，培养潜在受众阅读习惯。

2. 受众定位

从传受关系转变看，多媒体条件下的信息市场由传者市场向受者市场转变，媒体不再独享信息获取与发布权，这要求党报在受众定位时转换思路，将自身定位由说教者向劝服者、交流者转变。

从传受者角色转变看，多媒体条件下受者主动性增强，主动获取信息、主动传播信息、主动分析信息的能力和诉求增强，但同时由于缺乏专业支撑和权威解读，信息解读的分歧性增大，传播的风险系数上升。这要求党报重视和研究受众的信息解析和传播特点，掌握主控权，做到“因势而谋，应势而动，顺势而为”。

3. 受众接受

发现和定位受众的最终目的是为了进行针对性的信息传播，实现受众对传播内容的接受。为了进一步优化传播过程，实现受众接受，党报还要在亲和力、吸引力和互动性上做文章。

提升亲和力，就要把“走基层，转作风，改文风”落到实处，熟练运用互联网思维和表达方式，改变传统僵化说教的话语体系，做到“贴近实际，贴近生活，贴近群众”，与受众实现平等沟通。

提升吸引力，就要在内容上下功夫，努力实现党性、人民性和专业性的统一，关注社会热点，关心群众呼声，做好党情民意的沟通桥梁，做到言之有物、言之有理、言之有据。

提升互动性，就要在渠道上实现开放共享、互动交流。党报不能满足于做党的政策传声筒和信息公告栏，要充分利用多媒体条件下交流技术的改进和沟通渠道的开放，加强与受众的互动交流，从群众中来到群众中去，避免神秘化和墨守成规。

4. 受众扩张

在多媒体条件下，提升党报传播能力还要努力实现受众扩张，扩大党报传播力辐射范围。

要加强受众与渠道的对接。改变传统传播观念中传者、受者、渠道三元对立的模式，运用互联网思维和多媒体技术，引导受众与渠道对接，实现受众的渠道化再造。具体来说，运用大数据技术和数据库应用，做好受众细分，针对不同受众群体的特点，有针对性地设计传播渠道和传播内容，实施品牌化战略，培养忠诚受众，依托受众进行多次多向传播，提升传播覆盖面。

三、立足效果，解决好为何传播的问题

（一）构建现代传播体系，实现立体传播

1. 构建融合发展的经营管理体系

一方面，要大力推动媒介融合和媒体资源整合，推动党报经营发展向现代化、科学化、市场化、集团化、效能化转变，做到顶端设计层次推进，立足主业夯实基础，着眼区域形成优势，优化升级竞合发展，调整产业培育品牌，活化资本联合并购。另一方面，要谋求管理体系创新突破，引入现代企业管理机制和竞合战略，牢牢把握党报在多媒体条件下的主体角色定位，打造政治过硬、管理规范、决策科学、思路清晰、凝聚力强的管理团队和管理体系。

2. 构建立体多样的产品研发体系

一方面，要立足主业，加大研究学习的关注程度和投入力度，掌握多媒体条件下的传播路径、模式、工具和手段，做好主干产品的优化升级，打造多媒体条件下符合受众信息需求和阅读习惯的品牌产品。另一方面，要着眼市场，关注受众的诉求和产品反馈，重视市场调研和受众分析，依托现代传媒技术和信息技术手段，做好大数据应用、云计算技术、数据库建设等概念经济的实体转化，丰富产品体系，推陈出新，满足市场细分后的分众消费需求。

3. 构建科学创新的运行保障体系

一方面，要提高战略决策的科学性，从战略和理念层面立足未来、立足整体、立足实际，用先进的发展战略和发展理念凝聚人心士气，推动发展创新。另一方面，要提高体制机制的创新性建设，从渠道保障、体制机制建设、人财物的运用、平台建设、传播对象定位、传播内容优化、资源整合利用、采编模式和流程创新等环节入手，立足实践、不断创新，构建运行保障的科学创新体系。

（二）探索效果评价体系，实现有效传播

充分利用多媒体条件下的技术手段和传播理念革新成果，探索建立科学有效、精确、互动的传播效果评价体系，丰富评价要素，引入指标评价体系，建立分析模型，对党报传播效果进行科学检测，从而更加明确转变方式，推动发展创新。

第二节　强化价值工程，增强党报公信力

一、党报公信力定位

（一）党报公信力内涵

1. 从主体关系来看，党报公信力是受众对党报的信任程度和党报取信受众的能力

媒介公信力研究者江作苏认为，“媒介公信力的实质是受众和新闻媒介机构在新闻传播活动中履行社会契约承担社会责任而展现的信任力和责任力”[①]。信任力，即受众对党报所报道内容、传递信息以及社会行为的信任程度，主体是受众，既包括一般党员群体也包括人民群众。责任力，即党报通过新闻报道和社会行为所展现出的取信受众的能力，主体是党报。在多媒体条件下，信息结构变化、内容结构调整、传播技术手段和传播渠道的普及，在一定程度上造成信息混乱和有效信息的相对稀缺。党报能否将党性原则与群众路线统一，以正确的舆论导向和专业素养为受众提供充足、可信的信息，成为检验党报受信力和责任力的重要尺度。

2. 从内容特征来看，党报公信力包含信息公信力、观点公信力、平台公信力

提供信息是媒介的首要任务和第一产品属性，党报的公信力首先表现为提供信息是否真实、准确。真实是新闻的生命，也是新闻的基本要素，更是信息公信力的直接来源。我国党报是马克思主义新闻观指导下的党报，在追求信息真实的过程中，要将辩证唯物论和实事求是的原则相结合，实现微观真实和宏观真实的统一，这是获得信息公信力的基本要求。按照马克思主义新闻观的要求，要实现微观真实与宏观真实的统一，就要“正确认识和把握好微观真实与宏观真实的关系。微观真实是宏观真实的基础，宏观真实是微观真实的本质体现。新闻报道坚持真实性原则，不仅要真实准确地报道单个事实，而且要做到总体的真实，正确认识主流和支流、成绩和问题、全局和局部的关系，科学把握报道的数量、结构、基调、趋势，反映社会的本质、主流和发展方向，使之与我国改革发展稳定的大局相吻合，与我国蓬勃向上的态势相协调”[②]。也就是说，追求信息公信

① 江作苏等：《媒介公信论》，新华出版社 2010 年版，第 25 页。

② 《实践中的马克思主义新闻观——新闻报道经典案例评析》编写组编著：《实践中的马克思主义新闻观——新闻报道经典案例评析》，高等教育出版社 2015 年，绪论，第 2～3 页。

力，必须把新闻真实性与党报的党性、人民性结合起来，既要追求信息真实，又要立足整体和大局，从正面宣传和舆论引导出发，获得公信力。

提供观点是媒体的重要社会职能，也是媒体履行社会责任的直接体现。多媒体条件下的传播环境和传播语境纷繁复杂，互联网的无国界与无边界使其成为各种意识形态和观点交锋的新战场和重要阵地。党报不同于一般媒体的地方在于党报是党和人民的耳目喉舌，面对多媒体条件下的意识纷扰和复杂形势，党报有责任、有义务，更需有能力明辨是非、求真务实。因此，党报需要以党性原则和人民性的统一为尺度，坚守主体角色，传播主旋律，弘扬正能量，做到有思想、有原则、有担当、有见识。唯有如此，党报才能无愧于党、取信于民。

提供平台是多媒体条件赋予党报的新角色。多媒体经济是平台经济，多媒体条件下的媒体也面临平台化转型，这种转型是一种由传统信息公告栏向信息服务市场转型的过程。在此过程中，党报可以依托原有的资源、产业、权威性等优势，变优势为增量，率先实现平台建设和占有的突破。但是开张容易赚钱难，平台能否占据在社会、政治、经济、文化等各方面的主导权，首先取决于能否获得平台公信力。而平台公信力的获得，首先需要有党报的传统公信力作为背书，其次需要有充足的平台传播力、影响力和营销力，此外，还需要有推广价值丰富、获得用户认可的平台化产品做支撑。

3.从党报特点来看，党报公信力包括意识形态主导、权威信息发布、公共关系资源和党的背书四大优势

其一，党报作为党和人民的喉舌，拥有意识形态主导权和主控权。习近平总书记在“8·19”重要讲话中指出：“党性和人民性从来都是一致的、统一的。”[①]在中国共产党90多年的光辉历程中，党报党刊始终是党的一面重要旗帜和战斗堡垒。无论是革命解放时期、民主建设时期还是改革开放的新阶段，党报始终发挥着宣传党的思想、服务人民需求、引导主流舆论的重大作用。正因如此，党报在意识形态领域掌握着不言自明的主导权和主控权，传播主流意识形态、维护主流意识形态、引导主流意识形态是党报获得公信力的重要保障和基本表现。

其二，党报在重大权威信息发布方面握有官方话语优势。党报既是党的机关报，也在各级党委和政府的宣传工作中扮演着主体角色，承担着主要任务。在中国共产党领导的社会主义新中国宣传语境下，作为党和人民喉舌的党报在某种程度上代表着党和人民政府的形象与意志，因此党报在信息发布，尤其是重大、权威信息的发布方面，具有应然的权威性和主导性。官方话语优势代表着权

① 倪光辉：《胸怀大局，把握大势，着眼大事，努力把宣传思想工作做得更好》，2013年8月21日《人民日报》。

威、真实、可靠，这是党报公信力的重要实践来源。

其三，党报在长期发展中培养形成了公共关系资源网络。党报长期作为党和政府的工作机关在社会主义中国的建设和发展过程中扮演着重要角色。由于党报同时肩负着传递党和政府权威信息，表达人民群众诉求，报道社会新闻和典型人物、典型事件，引导舆论和监督等职能，必须积极主动地去接触各级党委、政府部门，企事业单位和社会各界群众。一份拥有较长出版历史和良好美誉度的党报，在长期的工作中必然会形成一套属于本报的公共关系网络。党报所握有的公共资源是在多媒体条件下党报公信力升级和公信力向传播力、影响力转化的重要资源优势。

其四，党报的公信力优势在很大程度上得益于党的背书。“中国共产党是中国工人阶级的先锋队，同时是中国人民和中华民族的先锋队，是中国特色社会主义事业的领导核心，代表中国先进生产力的发展要求，代表中国先进文化的前进方向，代表中国最广大人民的根本利益。”①在中国革命、建设、发展的各阶段，中国共产党始终是中国人民坚强的领导核心。没有共产党就没有新中国，是中国人民和世界各国有识之士的普遍共识。作为党的喉舌和代表，党报的公信力在很大程度上由党的公信力做背书。这既为多媒体条件下党报公信力的构建提供了理论基础和现实保障，也给多媒体条件下党报公信力建设提出了新要求。党报只有坚持党性和人民性的统一，只有坚持正确的政治方向，站稳立场，把实现好、维护好、发展好最广大人民根本利益作为工作出发点和落脚点，才能真正取信于民。

（二）党报公信力价值

1.道德意义

党报公信力的道德意义源于“公”和“信”两个层面。从“公”的层面出发，党报公信力符合社会公共道德的基本要求和党报作为社会公器的角色定位；从“信”的层面出发，党报公信力是党报作为党的喉舌取信于民，作为媒介组织取信于受众的重要品质。“公”与“信”构成了党报作为媒体构建自身伦理规范系统的两个重要指标维度：“公”是媒体定位的角色维度，“信”则是媒体定位的价值维度。

2.社会意义

党报公信力的社会意义来自两方面：一方面，党报作为党的报纸，肩负着引导主流舆论，传播主流价值观，弘扬主旋律，传播正能量的重要政治任务；党报公信力是赢得人民群众的基本要求和努力追求，对于中国特色社会主义事业的建设大局和社会长治久安、稳定发展具有重大意义。另一方面，党报作为报纸，也

① 《中国共产党章程》，2012 年 11 月 14 日通过，“总纲”第一段。

肩负着一般大众媒介的社会功能。

3. 专业意义

从专业意义来看，党报公信力有三层价值：首先，党报公信力是多媒体条件下党报主体角色建构的基本要求，也是在多媒体条件下赢得意识形态主导权和主控权的核心竞争力。其次，党报公信力是新技术环境下，坚守专业精神、发挥专业优势、凝聚专业力量、获得专业影响力的前提条件。最后，在市场经济条件下，党报公信力是作为企业单位和营利组织的党报谋求市场接受、获得用户认同、实现生存发展的重要手段。

4. 价值意义

从价值意义看，党报公信力具有双层含义：一方面，党报公信力的实现在某种程度上是党的公信力的体现。在多媒体条件下，打造以党报公信力构建为核心的价值工程，既有战略层面的决定价值，也有战术层面的实践意义。另一方面，在全新的多媒体语境和互联网经济大背景下，党报的社会角色在党的喉舌、社会公器和营利组织三者之间谋求融合发展。如何正确认识三者的关系，平衡彼此的诉求，谋求长久稳定发展，都需要有公信力作为基础支撑。

（三）党报公信力表现

1. 权威性

权威性是党报公信力的重要体现。习近平总书记在“8・19”重要讲话中指出：“坚持巩固壮大主流思想舆论，弘扬主旋律，传播正能量，激发全社会团结奋进的强大力量，关键是要提高质量和水平，把握好时、度、效。”[①]“时、度、效”正是确保党报权威性，体现党报公信力的基本要求和重要举措。

要把握“时”，就要在时机性和时效性上下工夫。对牵涉面广、关注度高、影响力大的重大新闻事件和热点信息，要在发布时机上掌握主动性，既要避免为了抢占先机而造成片面报道、错误报道，也要避免过于呆板僵化、信息发布严重滞后的事后报道。对于形势复杂、发生突然、涉及党和政府形象、可能影响党群关系的突发敏感事件，要在时效性上抢占先机，第一时间进行权威发布和权威解释。多媒体条件虽然带来了信息总量的不断丰富，但依赖信息技术手段和渠道进行的社区化交往正在对受众进行着重新部落化。一旦突发事件产生，信息孤岛和流言便会出现，作为党报，必须快速、公正、准确地发声，这是维系党报公信力的基本要求。毕竟在大多数情况下，真理只会越辩越明，不会不言自明。

---

① 倪光辉：《胸怀大局，把握大势，着眼大事，努力把宣传思想工作做得更好》，2013 年 8 月 21 日《人民日报》。

2015年8月12日23时30分，天津港瑞海公司危险品仓库发生特大火灾爆炸事故，给人民生命财产安全带来重大损失。事故发生17小时后，天津市召开了首场新闻发布会。此后，天津市政府和天津滨海新区区政府先后组织召开了多次新闻发布会。本来是政府的主动介入和信息公开，然而由于前期新闻发布会准备仓促、天津市应急预案处置不及时、新闻发言人表达不妥当等原因，新闻发布会成为舆情次生灾害的发源地，政府陷入舆论倒逼和批评的激烈漩涡中。从某种程度上说，这正是当地政府对时机和时效把握不足、面对公众舆论应对不力的后果。

要把握"度"，就要在分寸上握好尺度。这要求党报既要熟悉党和政府的大政方针、施政理念和行为逻辑，也要熟悉法律法规和工作纪律，按照党纪国法开展工作，还要培养大局意识和全局观念，把握受众心理，"在事关大是大非和政治原则问题上，必须增强主动性、掌握主动权、打好主动仗，帮助干部群众划清是非界限、澄清模糊认识"①，做到因势利导。

要把握"效"，就要在有效和高效上做文章。一方面，要行之有效，"增强吸引力和感染力，让群众爱听爱看、产生共鸣，充分发挥正面宣传鼓舞人、激励人的作用"②。另一方面，要行之高效，改进工作理念、作风和方式方法，会用、善用、巧用互联网思维和多媒体逻辑传播信息、沟通思想、说服受众、影响行动，追求投入产出的最佳比例，谋求传播效能的最大化。

2. 导向性

导向性是党报公信力"公"的要求。党报要构建多媒体条件下的主体角色，必须在导向上坚持正确性和方向性。这个正确即是党领导人民进行社会主义现代化建设，实现"中国梦"伟大实践的正确思路和路径选择；这个方向即是中国特色社会主义现代化道路走向未来，走向光明的坚定政治方向。这是中国共产党所代表的中国最广大人民的根本利益诉求和发展道路，是至公大道，也是党报公信力遵从公共利益最大化，引导社会公共舆论的必由之路。

3. 真实性

真实是新闻的生命，也是公信力的源泉和基本表征。对真实性的把握要从三个维度入手：

一是新闻真实与报道真实。新闻真实即新闻产生诸要素的真实，包括时间、

---

① 倪光辉：《胸怀大局，把握大势，着眼大事，努力把宣传思想工作做得更好》，2013年8月21日《人民日报》。

② 倪光辉：《胸怀大局，把握大势，着眼大事，努力把宣传思想工作做得更好》，2013年8月21日《人民日报》。

地点、人物、事件、过程的真实。报道真实则是新闻采集、编辑、整理、加工、发布、反馈诸环节的真实。只有同时具备要素和环节的真实才是真正的真实，才是对党负责、对人民群众负责的真实。

二是主观真实与客观真实。主观真实存在于每个受众人际传播的内在认知系统中，客观真实由客观事件产生的新闻要素和报道环节决定。多媒体条件下，受众接受信息的渠道不同、编码与解码方式不同、认知水平和程度不同，对主观真实的影响也自然不同。在多媒体条件下，党报要增强公信力，就要努力推动主观真实和客观真实的统一，通过内容真实与形式真实的统一，努力实现报道的真实、客观、全面、公正。①

三是总体真实与局部真实。正确处理整体与局部的关系，是马克思主义辩证唯物主义的基本观点和要求。在多媒体条件下，新闻产生的诸要素和报道诸环节环环相扣，牵一发而动全身。与此同时，多媒体条件对传播技术和渠道的开放性又使得局部调整和细节失实操作难度降低，发现和修改难度增大。党报要提升公信力，需要在总体真实和局部真实上擦亮双眼，仔细甄别，避免千里之堤毁于蚁穴。

二、党报公信力要素

（一）核心要素

1. 核心来源

党报公信力的核心来源是职业道德、社会公德、传统美德。

从职业道德的角度看，媒体的产业属性是主营信息服务的文化产业。作为行业的媒体，真实性是新闻的生命力。从新闻专业主义的立场出发，公信力既是职业道德的基本要求也是专业化媒体的必备素质。在多媒体条件下，党报作为媒体的产业属性重视程度有所上升，同时作为媒体的党报所面对的多媒体冲击不断出现。坚守公信力的职业道德底线是党报谋求多媒体条件下生存发展的手段。

从社会公德的角度看，党报公信力所反映的取信公众的能力和公众对党报的信任程度符合社会公德对党报的基本要求。党报作为社会组织只有按照社会公德的基本要求开展经营和组织活动，才能获得社会生态系统的认知、接纳和互动。

从传统美德的角度看，党报公信力所蕴含的真实性、客观性与中华传统文化中“信”的理念相契合，由“信”衍生出的“诚信”“信义”“信仰”等精神要素与多媒体条件下的党报公信力内涵相互观照，成为具有多媒体语境下现代含义的全新表达。

---

① 参见江作苏等《媒介公信论》，新华出版社 2010 年版，第 202 页。

2. 构成方式

作为价值观的党报公信力由四方面力量构成：一是主流价值观。诚信是社会主义的核心价值观。多媒体条件带来传播技术赋权和传播渠道开放，带来信息社会的纷繁复杂和信息噪声、无效信息、虚假信息的鱼龙混杂，流言传播和集合行为发生的危险系数和烈度呈指数趋势增长。面对新形势，蕴含主流价值观的党报公信力在给处于有效信息匮乏的信息孤舟上的受众点亮了灯塔。二是职业价值观。作为媒体的党报需要遵守媒介伦理规范和法律法规的约束。公信力是新闻专业主义对党报专业性和真实性的要求，也是党的宣传思想、方针、政策和国家法律法规的基本要求。三是市场价值观。作为企业的党报需要诚信经营。公信力是党报赢得市场接受和受众信任，进而获得受众购买力和多次销售能力的保证。四是党性价值观。党报作为党和人民的喉舌，党报公信力的要求与党的要求、人民群众的需求保持一致。

3. 具体表现

党报公信力的核心要素作用在党报日常经营、管理的各个方面，集中体现为党报组织角色的道德性和公益性，信息发布的权威性、专业性、真实性、准确性、可靠性、透明性。

（二）影响要素

1. 政治要素

政治要素对党报的影响体现在两方面：一方面，从普遍意义上看，世界各国普遍存在着对报纸的政治规制。政治规制是社会控制的必要形式和有效环节。与其他国家稍有区别的是，我国实行“由党的规制和政府规制共同执行的党政规制体系”①。这主要体现在，党报遵循党的领导和政府新闻宣传主管部门的管理，按照党的要求和政府规定开展报道和经营活动。另一方面，从我国党报的特殊性来看，党报是党的机关报，是以马克思主义新闻观为指导开展社会主义新闻事业的党的宣传部门。因此，党报在公信力培养过程中要受到党的理论、路线、方针、政策的影响，这主要体现在坚持党报作为党的喉舌，坚持党性原则和人民性的统一等方面。

2. 资本要素

资本要素对党报公信力的影响肇始于中国的改革开放，在多媒体条件下有了新的发展。一方面，经济全球化和中国的对外开放逐步形成了全球化市场，全球资本涌入中国，给党报的政治属性和产业属性带来冲击。另一方面，随着中国

① 吕晓峰：《我国报业党政规制演变与当前监管格局》，《青年记者》2015 年第 17 期。

社会主义市场经济的深入发展和文化体制改革的有序推进，党报作为文化事业单位的产业属性有所增强，多媒体条件和互联网新经济模式使党报经营压力增大，面对资本风险的应对能力亟待强化。

3.受众要素

多媒体条件的开放性和互动性带来信息市场的主体变化，传者垄断信息的时代一去不复返，受众市场逐步形成。在党报公信力构建过程中，受众的影响力由幕后走到台前。如果说对传统党报而言，读者是受众的话，那么在多媒体条件下，读者不仅是党报的受众也是用户。只有确立用户思维、平台思维，党报才能在未来多媒体高维媒介竞争中掌握优势和主导权，其公信力也才能继续保有用武之地。

4.技术要素

多媒体条件的发展将技术上升到与内容和渠道同等重要的位置。对党报而言，抓住时机利用技术革新带来的时间红利，在多媒体技术和现代信息传播技术的应用与转化方面占据主导权，构建话语权是党报深化传播力、凝聚公信力、营销影响力的制胜法宝。

（三）消减要素

1.虚假报道

虚假报道，或者称之为假新闻，是近年来最常见的媒体失信行为，也是党报公信力最主要的消减性因素和当前我国媒介伦理研究的重要领域。多媒体条件的一个显著结果是受众市场和经济全球化影响下的中国市场经济相结合，在价值导向和利益导向的斗争性中向媒体施加影响力。从新闻真实性角度来考察，虚假报道主要表现为三种形式：一种是新闻要素或报道环节失实；一种是报道者主观臆测、编造新闻的主观失实或瞄准受众心理需求而制造混乱造成客观失实；还有一种是在局部真实的基础上作出错误结论，或在整体真实的基础上细节失实。

造成虚假报道的原因是多方面的：首先是由于多媒体条件下受众注意力转移速度大于优质信息的常规生产速度，注意力竞争的加剧导致媒体在新闻报道中为争夺眼球而忽视对新闻真实性的核查；其次是多媒体传播技术和传播手段的发展和普及，带来传播活动的多信源、多渠道、多层次、多效果，信息核查在技术和时间层面上难度增大；此外，多媒体条件下媒体从业人员的专业素养仍然有待加强，党性要求、新闻专业主义素养和职业道德的缺失以及经济利益的驱使在一定程度上催生了虚假报道的出现。

虚假报道对党报公信力的伤害是致命性的。党报在主流传播和市场影响中的优势地位首先来自于以党的公信力为背书的党报公信力和权威性。一旦虚假报道发生，不仅党报的公信力和权威性会受到质疑，甚至牵连党和政府在人民群众心目中的形象和地位，给社会发展和长治久安带来不可估量的破坏和损失。

2.煽情报道

煽情报道，起源于西方，因普利策和赫斯特在市场竞争中诞生的"黄色新闻"而"名声大噪"。江作苏等人认为，煽情报道是"媒体在新闻的选择上，回避重大问题，以趣味性、反常性和刺激性作为新闻选择的标准，利用受众猎奇、窥探的心理，大肆报道凶杀、色情、暴力和娱乐新闻，满足受众的低级趣味"[①]。因此，对党报公信力而言，煽情报道是导向性错误。江作苏等在《媒介公信论》一书中将煽情主义新闻的表现归结为新闻色情化和追星热两种。在多媒体条件下，煽情报道出现了新的发展和异化，主要表现为反腐报道色情化、公益报道苦情化、明星报道狂热化。

党的十八大以来，党中央以壮士断腕的坚定决心整治腐败，澄清吏治，一批思想腐化堕落的领导干部被依法查处惩治，这既展现了中国共产党作为先进性政党的自律和自净能力，也得到了广大人民群众的支持和赞扬。作为党的机关报和联系党群关系的重要桥梁纽带，党报在宣传党的反腐思想政策、沟通群众、引导舆论的过程中发挥积极作用本是题中应有之义。然而，一些党报媒体将报道重点放在腐败人员如何"开房通奸"、如何写"性爱日记"上，不仅没有正常发挥党报的舆论监督和引导作用，反而浪费公共资源，格调低俗，辜负了党和人民的厚望重托。

党报作为主流大报，应该坚守社会责任，秉承社会公义，弘扬主旋律，传播正能量。在涉及社会公益宣传、扶危助困的报道中，一些党报过分渲染被报道对象的悲惨经历和痛苦回忆，在赚足读者眼泪的同时全然不顾媒介伦理和报道规范，一味编排苦情戏，不仅效果可能适得其反，而且极大地破坏了党报的公信力和导向性。

多媒体条件的开放性和互动性，以及传播技术的革新与渠道的开放，使得大众媒介平台上的造星运动风起云涌。不仅演艺明星们光鲜夺目，而且草根群体也可以借助多媒体平台一夜爆红。面对媒介消费时代的社会娱乐化和游戏化倾向，党报公信力直接体现在能否理性、客观、公正地分析问题、引导思考上。一些党报和党报工作者，自身陷入追星狂潮难以自拔，对明星报道缺乏冷静判断和理性分析，视线聚焦在所谓"影帝影后"、明星八卦、奇葩怪咖上。不仅使党报公信力大打折扣，也在一定程度上左右了社会大众的认知，在导向上走向歧途。

煽情报道对党报公信力的危害是腐蚀性的。首先，煽情报道逐渐消损党报的公信力和党的权威性。其次，作为社会主流价值观的风向标，党报的煽情报道在满足受众低级趣味的同时，也严重污染了社会风气，将社会主流价值观引入歧途。此外，部分党报对凶杀、暴力、犯罪等负面新闻的过度报道，在一定程度上制

---

① 江作苏等：《媒介公信论》，新华出版社 2010 年版，第 216 页。

造了"媒介学习"行为，更加激化了犯罪行为的发生，增加了社会不稳定因素。有学者即认为，"广播电视中的黄色新闻和色情片、凶杀片泛滥成灾，直接导致了犯罪率的上升"[①]。

3. 有偿新闻

随着多媒体条件对媒介生态场域的影响日趋明显，有偿新闻的恶果也不断显现。媒体以自身的口碑优势和传播渠道资源作为抵押，通过有偿报道和新闻敲诈的形式制造有偿新闻，给媒体公信力带来放射性的破坏。有偿报道，即通过利益交易，无中生有，文过饰非；新闻敲诈，则是以敲诈勒索的方式蓄意抹黑、胡说八道。前者是对公众信任的滥用，后者则是对媒介权力的滥用。

近年来，媒体作为市场经营者的角色逐渐强化，部分党报媒体在经济利益的驱使下，变卖党报的品牌优势和渠道资源，从事有偿新闻，给党报公信力带来了放射性的破坏。以沈颢和 21 世纪网为代表的有偿新闻犯罪，不仅让曾经满怀理想的"新闻圣徒"跌落神坛锒铛入狱，也撕开了媒介生态市场下的腐败与黑幕，更给社会主义新闻事业的公信力和权威性造成了难以磨灭的伤害。

值得一提的是，随着多媒体技术的成熟和互联网平台的无限延伸，一些原本式微力弱的花边小报凭借互联网平台的开放性、共享性和快速传播，掌握了部分多媒体条件下的特殊媒介赋权，假借舆论监督和新闻自由之名行敲诈勒索之实。作为主流大报的党报，面对多媒体条件下媒介市场的鱼龙混杂要内外兼修，一方面加强自身建设，爱惜羽毛，维系党报公信力，另一方面要主动出击，与不正之风作斗争，发挥主导性和主动性，这是在多媒体条件下赢得受众信赖和支持，建构党报公信力的必由之路。

三、党报公信力构建

（一）以主体角色引导主流价值

1. 以先进理念明晰主体地位

多媒体条件下构建党报公信力，要以主体角色引导主流价值，以先进理念明晰主体地位，控制主战场，掌握主导权，发挥主控力。

以专注性控制主战场，做到忠诚、坚定、平等、公正。要专注党报主体角色认知和实践，专注党报的历史使命和时代任务，专注多媒体条件下的表达方式和行为方式，培育党报从业者和受众的共产主义理想、信念、追求，坚持党性和人民性的统一，做到忠诚使命担当、忠诚党纪国法、忠诚人民群众，坚定理想信念、坚定

---

① 李良荣：《新闻学概论》，复旦大学出版社 2009 年版，第 136 页。

价值追求、坚定发展道路，在多媒体条件下平等认识和对待传受者关系，公正处置党的新闻宣传政策和人民信息服务需求间的关系，运用现代信息技术和传播手段，改变思路，调整结构，发挥优势，主动出击，牢牢控制线上、线下两个主战场。

以专业性掌控主导权，做到真实及时、合理有效。加强党报整体的社会主义新闻专业主义教育和人才培养，按照马克思主义新闻观的指导和中国特色社会主义现代化建设的实际需求培养新闻人才，创新党报管理经营模式，发挥党员在党报工作者和受众联系间的主体作用，努力做到新闻报道真实、及时，宣传策略合理、有效，组织机构高效创新，发展战略长远先进，牢牢掌控意识形态高地和思想舆论引导的主导权，为社会主义现代化建设和中国梦伟大实践提供安全、稳定、积极、向上的舆论环境。

以权威性发挥主控力，做到权威导向有利有力。树立党报在意识形态领域的信息权威、思想权威和理论权威，掌握多媒体条件下的传播话语体系和传播特点，依托现代信息手段和互联网思维，努力实现信息权威发布，观点权威主流，解读权威正确，发挥党报在意识形态领域的主控力，“坚定宣传党的理论和路线方针政策，坚定宣传中央重大工作部署，坚定宣传中央关于形势的重大分析判断，坚决同党中央保持高度一致，坚决维护中央权威”①，将主流意识形态凝聚到对中国特色社会主义的道路自信、理论自信和制度自信上来，发挥党报在党的舆论宣传工作中的主控力，创新观念、内容、形式、方法，利用有利条件，形成组合优势。

2.做好政策及时发布和权威解读

做好重大政策及时发布。党报是党的机关报，对党和政府的重大决策和政策信息，要做到及时发布、准确发布，这就要求党报要严格遵守党的宣传政策和宣传纪律，遵守国家法律法规，遵循新闻传播规律和价值规律，熟悉多媒体条件下的信息市场规律和受众接受规律，将自身所具有的政策发布有利条件和多媒体环境进行有效融合，创新内容形式和传播载体，赢得多媒体受众。

党的十八大以来，一些主流党报和媒体在党的指导下，逐渐学会和熟练运用多媒体语境和技术手段，创新报道形式，实现了重大事件和政策报道的多媒体化，赢得了受众和市场的好评。例如，人民网推出的“图解十八大”专题报道，条理清晰，可读性强，中央电视台依托互联网多媒体呈现和大数据采集技术推出的“数说春运”专题报道，都获得了人民群众的普遍赞扬。

做好重大信息权威解读。党报的公信力和权威性，很大程度上表现为对重大信息的权威专业解读。多媒体时代的信息海量增长，使每个人身处信息的海

---

① 倪光辉：《胸怀大局，把握大势，着眼大事，努力把宣传思想工作做得更好》，2013 年 8 月 21 日《人民日报》。

洋却难以获取最优质的信息资源。面对多媒体条件，党报一方面要发挥在理论、人才、官方性等方面的自身优势，从党的要求和人民需求入手进行重大信息权威阐释，另一方面要发挥自身公共关系资源优势，实现媒体的平台化转型，变传统的信息提供者思维为平台制造者思维，整合专业资源，建立专家库和专业团队，做到专业问题专业分析、专业呈现、专业解读。

3.做好重大事件舆论引导与议程设置

要充分发挥党报在重大事件舆论引导方面的主动性和主导性。对正面舆论，要主动关注，主动传播，主动策划；对负面舆论，要主动介入，主动发声，主动化解。要加强舆情监控和舆论危机处置能力，坚定方向、站稳立场，弘扬主旋律，传播正能量。“在事关大是大非和政治原则问题上，必须增强主动性、掌握主动权、打好主动仗，帮助干部群众划清是非界限、澄清模糊认识。”[①]要依托大数据技术和专业化团队开展线上与线下舆情监控、检测和危机预警，形成危机处置的系统化应急预案体系，延伸党报在舆论事件引导上的主导性，真正做到“守土有责，守土负责，守土尽责”。

要构建拟态环境，科学设置议程。既要通过运用多媒体条件下的技术手段和行为逻辑主动构建拟态环境，优化传播大环境，发挥党报力量优势，努力排除杂质，净化舆论场，也要加强议程设置能力，通过合理设置议程，引导话题转向和社会舆论焦点转移，维护社会整体舆论环境的健康和稳定发展。

4.履行社会责任

履行舆论监督责任，是党报的党性和人民性赋予党报的历史责任，也是多媒体条件下媒体社会责任的重要组成部分。党报履行社会责任，既是党和人民的要求，也是受众和社会公共利益的要求，舆论监督做得好，党报才能获得社会大众的普遍认可，才能有益于党和政府更好地为人民服务，才能赢得党和人民的信任，赢得社会公正的信任，党报公信力也就自然得到了保障。

履行社会公器责任，是党报作为社会媒体的重要责任。一方面要处理好党报作为媒体在党的喉舌、社会公器和营利组织三种角色间的平衡，努力实现党的要求、人民需求和社会诉求的统一，扶危助困，维护公义，发挥社会责任；另一方面，对关系社会发展、牵动社会关注的重大事件，要做到敢发声、会发声、能发声，积极履行媒体在社会系统健康运行中的责任。

多媒体条件下信息纷繁复杂，真伪辨别难度增大，噪声杂音层出不穷，党报在履行社会责任时必须谨慎对待多媒体条件下的舆论环境，审慎处理舆论监督与党

---

① 倪光辉:《胸怀大局，把握大势，着眼大事，努力把宣传思想工作做得更好》，2013 年 8 月 21 日《人民日报》。

报主体角色的关系，平衡处理不同角色赋予党报的不同定位，做到实事求是，客观公正，依法依规，平衡中立，把握好“时、度、效”才能避免哗众取宠和媒体审判。

5.培养大局意识，做主流大报

要围绕中心，服务大局。习近平总书记指出：“宣传思想工作一定要把围绕中心、服务大局作为基本职责，胸怀大局、把握大势、着眼大事，找准工作切入点和着力点，做到因势而谋、应势而动、顺势而为。”[①]多媒体条件和世界的全球化交往是相伴相随的，从改革开放现代化建设的大局着眼，党报一方面要顺应多媒体条件和全球化趋势，进行自身调整升级，主动适应；另一方面，更要作为党和人民的耳目喉舌，紧紧围绕社会主义现代化建设的中心任务，立足现在、放眼未来，胸怀大局、成就大业。

要立足主业，影响全局。报业是党报的主业，不应放弃，更不能放弃。随着多媒体条件的日趋成熟和影响不断渗透，关于报业寒冬与报纸消亡的论调数度甚嚣尘上。然而，通观西方发达国家媒介产业发展史和我国报业发展的现状，报业发展还远没有到达消亡的阶段。从总体上看，我国报业处于成长期；从局部来看，“在发达地区报业处于成长成熟期，在欠发达地区很可能还不成熟，对于个别落后地区可能还处于培育期”[②]。因此，面对多媒体条件的影响，党报要继续立足报业这个主业，努力影响全局。

立足主业，影响全局，有三方面的含义：一是立足报业，就要立足党报的意识形态地位和主体角色，将报纸作为党报占领意识形态高地、建构主体角色的有力抓手，将党报办成名副其实的主流大报；二是立足报业，就要立足产业化思维和市场化条件，将报业作为党报经营创新的实践阵地；三是影响全局，就要对报业按照多媒体条件进行事业和产业调整升级，既要在意识形态上影响全局，也要在产业结构上谋求突破。

6.用马克思主义新闻观观照实践

党报构建公信力，用马克思主义新闻观观照实践，要做到理论与现实统一、党性与人民性统一、内容与效果统一。

要做到理论与现实统一，就要按照马克思主义新闻观指导新闻生产和实践活动，主动学习借鉴马克思主义新闻观最新理论成果和实践方式，遵循事物发展规律和中国特色社会主义建设规律开展新闻活动。在党报公信力的构建过程中，将共产主义信念、马克思主义新闻观和党报工作实践统一到社会主义现代化建设这个现实上来。

---

① 《总体布局，统筹各方，创新发展，努力把我国建设成为网络强国》，2014年2月28日《人民日报》。

② 傅绍万：《破译报业腾飞的密码》，红旗出版社2012年版，第92页。

要做到党性和人民性统一，就要按照党的要求和人民的需求开展新闻活动，坚持党报的党性原则，坚持政治家办报，面对多媒体环境下的新传播环境，坚决同党中央保持高度一致，坚决维护中央权威；要正确认识人民群众在社会主义现代化建设中的主体地位，正确认识中国共产党全心全意为人民服务的理论内涵和实践内涵，坚持新闻报道的人民性，“把服务群众同教育引导群众结合起来，把满足需求同提高素养结合起来”[①]。

要做到内容和效果统一，就要正确处理多媒体条件下受众、内容、渠道、技术的关系，“遵循新闻传播规律和新兴媒体发展规律”[②]，明确受众定位，丰富传播内容，拓宽渠道，运用多媒体技术和互联网思维追求党报传播效益的最大化。

2014 年《大众日报》进行全新改版，通过优化“县域新观察”专栏，逐步探索出了深入基层、优化报道、赢得公信力的突破道路。2014 年，“县域新观察”共刊发稿件 213 篇，推出了许多内容新颖、做法创新的作品，在党报地方新闻创新突破和公信力建设上进行了积极探索。首先，在内容上，注重“问题意识＋过程展示”，关注问题，围绕“问题”设置延展开“过程”。其次，在形式上，突出“正文＋点评＋图片”，“县域新观察”专栏稿件组合除了一篇正文通讯外，同时包括一篇“书记点评”或“专家点评”，并配以一到两幅鲜明直观的图片，改版后的《大众日报》版面里给人耳目一新的观感。再次，在选题上，注重推广县域新办法，紧紧围绕县域中心工作选题，突出现实针对性，紧贴热点。最后，在融合呈现上，借助“新锐大众”APP 实现精耕细作，借力手机客户端探索媒介融合，实现版面精耕细作。由于理念贴近实际，内容和效果统一，坚持党性原则和人民性统一，积极发挥党报在地方建设中的积极作用，主动联系群众，深入基层，《大众日报》“县域新观察”栏目得到了广大读者和基层工作者的信赖与认可。[③]

（二）以专业团队和专业技术建设专业党报

1. 确立专业理念

价值追求上，定位主体角色。多媒体条件下的党报主体角色定位于党报必须占据意识形态主控权、主流价值主导权和舆论引导主动权。只有占据意识形态主控权，牢牢把握意识形态的主流和方向，才能发挥党报作为党的喉舌耳目的

---

① 倪光辉：《胸怀大局，把握大势，着眼大事，努力把宣传思想工作做得更好》，2013 年 8 月 21 日《人民日报》。

② 《共同为改革想招，一起为改革发力，群策群力把各项改革工作抓到位》，2014 年 8 月 19 日《人民日报》。

③ 参见梁利杰《县域如何“新观察”——大众日报县域版新闻突破路径探析》，《青年记者》2015 年第 23 期。

作用，才能肩负党和人民赋予党报的历史使命和时代任务，一旦失去意识形态主控权，党的执政地位就会缺乏舆论保障，社会主流价值观就会面临颠覆的危险，党报的主体地位也会岌岌可危。只有掌握主流价值主导权，党报才能发挥导向作用，引导社会主流价值观的前进方向，帮助人们分辨是非善恶，辨识真假优劣，正确指导实践。只有拥有舆论引导主动权，党报才能在多媒体条件下复杂的信息传播环境中拥有决定权和话语优势，在关系国计民生和公众利益的重大问题上，及时、准确，公正，有效发声。

报道原则上，坚持权威专业。一是要坚持真实性原则，在新闻要素真实和报道环节真实诸方面不断努力，实现主观真实与客观真实的统一，整体真实与局部真实的统一。二是要坚持客观性原则，从客观报道和客观评论两方面入手，用客观中立的专业精神维系党报公信力。三是要坚持可靠性原则，一方面要充分重视人民群众的信息需求，立足信息有效供给，另一方面要从贴近实际、贴近生活、贴近群众入手，努力实现报道信息可靠、观点可靠和行为可靠。四是要坚持统一性原则，努力实现理念、形式和内容的统一。

2. 打造专业团队

一是打造专业管理团队，面对新形势党报要逐步优化管理团队，打造一套政治素养过硬，专业水平扎实，精通现代管理艺术，熟悉党的宣传政策、宣传纪律，了解多媒体市场环境和受众需求的专业化领导班子。二是打造专业经营团队，培养一批立足主业、做好副业、突出特色、了解市场的专业化经营人才，改变传统报业依赖广告收入的经营模式，努力发展平台经济，突出品牌意识和特色意识，推动党报占领市场。三是打造专业采编团队，培养一批熟悉党的宣传政策和政府新闻管理制度，精通新闻传播规律，坚守新闻专业主义价值，了解多媒体条件传播环境、话语体系和受众心理，熟练掌握和运用多媒体技术手段和平台优势的现代化、专业化的高科技、高效率专业采编队伍。四是打造专业研究团队，一方面要培养党报自身专业研究人才，培养专家型编辑、记者，提升党报信息和观点的权威性、专业性，另一方面要积极吸引先进人才，通过部校共建、互聘千人计划、挂职交流等形式，促进新闻传播学界尤其是党报研究学者专家与党报媒体的交流互动，教学相长，实践与理论互补，探索媒体智库建设模式和成果转化经验。

3. 运用专业技术

随着多媒体条件的深入发展，技术已经成为与内容、渠道同等重要的传播要素。面对新技术手段和传播渠道的日新月异，传统党报要构建多媒体条件下的公信力，必须转变传统重视内容、轻视技术和渠道的发展理念，将技术摆在与内容、渠道同等重要的位置。要加强大数据技术在信息采集、挖掘和分析方面的优势，探索党报信息挖掘处理的新模式，推动党报信息资源的开发利用；要加强多媒体技术在新闻报道方面的应用，引入语言、图像、声音等多要素融合的新闻呈现方式，加强融合新闻采集、生产和呈现的研究与成果转化，将传统新闻报道与现代三维动画模拟技术、仿真成像技术等可视化技术手段相结合，提升党报的受众视觉接受度，进一步推动公信力培养。

（三）以素养提升赢得公信能力

1. 遵守新闻伦理

一方面，要加强职业道德建设，推进新闻从业者的职业再教育，强化新闻专业主义价值和新闻伦理意识，引导党报从业者知法明法守法用法，避免新闻伦理危机和丑闻的发生；另一方面，加强社会公德教育，提升党报从业者社会责任意识，引导党报工作者培养社会责任感，践行主流价值观，发挥党报在社会发展过程中的旗帜标杆作用。

2. 提高把关能力

要提高思想把关能力，按照党的宣传政策、宣传纪律要求和马克思主义新闻观指导，严把导向观，确保党报宣传思想、产品定位、受众策略、传播效果符合党的宣传工作需要和人民群众信息消费需求，重点把握“政治倾向关、政策关、法律关、格调关和舆论监督关”[①]。要提高产品把关能力，从产品的定位、制作、内容、发行、传播、反馈与改进等环节入手，确保党报在新闻产品环节多出精品，不出次品。要提高技术把关能力，熟练掌握和应用多媒体技术与传播手段，加强平台管理，提升线上主战场的战斗力，做到线上线下双向联动、一体发展。

3. 坚守价值规律

坚守价值规律是党报实现思想与行为统一，构建公信力的重要价值战略。

坚守价值规律，要坚持党的意志和受众需求相统一。坚持党的意志，就要时刻牢记党报是党的耳目喉舌，肩负着党所赋予的历史使命与时代任务。坚持受众需求，就要将多媒体条件下受众的个性需求与人民群众的总体需求相统一，将作为党报传播对象的受众需求与作为市场化媒体传播对象的用户需求相统一。坚持党的意志和受众需求的统一。党报要时刻牢记，在任何条件下，党报都首先是党的报纸；在任何条件下，“吃饭砸锅”既不容于党的信念和人民要求，也不可能见信于人民和受众。

坚守价值规律，要坚持新闻规律与市场规律相统一。坚持新闻规律，就要坚持新闻的基本要素，追求客观、真实、准确、公正、权威的报道原则。坚持市场规律，就要充分认识和熟练运用多媒体条件下的信息市场规则，尊重受众选择，培养用户

---

① 傅绍万：《破译报业腾飞的密码》，红旗出版社 2012 年版，第 337～339 页。

思维,发展平台经济,在经济效益和政治效益、社会效益间分清比重,做好平衡。

坚守价值规律,要坚持社会价值与经济价值相统一。坚持社会价值,就要秉持党报作为人民群众利益代表所肩负的媒体社会责任,从社会发展大局出发,扶危助困,除暴安良,开展舆论引导和监督,维护社会长治久安。坚持经济价值,就要统筹考虑文化体制改革大背景下,党报作为事业单位和市场经营主体的经营目标、经营策略、经营风险。坚持社会价值和经济价值的统一,要将二者统一在为人民服务、为社会服务的总体目标之下。

第三节　深化互动工程,营销党报影响力

一、影响力认知与构成

(一)影响力认知

1. 影响力表现

多媒体条件下的党报影响力,表现在四个层面:

一是意识形态影响力。无论在何种条件下,党报首先是党的机关报。在我国社会主义大背景下,党报是党的意识形态主阵地和主战场,是维护国家意识形态安全、凝聚共识、凝聚人心、的重要载体。在中国共产党带领人民实现国家解放、民族复兴和社会主义现代化建设的历史征程中,党报长期扮演着意识形态宣传控制主体的角色。正因如此,党报在我国意识形态领域拥有独一无二的权威性和影响力。在多媒体条件下,意识形态争夺的主战场,由线下扩展到线上,相应地,党报在意识形态领域的战斗力和影响力也从线下延伸到线上,只有继续牢牢掌握多媒体条件下的意识形态主动权,党报才能真正拥有核心影响力。

二是舆论影响力。动员群众、引导舆论是党报在革命时期、建设时期的重要价值体现。在多媒体条件下,信息结构变化趋向复杂,内容结构走向混乱,互联网舆论场中的环境错综复杂。党报继承长期发展形成的舆论影响力是在多媒体条件下党报的重要影响力。只有掌握舆论影响力,党报的导向性才能得以实现。

在2013年新疆连续发生暴恐袭击之际,《新疆日报》从6月30日开始,以每天一篇的频率,在头版连续刊发10篇评论员文章:《人类文明共同底线不容挑战》《形成对暴恐活动的强大威慑力》《下好先手棋,打好主动仗》《织起打击暴恐活动天罗地网》《向忠诚的人民卫士致敬》《领导干部要站在维稳斗争最前列》《理直气壮为维稳斗争鼓与呼》《充分认识反分裂斗争的长期性艰巨性复杂性》《充分认识意识形态领域反分裂斗争的重要性》《保持新疆发展稳定是对敌对势力最有

力回击》。这10篇评论刊发后，各地媒体和各大网站转发率非常高，许多单位和部门把这组评论作为指导反恐维稳工作的学习宣讲材料。党报评论的导向和风向标作用十分明显，在很大程度上关乎舆论主动权的掌握，担负着凝聚人心、达成共识的重任。

三是专业影响力。在长期发展过程中，党报因其发展历史脉络悠久清晰，掌握官方话语权，拥有资源配置和使用优势，拥有党的权威性和公信力背书，自身拥有的公共关系资源庞大等优势，逐渐形成了领先于行业报、都市报等其他报纸和其他媒体的专业优势。这种专业优势集中表现为拥有强大的品牌价值无形资产、拥有经验丰富的人才团队、拥有优质内容的生产能力和传输渠道、拥有庞大的行政和公共关系资源、拥有丰富的有形资产和专业设备器材等。因此，党报作为强势媒体和优势媒体，具有强大的专业影响力，党报发布的信息通常意味着权威和真实，党报提出的观点通常体现着专业和导向。

四是市场影响力。随着市场经济的发展和文化体制改革的深入进行，党报在事业单位企业管理的市场化运行机制下，依靠品牌影响力和资源优势，已经积累了一定程度的资本优势和市场竞争力。随着作为经营主体的党报参与市场化运作程度的不断加深，党报的文化产业属性日渐明显，品牌优势和资源优势变现为资本优势，党报开始越来越广泛而深刻地占有市场影响力。

2.影响力形成过程

传媒研究者郑丽勇等人从使用与满足理论、麦奎尔信息处理理论和二级传播理论出发，将媒介影响力的发生过程归结为四个阶段，即接触环节、认知环节、说服环节和二次传播环节[①]，相对清晰地揭示了媒介影响力形成的基本过程，这对于党报影响力的形成也同样适用。

在接触环节，党报通过运用多媒体条件，将传播内容进行多媒体化包装，运用多媒体渠道和技术手段传达给目标受众。认知环节，受众通过选择性接触，按照自己的人内传播提供进行信息解码和翻译，对信息进行分析判断，获取有价值信息，过滤无意义信息和杂质。如果受众解码的信息与党报编码传递的信息相一致，那么就进入说服环节。当说服完成后，受众对信息进行二次加工和编码，通过人际传播、集体传播、组织传播、大众传播等形式进行二次传播和多次传播，党报的社会影响力便由此形成。

认知党报影响力的形成过程有两方面的重要意义：一方面，在多媒体条件下，受众自身人内传播的解码系统既有个性也有共性特征，探索符合多媒体条件传播环境和传播特点受众特征，有利于帮助党报优化传播内容和传播方式，增强

---

① 参见郑丽勇等《2010中国新闻传媒影响力研究报告》，浙江大学出版社2011年版，第61～62页。

有效传播量；另一方面，在二次传播的过程中，作为一次传播受众的“意见领袖”扮演着比普通受众更重要的二次传播角色，这提醒党报在设计二次传播、多次传播内容时要着重加强对“意见领袖”的精准传播和说服技巧。

（二）影响力构成

1. 品牌力

品牌力是多媒体条件下党报影响力的战略导向，也是新形势下构建党报核心竞争力的关键要素和重要环节。笔者在《报业发展战略与报业品牌运营》一书中提出，媒介品牌影响力的形成分为三个阶段，即“通过品牌运营，在目标受众群体建立更高的知名度和美誉度，完成‘品牌认知’的第一步。进而通过媒介品牌的运营，建立起与目标受众群体和广告客户的情感联系和文化契合，完成‘品牌偏爱’的第二步。最终，通过媒介品牌运营，使受众在信息获取和价值观念上产生高度的信任和依赖，使客户在信息传播和价值观念上产生高的信任和依赖，完成‘品牌依赖’的第三步”①。

面对多媒体条件的全新传播语境、技术手段、渠道分布和价值导向，党报品牌影响力构建具有十分重要的战略意义和价值导向。传媒研究者徐永新将党报品牌的作用归结为四方面，即：引导正确舆论，维护执政地位；领导传媒市场，促进媒体扩张；整合资源，节约成本，提高效率；扩大受众群，增加广告收入。②

2. 创新力

创新力是从生成机制探讨党报影响力的重要角度。在党报的长期发展历程中，其主体角色和主流地位的确立，很大程度上在于其具有的不同于一般媒体的先进性。这种先进性表现在革命战争时期即是对形势的准确把握和全民族进步力量的有力凝聚，表现在新中国建设、发展的各个阶段，即是对党的路线、方针、政策加以阐释，鼓舞广大人民群众为社会主义现代化建设和实现共产主义远大理想不懈奋斗。在多媒体条件的新形势下，党报要构建新形势下的全新主体角色，离不开先进性和创新力，只有充分认识和合理利用多媒体条件带来的机遇，在观念、技术、内容、管理、渠道等环节增强创新，最大限度地激发党报组织活力，团结、引导、带领广大人民群众正确认识多媒体条件的传播特点和价值追求，党报的影响力才能由点到面，由表入里，从纸面走入人心。

---

① 刘明洋、王景强等编著：《报业发展战略与报业品牌运营》，山东人民出版社 2014 年版，第 10 页。

② 参见徐永新《主流媒体品牌战略——基于党报品牌建设实践的研究》，人民日报出版社 2010 年版，第 26～28 页。

3. 生命力

生命力解决的是党报影响力的时效性问题。党报影响力是长效的系统性工程,不局限于一条新闻、一次报道的影响力,更多体现为在较长时间、较大范围内的持续影响力,这是主流媒体的基本特征,也是党报主体角色建构的主要指标之一。在多媒体条件下,要实现党报影响力的生命力,既要充分发挥党报在信息资源储备、内容制造、观点解读等方面的传统优势,谋求建立长期、稳定的口碑效应,又要充分把握和利用多媒体条件带来的传播技术升级和渠道开放优势,利用多媒体语境的传播逻辑设计内容、制造产品、完善过程、优化效果。

4. 营销力

营销力是党报影响力在效果层面的直接体现。从营销模式看,党报影响力的营销力体现在内容和观点两个方面。党报的内容营销力,即党报所生产发布的内容,符合多媒体传播逻辑,符合多媒体受众信息需求,符合多媒体传播技术和平台规范,能够实现内容的精准传播、高效传播。党报的观点营销力,即通过党报对多媒体条件的准确把握和充分利用,使党报在意识形态领域的主体角色得到充分发挥,意识形态主控权、主流价值主导权和舆论引导主动权得到充分保障和发挥。从营销效果来看,党报影响力的营销力体现为传播力、说服力和行动力三个层次:在传播力层面,党报的影响力营销能否在传播广度和深度上实现及时、精准;在说服力层面,党报的影响力营销是否能够产生充足的信度和说服效果;在行动力层面,党报的影响力营销是否能够影响受众认知、改变受众行为,在一定高度上指导受众行为。总体来说,党报影响力营销的最终目的是为了实现传播、说服和行动。

二、影响力制造

(一)重构媒介权力场域

1. 多媒体条件对传播权力场的重构

多媒体条件,尤其是多媒体条件下的互联网技术和应用平台,对传统媒介传播权力场域进行了深层次洗牌和重构。这种重构按照传媒研究者喻国明的观点看,有两个基本特点:一是互联网是一种高维媒介,二是互联网是一个无限平台。[①] 所谓“高维媒介”,即是指多媒体条件下的传播环境与传统相比多出一个空间,因此不可能用“低维”媒介的管理方式有效管理和运作“高维”媒介。所谓

① 参见喻国明《媒介革命:互联网逻辑下传媒业发展的关键与进路》,人民日报出版社 2015 年版,代序,第 2～4 页。

"无限平台",则是传统媒介环境中以机构为基本单位的运行方式被以个体为单位的新运行方式替代,传播主体的无限性带来传播效果的不可预知。从这两层含义来看,多媒体对传播权力场的重构是具有颠覆性和创造性的。

总体来看,多媒体条件对传播权力场的重构体现着以下特点。从赋权主体看,由传统的政治权力主体向政治权力、资本权力、公众权力复合主体转变;从权力重心看,由传播权向接受权转移;从权力诉求看,由媒体表达权向受众接受权和沟通权转变;从权力关系看,逐步构建新型的合作与竞争共存、主动与被动共存、强关系与弱关系共存的新型关系。

2.多媒体条件下党报对传播权力场的重构

多媒体条件下传播权力场域的重构对党报自身构建权力场域地位具有十分重要的指导意义和决定价值。一方面,党报要在多媒体传播权力场中牢牢掌控四项基本权力,即意识形态主控权、主流价值主导权、舆论引导主动权和信息市场话语权。只有掌握这四项权力,党报在整个多媒体权力场域中才能占领制高点,掌握决胜权,党报的影响力才能有抓手、有平台。另一方面,要重构党报权力场域中的主体角色,要在多媒体条件下实现以下转变,即:新闻作品向信息产品转变,采编主体向经营主体转变;信息传播者向观念生产销售者转变,信息接受者向产品消费者、中转商和用户转变;多媒体传播场域下党报主宰地位向党报主体角色转变;多媒体传播技术和渠道下由中心到四周的伞状传播向由点及面多维立体的网状传播转变。

(二)打造党报品牌

1.做好党报品牌定位

从功能入手,定位党报品牌。首先,要强调党报作为党和人民群众喉舌的宣传功能,这是党报的基本功能,也是定位党报品牌方向至关重要的评价指标。其次,要强调党报作为新闻媒体的社会功能,从社会主义媒体的角色功能定位和新闻专业主义要求、媒体社会责任要求出发,定位党报媒体在中国全面建设小康社会和转型发展时期的社会角色。再次,要强调党报作为文化产业的组织功能。既要充分认识党报作为社会主义文化事业组成部分和文化产业发展的双重价值与功能要求,又要合理把握党报在党的组织机构和新闻媒体组织之间的双重角色,从产业和组织功能入手,定位党报品牌。最后,要强调党报作为市场经营主体的经济功能。从市场和消费者需求入手,定位党报品牌。

从受众入手,定位党报品牌。多媒体条件下传受关系的融合和改进使得受众角色趋向复杂化和模糊性。在多媒体条件下,党报定位品牌、提升影响力,应从宏观和微观两个层面分析受众。在宏观层面上,要分析把握多媒体传播环境下受众的总体特征，熟悉传播规律和受众信息需求，从总体入手，明确党报核心受众、主要受众、目标受众和潜在受众，从受众接受心理和传受关系出发，定位党报品牌。在微观层面上，要着重分析研究党报核心受众和主要受众的基本特点，从受众区域、受众年龄、受众职业、受众文化水平、受众性别分布、受众个性需求[①]等方面入手，分析受众信息接触、选择、接受习惯和传受模式特征，从微观要素入手，制定分众传播、精细传播策略，定位党报品牌。

从内容入手，定位党报品牌。一方面，以党报主体角色作为内容定位出发点，结合党的宣传政策、路线、方针，将党的宣传要求与人民群众信息需求相结合，发挥党报在内容定位、生产、传播方面的传统优势，找准目标定位，开发优质产品，从意识形态占领、主流价值观发布、舆论思想引导入手，弘扬主旋律，传播正能量。另一方面，以多媒体条件下传播特点作为内容定位落脚点，分析把握多媒体条件传播总体环境、技术要求、渠道特点和受众心理，按照多媒体条件的要求和特点设计最佳传播内容，开发内容品牌。

从渠道入手，定位党报品牌。一方面，要加强传统优势渠道的新媒体转化，运用互联网思维和多媒体传播技术手段，在保持原有渠道优势的基础上推动渠道创新和优势转移。另一方面，要加强对新兴媒体渠道和技术的转化应用，确立互联网思维和平台意识，充分利用先进技术手段在内容制作、渠道优化和受众占有方面的先发优势，利用渠道优势定位党报品牌，推动党报影响力提升。

在渠道定位方面，新华社欧洲总分社通过打造多媒体融合的传播平台实现了新华社品牌的海外推广和新华社影响力的海外传播。2010 年 5 月，新华社欧洲总分社多媒体中心成立，这是一个海外二级多媒体产品的采集、制作和营销平台，它以现有总社对外文字、图片、视频产品为基础，通过再制作、再打包、再包装，为欧洲地区受众提供针对性更强、内容更丰富、形式更多样的多媒体产品。欧洲总分社首先以电子终端为突破口，目前在欧洲地区安装的 150 多块电子终端将新华社的多媒体产品打包落地，直接面向欧洲观众，电子终端在欧洲的推出立刻吸引了市场目光，很多企业纷纷投放广告。电子终端当年建成，当年收回成本，既为新华社的海外品牌推广起到了积极作用，又获得了经济效益，为多媒体的持续发展奠定了良好基础。[②]

2. 探索党报品牌经营

以品牌战略、品牌形象、品牌产品、品牌人物构建党报品牌。要确立党报品

---

① 参见刘明洋、王景强等编著《报业发展战略与报业品牌运营》，山东人民出版社 2014 年版，第 66～69 页。

② 参见伍刚《传统媒体和新兴媒体融合发展的远景与路径》，社会科学文献出版社 2014 年版，第 57 页。

牌化发展战略，从党报的历史使命和时代任务着手，从党性与人民性的高度着眼，确立多媒体条件下党报品牌化发展的特色化战略、差异化战略、整体性战略、创新性战略、长效性战略。要积极探索利用多媒体技术手段和传播优势的新型传受关系，探索建立开放、共享、互动的新型传播模式，多措并举提升党报传播力和公信力，丰富党报品牌形象，培养受众党报品牌认知。要从内容定位入手，丰富党报品牌产品，将党报主体角色与受众信息需求、公众价值追求相结合，寻求社会公共价值和利益的最大化，打造有党报特色和专业情怀，贴近实际、贴近生活、贴近群众的品牌栏目和品牌活动。要充分发挥和利用多媒体条件下的传播优势和渠道开放性，依托党报传统优势，培养党报品牌人物，通过培养主流价值观代表人物、培养符合党报角色定位的"意见领袖"来丰富党报主体角色，以品牌效应和明星效应推动党报品牌实体化和传播力。

《大众日报》记者陈中华即是一名党报品牌人物的典型。陈中华 1982 年毕业于山东大学中文系，中共党员。毕业后历任新华通讯社山东分社记者、《作家报》副总编辑、《农村大众》编委、《大众日报》特派记者。他长期工作在新闻采编一线，经常骑着自行车走街串巷，热情报道当地改革开放和经济社会发展取得的新成就，充分反映社会主义新农村建设的新风貌，写下了 120 余万字的采访笔记，许多报道在社会上产生了广泛影响，先后获得 50 余项各类新闻奖。由于长期深入农村采访，心系群众疾苦，陈中华被农民誉为"庄稼地里长出来的记者"。2006 年，陈中华罹患癌症。在治疗期间，他仍坚持采访，把新闻事业当成生命的支柱和动力，成功战胜了病魔。2009 年 11 月，他的事迹经中央电视台《新闻联播》报道后，中共中央宣传部、中华全国新闻工作者协会下发了《关于在全国新闻界开展向陈中华同志学习活动的通知》，号召全国新闻界向陈中华同志先进事迹学习。① 陈中华的事迹，只是大众日报社众多优秀编辑记者中的一例。由于陈中华在新闻报道本职工作上的出色表现和对人民群众的深切热爱，他的事迹一经传播就得到了社会各界的共鸣和一致赞赏。对个人而言，这是一名党报记者专注本职工作的真实写照；从整体而言，陈中华的形象在一定程度上丰富和代表了《大众日报》这个拥有七十年历史的主流大报的形象。党报培养品牌人物和品牌形象，既需要熟悉多媒体传播语境、有"受众缘"的明星人物，更需要以党性和人民性为指针，培养更多陈中华式的优秀新闻工作者。

以传播推广、广告营销、公关传播推动整合营销。徐永新认为："把整合营销

---

① 参见《当代好记者陈中华》，大众日报网，2011 年 5 月 6 日，http://dzrb.dzwww.com/mbmj/jzfc/201105/t20110506_6346266.htm.《新华社播发大众日报高级记者陈中华先进事迹》，大众网，2009 年 11 月 6 日，http://www.dzwww.com/shandong/sdnews/200911/t20091106_5153475.htm.

传播理论引入党报品牌战略研究，就是要做到以受众为核心开展各类品牌传播活动，同时把推广活动、品牌广告、公共关系等一系列营销手段结合起来，坚持向受众传播统一的品牌讯息，形成多层次、全方位的品牌传播合力，共同促进党报品牌影响力的提升。”①推动品牌传播推广，就要转变传统的传播观念，运用多媒体技术手段和互联网思维，主动加强与受众的沟通交流，搭建开放、共享、互动的信息和观念交流平台。推动广告营销，就要进一步树立媒体自身品牌推广意识，在重视媒体广告经营的同时，做好自身广告营销推广，通过主题广告、跨媒体广告、新媒体广告等形式传播党报主流思想和价值追求，营销品牌。好的党报口号，也可以成为党报的重要广告营销手段，例如《南方日报》的口号“高度决定影响力”，《解放日报》的口号“解放思想，与时俱进”，江泽民为《大众日报》创刊60周年的题词“永远与人民大众在一起”等。推动公关传播，既要充分整合利用党报的公共关系资源，又要从两方面着手，加强正面公关的效果优化和危机公关的风险处置。

图 4-1　南方网为自己做的网站广告

3. 实现党报品牌管理

做好品牌健康管理。一方面，多媒体环境下的信息结构变化和传播场域重构，使影响品牌健康的因素增多，风险增大；另一方面，多媒体条件对受众的赋权带来受众媒介素养的相对提升和信息需求与心理期待的扩大。受此影响，品牌所面临的健康问题敏感复杂，亚健康状态普遍存在。党报要实现品牌科学管理，

① 徐永新：《主流媒体品牌战略——基于党报品牌建设实践的研究》，人民日报出版社2010年版，第96页。

必须重视多媒体条件下的健康要素，加强防控，避免品牌健康的恶化和风险危机的产生。

做好品牌风险管理。在多媒体条件下，党报要加强品牌风险预判、预警和危机处置能力，避免品牌风险和危机发生，损害党报品牌影响力。要做好理念风险和危机管理，避免触碰政治红线和经营决策失误；要做好内容风险和危机管理，防止虚假报道、煽情报道和低俗报道的出现，严守新闻真实性的底线，确保新闻要素和报道环节真实准确，注意导向性，维护党报的权威性；要做好过程风险和危机管理控制，既要防止新闻判断错位和违规采编发布等问题的发生，也要谨防技术失误和风险的发生，避免陷入技术依赖。①

做好品牌优化升级。多媒体条件下的传播系统是富于开放性和未来性的动态系统，在多媒体语境下党报的品牌力也需要根据多媒体条件的不断变化和自身发展阶段、定位的不同进行再定位和优化升级。党报品牌影响力的再定位和优化升级，要结合多媒体条件的新变化，从主体、受众、市场、内容、技术、平台等方面入手，凝聚力量，提炼优势，面向未来。

（三）推动媒介融合创新

1.多媒体条件下的多维融合

推动多媒体条件下党报的多维融合、创新发展，是党报在多媒体时代建构主体角色，提升影响力的必由之路。

一方面，要在融合维度上明确进路。从观念维度进行媒介融合，要推动党报价值观念和多媒体条件社会主流观念的融合，推动新闻传播学理论观念与人文社会科学综合观念的融合，推动新闻生产观念和信息服务观念的融合；从技术维度进行媒介融合，要推动多媒体技术与互联网思维的理念融合，推动传统新闻采集、加工、生产、传输、反馈技术与现代信息技术应用的融合；从业态维度进行媒介融合，要推动不同媒体业态间的融合发展，发挥优势，减量增效，要推动媒体产业业态与事业业态的融合发展。通过观念、技术和业态维度的融合，党报媒介融合的最终进路是集中资源优势，发挥传统优势，顺应多媒体优势，构建党报主体角色，赢得意识形态主控权、主流价值主导权、舆论引导主动权和市场经济话语权。

另一方面，要在融合重点上找准出路。要做好内容融合发展，按照贴近实际、贴近生活、贴近群众的总体要求，统筹内容资源与多媒体传播特点，增强内容

---

① 参见刘明洋、王景强等编著《报业发展战略与报业品牌运营》，山东人民出版社2014年版，第132～138页。

可读性、易读性、悦读性，增强党报科学运用先进传播技术、增强信息生产服务能力和更好地传播党和政府声音、更好地满足人民群众信息需求的总体水平；要做好渠道融合发展，发展移动客户端、手机网站等新应用、新业态，提高技术研发水平，驱动媒体转型升级，努力打造形态多样、手段先进、特色鲜明、优势互补、具有传播力和公信力的新型主流媒体渠道；要做好平台融合发展，转变发展思路，顺应多媒体条件和互联网传播开放、共享、互动的新特点，积极运用大数据、云计算等新技术，整合平台资源，推动一体发展；要做好经营融合发展，转变经营思路，确立互联网思维和平台经济观念，整合优势资源，发展基于多媒体条件和互联网平台的“范围经济、分享经济、集成经济”[①]；要做好管理融合发展，引入现代科学管理体系，创新党报管理形式和体制机制，推动传统行政管理向现代企业管理转型。通过内容、渠道、平台、经营、管理五个方面的重点融合，明确党报融合创新的出路是将多媒体逻辑和互联网思维升级为党报自身的“操作系统”，通过媒介融合创新，发现优势、利用优势、制造优势，创新突围，通过坚持传统媒体和新兴媒体优势互补、一体发展，坚持先进技术为支撑、内容建设为根本，最终形成立体多样、融合发展的现代传播体系。

在媒介融合方面，号称“广东媒体融合第一平台”的南方网或许可以给党报的融合创新带来一些启示。南方网由广东省委宣传部主管主办，为南方报业传媒集团成员单位。在融媒体发展方面，南方网主要有以下特点：一是在网站架构上，将南方报业传媒集团下属 29 家网站、广东省 39 家主要党务政务网站以及 11 个南方报系新媒体客户端构成的新媒体墙统一整合到南方网上（见图 4-2），实现量的融合。二是在经营方式上，采用新闻立网、营销养网的经营理念，在立足新闻宣传主业的同时，以南方传媒物流为主体增加南方报业微商城（见图 4-3），除提供报刊订阅外，还提供生鲜、粮油、山珍等网上销售，并支持微信和银行卡付款。三是在呈现方式上，将多媒体技术与传统新闻呈现相结合，将微博微信实时发布互动与网络平台对接，新闻地图与新闻报道对接，用户只要点击地图上的地名，就可以查看该地的主要新闻和天气状况（见图 4-4）。四是在用户体验上，增加辅助浏览版（见图 4-5），注重用户体验，包括无障碍辅助浏览、盲人语音浏览、中文繁简体切换、英文版切换等功能，同时增加读屏专版、语音导航、纯文本阅读、页面缩放、声音开关、指读、页面配色、翻页、系统帮助等按钮，满足不同年龄层、不同阅读习惯受众的不同需求。[②]

---

① 喻国明：《媒介革命：互联网逻辑下传媒业发展的关键与进路》，人民日报出版社 2015 年版，第 71～72 页。

② 参见南方网，http://www.southcn.com/，2015 年 11 月 25 日.

党务政务网站

南粤清风网	广东群众路线网	广东爱国主义教育网
广东省政法网	广东省社会工作委员会	广东省直机关党建网
广东信访网	广东新闻发布平台	岭南文明网
广东人大网	法治广东网	
广东省政府门户网	广东省民族宗教网	广东消防网
广东外事网	广东侨网	
广东省政府应急办网站	泛珠三角合作信息网	广东省“两建”工作发布平台
广东省食品安全网	广东妇女儿童发展规划信息网	广东省疾病预防控制中心
广东省总工会	工人在线	女性E家园
广东省社科规划网	中国(南方)学术网	广东档案在线
广东党史网	广东科学中心	广东省残联

图 4-2 南方网主页、新媒体墙、链接网站(1)

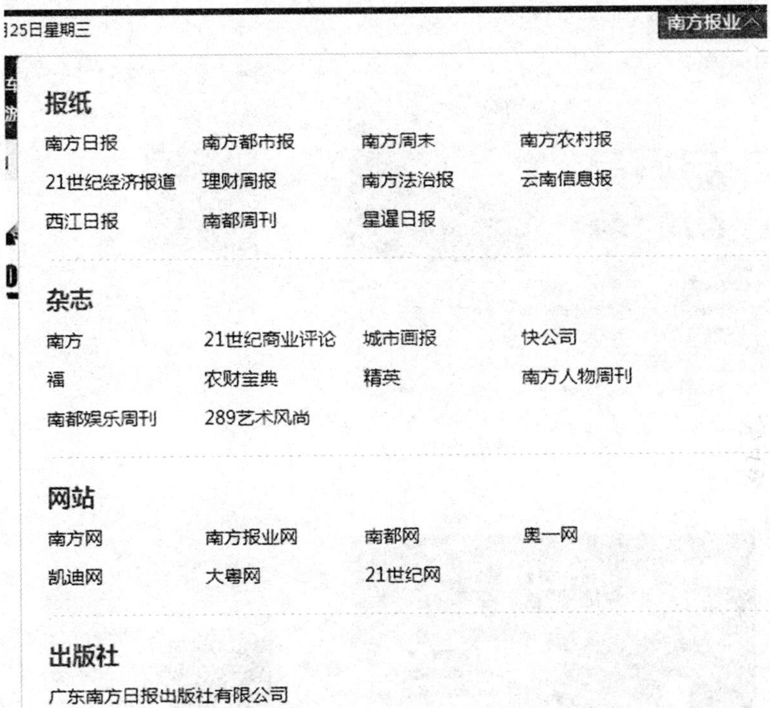

图 4-2 南方网主页、新媒体墙、链接网站(2)

图 4-3 南方报业微商城(1)

图 4-3 南方报业微商城(2)

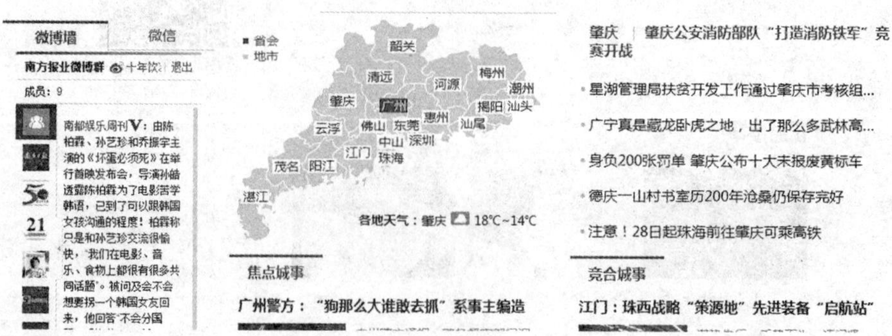

图 4-4 微博微信墙与新闻地图

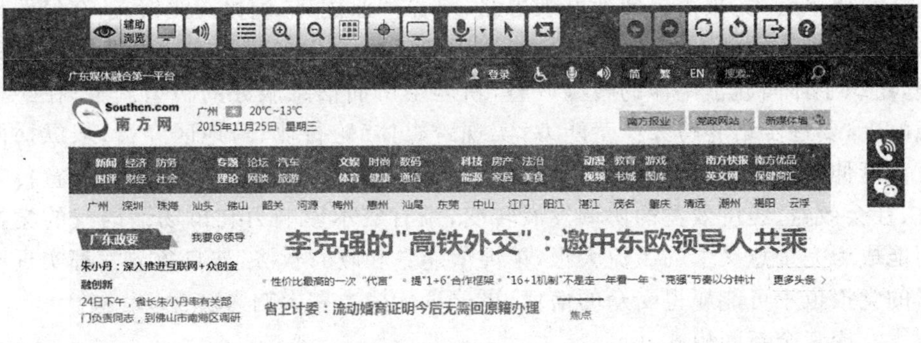

图 4-5　南方网首页(辅助浏览版)

2. 优化现有资源，努力开拓盲区

一方面，要加强资源优化配置，既要提高对现有资源的梳理、整合、综合应用能力，也要加强对多媒体资源和互联网资源的吸收、转化和应用能力，努力将资源优势转化为产品优势和平台优势，减少资源闲置和浪费，提高资源使用效能。另一方面，要努力开拓盲区，既要发挥党报在宣传阵地开拓方面的先进性，深入基层，深入现代传播技术难以覆盖的老少边穷地区，攻坚克难，提高党报传播力、公信力、影响力的覆盖范围，也要加强对线上、线下两个主战场的统筹掌控能力，在确保线下主战场绝对优势的前提下，利用技术手段和新传播逻辑，主动占领线上意识形态主战场，坚守主阵地，攻坚克难，主动出击，勇于和善于利用多媒体条件与互联网手段维护网络意识形态安全。

(四)优化产业模式

1. 经营模式创新

随着多媒体条件和互联网技术的日渐成熟，传媒研究专家杨保军认为：“作为上层建筑重要组成部分的新闻业已经和正在经济基础化，作为意识形态重要组成部分的新闻业已经和正在商品化；在整体的经济格局中，传媒经济成为越来越重要的经济领域和经济支柱，与此同时，传媒经济以其特有的弥漫性、渗透性和体验性通贯性地作用和影响着整个经济系统的运行。”[①]对党报而言，多媒体条件带来了市场化的无限机遇和严峻挑战。党报能否在市场化大潮中站稳脚跟、把握方向、发挥影响力是多媒体条件下党报主体角色建构和影响力发挥的重要环节。

---

① 微信号“难得_糊涂”：《读与思：杨保军老师在人大新闻学院60周年系列学术论坛上的致辞实录》，2015年9月28日，http://www.jianshu.com/p/cba5f569d72f.

总体来看，党报需要转变发展思路，培养产业优势，优化产业模式，在经营模式上进行创新发展。在经营理念上，要逐步实现文化事业向文化产业的转型调整，组织主体向经营主体的转型调整，新闻生产向信息服务的转型调整；在经营战略上，要逐步培养跨界经营能力，实现跨媒体、跨行业、跨地区经营，从纵横两方面延伸报业产业链；在经营目标上，要实现由单纯重视宣传效益向谋求宣传效益、社会效益、经济效益的协调发展转变，没有资本影响力和市场话语权的党报不能成为完全意义上的主流大报，单纯依靠党和政府救济，连自负盈亏都实现不了的党报也不可能赢得受众的信任，更遑论传播力和影响力。

2. 探索全新闻模式

多媒体条件为报业数字化转型提供了新思路，传统意义上新闻报道各环节的竞争被全新闻竞争取代。所谓全新闻竞争，就是"在'数字化'的媒介环境下，媒介实体进行新闻竞争以及依靠新闻打造影响力的方式，将不会像以前那样限于新闻的采集与发布，而会是嵌入在内容的采集、生成、发布、售后这一整套动态的水平式流程中，同时，还会表现为更多渠道、更多形式，是一种组合式的而不是单线式的竞争"①。

全新闻竞争给党报产业经营带来的基本要求是全媒体、全平台和全天候。所谓全媒体，就是要在内容采集与生成技术在技术形态上具有多元性，既要在技术配备方面下力气优化，也要在产品表现形态上进行全媒体化升级和呈现。所谓全平台，就是内容发布在实施手段上呈现多样介质，体现"一次采集，多次生成，多次发布，多元发布"的特点，在宏观和微观层面同步实现报纸内容密集覆盖，增强内容影响力，扩大内容影响面。所谓全天候，就是指报纸新闻信息和资讯的 24 小时无间断采集与发布，在传播的时间坐标中拒绝断点。②

3. 重塑报业产业链

多媒体时代的报业产业，是由"产品中心"向"平台中心"转移的时代，重塑报业产业链应围绕平台建设和平台经济发展的主题，在纵向和横向上寻求突破。纵向上，要向报业的上下游产业延伸，追求规模效益，如出版、发行、采编与报业的融合发展；横向上，要向报业的左右相关产业发展，追求集群效益，如动漫、文玩、演艺等文化产业与报业的互利共赢。此外，重塑报业产业链，也可以适当考虑向全新领域发展，如房地产、电子商务、金融投资等。

---

① 刘明洋、王景强等编著:《报业发展战略与报业品牌运营》，山东人民出版社 2014 年版，第 40 页。

② 参见刘明洋、王景强等编著《报业发展战略与报业品牌运营》，山东人民出版社 2014 年版，第 40～41 页。

三、影响力营销

影响力营销是党报深化影响力，实现影响力持续传播的重要举措。在多媒体条件下，要成功营销党报影响力，可以从主题化和品牌化两个战略入手，解决如何营销和营销什么的问题。

（一）主题化战略

1. 主题生成

在影响力营销主题的生成方面，要充分认识和掌握多媒体条件下传播环境的总体特点和基本逻辑，在多元化和分众性、同一性和延展性、专业性与公众性上下足功夫，做好文章。

考虑多元化，要充分认识多媒体条件下价值多元、形态多元、诉求多元、渠道多元、受众多元、内容多元的基本特点，设置多元化的营销和传播主题，在做强主业的基础上，做大多元；考虑分众性，要考虑多媒体条件下受众心理的复杂性和人内传播系统的复杂性，充分考虑不同受众人群接受习惯、编解码方式、行为逻辑、表达逻辑的不同特点，在制定多元主题时，注意受众细分，制定分众传播策略，实现精细化传播和精准营销。

考虑同一性，要考虑到多元主题对影响力营销的加成效果，将多元主题归一到影响力营销的大主题下，避免主题分散、分化，减弱党报影响力；考虑延展性，要考虑到影响力营销活动间的关联性和系统性，通过策划和营销系列主题、系列活动提升影响力深度和广度。

考虑专业性，要从党报主体角色定位入手，结合新闻专业主义和媒体优势，实行专业策划、专业营销、专业检测评估；考虑公众性，要注意党报影响力营销的整体性和参与度，力争开放、共享、互动、沟通。

2. 主题传播

在主题传播过程中，要从传播过程诸要素入手，优化传播过程，确保影响力传播广度、深度、高度和信度。从传播主体入手，优化内容定位、加强技术利用、精确分析受众、合理制定目标；从传播内容入手，贴近受众需求、符合多媒体传播逻辑和技术要求；从传播渠道入手，充分利用多媒体条件和技术手段，加强对大数据技术、云计算技术等现代信息技术和传播手段的综合应用，拓宽渠道，降低干扰；从传播对象入手，分析多媒体条件下的受众需求和接受模式，实现精准传播；从传播效果入手，合理评估传播效果，建立指标体系和反馈改进措施，优化传播效果，追求传播效益的最大化。

在主题化传播方面，《大众日报》品牌运营中心的实践值得借鉴。山东是经济大省和对外开放大省。2009年,《大众日报》品牌运营中心成立后,结合山东省的实际情况适时推出了“投资山东”系列活动。通过与各省级驻鲁异地商会建立联系,发挥《大众日报》作为省级党报的品牌优势和传播资源,合作推出了山东最佳投资城市评选、山东最佳投资园区评选和2011投资山东峰会。通过组织高水平的评选和峰会,《大众日报》一方面实现了党报服务地方、服务社会的职能,另一方面,也在企业界和全社会进一步扩大了《大众日报》的影响力、知名度和专业性,为党报影响力的主题化营销找到了有力抓手。①

(二)品牌化战略

1.品牌化定位战略

将现代品牌定位理论与多媒体条件下的党报特点相结合,从党报功能、受众特点、内容定位和渠道定位四方面入手,推动党报品牌化定位和品牌化运营。

2.品牌化传播战略

一方面,从品牌战略、品牌形象、品牌产品和品牌人物入手,构建党报品牌,确立多媒体条件下党报品牌化发展的特色化战略、差异化战略、整体性战略、创新性战略、长效性战略,打造有党报特色和专业情怀,贴近实际、贴近生活、贴近群众的品牌栏目和品牌活动。另一方面,在传播推广、广告营销、公关传播方面同时发力,推动党报品牌整合营销传播。

《大众日报》是国内党报中较早设立品牌运营专门机构的媒体。2009年4月,《大众日报》品牌运营中心开始试运营,2010年1月正式成立。在《大众日报》的品牌化传播过程中,《大众日报》品牌运营中心承担了对内对外两方面职能,对内运营党报自身品牌,对外为社会客户提供增值服务。依托《大众日报》的权威、公信和影响力,《大众日报》品牌运营中心充分发挥大众报业集团的品牌优势、人才优势和高端政商资源优势,以“整合资源,创造财富,塑造品牌”为宗旨,以新闻发现价值,以活动放大价值,以策划服务提升价值,通过组织开展山东半岛蓝色经济区高峰论坛、“蓝色经济大家谈”系列活动、第四届生物产业大会策划报道活动、山东战略新兴产业领军人物和领军企业评选活动、投资山东主题活动、品牌山东主题活动、公益山东主题活动等系列活动擦亮党报品牌,服务地方经济社会建设,营销党报影响力,构建党报主体角色和主流地位。②

---

① 参见刘明洋、王景强等编著《报业发展战略与报业品牌运营》,山东人民出版社2014年版,第170～174页。

② 参见刘明洋、王景强等编著《报业发展战略与报业品牌运营》,山东人民出版社2014年版,第164～178页。

3.品牌化管理战略

一方面，要从品牌管理要素入手，结合多媒体条件下的传播特点和传播环境，科学管理，做好品牌健康管理、危机管理和品牌优化升级；另一方面，要从品牌管理体系入手，建立一整套标准化、系统化管理体系，通过建立品牌评估体系、内容体系、话语体系、创新体系，实现党报品牌管理的科学化、系统化，确保党报影响力营销的长效性和动态性。

第四节　融合驱动创新，凝聚党报核心竞争力

一、三大工程的互动关系

（一）三圈环流，一体发展

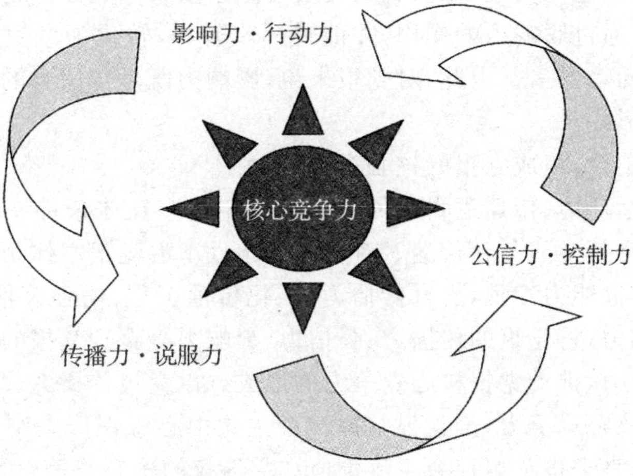

图 4-6　三大工程的互动关系

1.传播力是影响力和公信力的前提

在多媒体条件下，内容、渠道、技术是决定传播广度、深度、强度、信度和高度的三驾马车。只有具有高品质的传播内容，党报的传播活动才能言之有物，才能获得受众信任，进而产生影响力；只有具有快速、通畅的双向传播交流渠道，受众才能及时、准确地接受信息，进行反馈和改进，只有充分利用多媒体条件下的新技术手段和时间红利，党报才能在传播活动中抓住先发优势，进行精准定位和快速传播。因此，只有提升传播力，才能为党报影响力制造和公信力获取提供前提基础。

2. 公信力是传播力和影响力的保障

传播内容、渠道和技术为传播力解决传播效率的问题，公信力则为传播力解决了传播效益的问题，有公信力做背书，传播的效果才能得到保障，有效传播才能实现并追求传播效益的最大化。在多媒体条件下，信息的总量和渠道的分布都是无限扩大的，与此相对应，优质信息和有效渠道是相对稀缺的，在多媒体条件下受众接受权占主导地位的传播场域中，获取公信力的媒体往往可以提供相对优质的信息和有效的渠道，因而在受众选择的过程中占有优先权和决胜权，这也推动了党报影响力的进一步生成。因此，党报只有仔细呵护来之不易的公信力，才能为传播力提升和影响力获取提供坚实保障。

3. 影响力是公信力和传播力的目标

对党报而言，影响力是传播活动的终端产品，也是二次传播的起点。党报传播活动和传播力提升的最终目的是通过传播主体、对象、内容、渠道、效果各方面的优化最终获得影响力，作为二次传播的起点，党报影响力决定着受众认知和行为，对党报主体角色的实现、社会健康发展将产生重大影响。作为党报无形资产的公信力，只有通过影响力的作用，才能进一步升华，转化为意识形态、舆论、市场的影响力和活动要素。因此，对党报来说，影响力既是传播力的目标形态也是公信力的表现形式。

4. 三者相结合，组成党报的核心竞争力

多媒体传播环境、传播逻辑和传播特点决定了多媒体条件下党报构建主体角色面临着各种新挑战与新机遇。对多媒体条件下的党报主体角色建构过程而言，只有系统打造能力工程，提升传播力，强化价值工程，增强公信力，深化互动工程，营销影响力，将党报的传播力、公信力、影响力凝聚到党报的核心竞争力上来，才能形成合力，推动党报核心竞争力的形成。以党报传播力、公信力、影响力为基础的党报核心竞争力，是党报掌握社会主义中心意识形态制高点和主控权的核心竞争力，是党报掌握社会主流价值观主导权的核心竞争力，是党报控制舆论引导主战场和主动权的核心竞争力，是党报参与社会主义市场经济建设、掌握市场经济话语权的核心竞争力，更是党报在中国特色社会主义现代化建设伟大征程和“中国梦”伟大实践中赢得人心民意的核心竞争力。

（二）各有侧重，立体多样

1. 传播力重在业态

党报的传播力工程重在解决多媒体条件和新技术手段下，党报如何进行业态重构、内容创新、技术应用和渠道拓展，重在打造能力。

2. 公信力重在价值和理念建设

党报的公信力工程重在解决党报在多媒体条件下的意识形态和思想理念问题，侧重解决党报的意识形态地位和作用、党报的主流价值归属、党报作为媒体的社会角色定位等问题，重在价值培育。

3. 影响力重在意识形态、舆论和市场

党报的影响力工程重在解决多媒体条件下党报如何影响意识形态、舆论和市场的问题上，侧重解决党报影响力的生成、作用和营销机制。

4. 形成立体多样、融合发展的现代传播体系

党报的传播力、公信力和影响力工程从不同侧面入手，解决多媒体条件下党报为谁传播、向谁传播、传播什么、如何传播等一系列问题，通过实施三大工程，构建党报主体角色，形成立体多样、融合发展的现代传播体系，更好地传播党和政府声音，更好地满足人民群众的信息需求。

二、凝聚党报核心竞争力

（一）从效果论出发推动三大工程

1. 推动传播力向说服力提升

要从传播内容入手，按照多媒体条件下的传播逻辑和传播规则，结合受众需求和接受习惯设计传播内容，提升内容的针对性、导向性、贴近性；要从传播对象入手，尊重受众的价值地位，按照受众信息需求和特点实行精准传播和分众传播；要从传播渠道入手，一方面拓宽渠道、畅通渠道，保证快速准确传播，另一方面利用新技术手段优化渠道、制造渠道，实现高效立体传播；要从效果入手，注重传播效果检测与优化调整，推动传播力向说服力提升，培养党报核心竞争力。

2. 推动公信力向控制力提升

要积极推动公信力向控制力提升，提高党报的意识形态主控力、主流价值主导力、舆论引导主动力和市场经营活动力，培养党报核心竞争力。

3. 推动影响力向行动力提升

结合多媒体条件下的传播特点，发挥党报在议程设置、使用与满足、劝服和二次传播方面的理论和实践优势，培养拟态环境和“意见领袖”，从接触、认知、说服的各环节入手，推动党报影响力向受众行动力转变，培养党报核心竞争力。

（二）从系统论出发做好系统保障

从系统论出发，加强党报主体角色建构和核心竞争力培养的系统工程，从发展理念、经营战略、传播策略入手，在观念、制度、政策、模式、资源、创新机制、人

才队伍、组织结构、管理体系各方面需求突破点，找到立足点，系统实施能力工程、价值工程和互动工程，以传播力提升、公信力维护和影响力营销为重点，培育党报核心竞争力。

（三）从控制论出发加强党的领导

一方面，要加强对社会控制理论的研究运用，重视党报作为社会控制中间环节的作用和地位，既要加强党报在社会总体控制中的积极作用，也要加强党对党报的领导和指导；另一方面，从控制论重视反馈的角度出发，要加强党报和受众、党报和党组织之间的双向互动交流，构建“党—党报—受众”通畅、快速、高效的沟通和互动渠道。

（四）从信息论出发加强信息管理

香农的信息论认为：“信息具有帮助我们消除对事物的不确定性的功能，并影响着我们选择或不选择某种行为的概率。”[①]这给多媒体条件下党报打造核心竞争力的启发是：信息的管理，一方面在多媒体条件下面对信息的纷繁复杂，要提升信息甄别能力，过滤无效信息和虚假信息；另一方面，要警惕信息噪声的出现。作为党报，应该发挥自身优势，掌握信息发布、解释和交流的主导权，帮助受众获得有效信息和优质信息。

① 转引自郭庆光《传播学教程》，中国人民大学出版社2011年版，第251页。

附　录

案例分析

一、主题报道创新案例研究

（一）《大众日报》之《回眸"十二五"》报道亮点多多

新媒体时代，传统媒体面临着前所未有的压力和挑战，传统媒体尤其是党报的传播力和影响力受到一定程度的挑战。面对新媒体带来的压力，如何在激烈的竞争中赢得一席之地，成为党报发展必须面对的问题。党报要坚持党性为主，这是必须坚守的。但是，党报也需要新闻性。政治性引导新闻性，新闻性体现政治性，二者相辅相成。主题报道是党报报道的重头戏，也是党报最重要的优势之一。主题报道中有很强的政治性，但是如果做得好，就可以政治性与新闻性兼顾。

创新是提升党报新闻传播的动力源。做好主题报道，就要有独到的创新点。《大众日报》进行《回眸"十二五"》主题报道，可以说是创意十足。其内容丰富，定位准确；形式创新，角度独特；渠道多元，全面展现。全方位、立体化的报道，吸引着读者浏览《大众日报》。这种报道形式，不仅党和政府满意，也是老百姓所喜闻乐见的。另外，《大众日报》是几个省级党报中，较为领先进行《回眸"十二五"》主题报道的党报。在《大众日报》开始"回眸十二五"后，其他的省级党报才纷纷开始跟进。这种领先优势，也是《大众日报》一直保持和追求的，以塑造主流媒体形象和地位。

《回眸"十二五"》是对山东省过去五年时间中取得的成绩的总结和回顾，同时也为未来的"十三五"规划奠定基础。《回眸"十二五"》专题关乎国计民生，信息量较大，同时富有新闻价值。《大众日报》在《回眸"十二五"》专题报道中，按照一定的思维逻辑，面面俱到地分析总结山东省战略实施状况。按照"三贴近"的原则和要求，充分挖掘新闻资源，创新报道内容、创新报道手段和形式，提高了报道的公信力、影响力和感染力，发挥党报优势，体现大报风范，是一个比较成功的党报主题报道创新案例。

1. 内容丰富，定位准确

从 2015 年 11 月 12 日起，《大众日报》领衔推出大型融媒体报道《回眸“十二五”》，重点打造“山东成绩单”和“我满意，我讲述・100 个人的山东故事”两个栏目。其中，“山东成绩单”重点在头版进行报道，“我满意，我讲述・100 个人的山东故事”主要放置在二版详细报道。报道主要是回顾梳理过去五年内，尤其是十八大以来，山东经济社会发展的新作为、新亮点、新变化，展示工作成绩，展现群众感受。[①] 一直到 11 月 18 日，共连续推出 7 期。11 月 20 日，又推出《全面从严治党，我省迈出坚实步伐》；11 月 21 日，推出《万余留言点赞山东成绩单》。一共推出 9 期内容。该报道在社会上引起强烈反响，取得不错的报道效果。

《大众日报》定位全省，立足改革发展。《回眸“十二五”》主题报道全面反映了“十二五”期间，山东省的经济、政治、文化、社会、环境等方面的发展成果。在选择这些表现主题上，编辑也是煞费苦心。11 月 12 日，《大众日报》头版告知读者将会进行《回眸“十二五”》融媒体报道。主标题《走在前列：山东的承诺与作为》从总体上对过去五年中，山东省的经济、社会、环境、民生、文化、政治等方面的作为和成绩作了总结分析和汇报，并暗示接下来几天中的主题报道计划和安排。

《回眸“十二五”》采用同题集中安排报道，这是其精品意识的体现。[②] 从 13 日起，《大众日报》主题报道围绕改革创新、区域战略、生态文明、三农发展、共享发展、核心价值观、党政反腐等七个方面展开。此次主题报道是《大众日报》策划较为成功的报道之一，而且《大众日报》新闻策划力度大大加强，报道价值得以体现，党报权威性得以发挥。

最值得一提的是，《大众日报》创新性地通过“100 个人的山东故事”栏目，从群众小事、身边事中，采用拼图式的方法，为读者展现了“十二五”给山东人民带来的巨大变化。《大众日报》从各地选出各个行业的代表组成“100 个人的山东故事”，每天贴出 17 人的照片和姓名，讲述其中典型代表的典型故事，共推送 7 天。这些人的故事，有的大处着眼，有的以小见大，展现了山东在过去五年中，做出的努力和贡献，取得的成绩和成果。以“新闻故事”推理新闻事实，好读易懂。

在报道时，《大众日报》采用一个主题、多点支撑的方法进行报道。既有骨架，又有血肉，读来生动真实。在 11 月 15 日“区域发展战略”主题下，“100 个人

---

① 参见《回眸“十二五”》，2015 年 11 月 12 日《大众日报》。

② 参见张巧玲《党报如何在重大新闻事件报道中创新出彩》，《新闻知识》2006 年第 5 期。

的山东故事”共推出4个小标题，分别是“有了城铁，不再怕出差”“到省城会客厅‘串门去’”“‘地球仪’玩转一带一路大通道”“送小麦踏上循环之路”等。“有了城铁，不再怕出差”和“‘地球仪’玩转一带一路大通道”聚焦道路交通的改善，交通便捷了，感情深了，商机多了；“到省城会客厅‘串门去’”，着重圈内协作，企业互动，共同发展；“送小麦踏上循环之路”①，通过滨州泰裕麦业有限公司的延长小麦产业链，展现我省加快产业转型的信心和决心。一个个鲜活的案例，是对山东省经济腾飞、社会安定、人民富裕的重要表现。丰富的内容、准确的定位，也使得《大众日报》头版的创新性得以提高。

在报道时，《大众日报》更加侧重民间声音的传递。11月14日，聚焦“三农发展”，在《良种配良方，省劲又省心》中，记者坚持“三贴近”原则，采访当地不少村民，以村民之口，讲解利民之好，增加可信度和亲切感。党报重视民间声音，是“为民、便民、利民”的重要表现，也是党报增强公信力和传播力的重要手段。

2.形式创新，角度独特

过去，读者对党报的认识局限在死板的内容、呆板的版面。然而如今顺应时代发展，这种呆板思维和形象在党报报道中有了很大改善。《大众日报》现在更加注重新鲜的内容、创新的形式，尤其是《回眸“十二五”》的主题报道，《大众日报》更是做足功课，努力创新。

好的版面，尤其是头版设计能够吸引读者，为内容服务。《大众日报》在此主题报道中，最大的亮点就是版面和形式的创新。《回眸“十二五”》的主题报道版面处理庄重大方，在头版“山东成绩单”和二版“我满意，我讲述·100个人的山东故事”都采用套红处理。整版套红，大多时候出现在节庆日报道中，因其颜色鲜艳，抓人眼球。而《回眸“十二五”》采用整版套红处理，形象直观，直接表达我省在过去五年时间中成绩可喜，值得庆祝。

框架创新。这些图示采用日历框架形式，根据主题选择日历的色彩。11月14日，《回眸“十二五”》主题是“三农问题”，突出绿色，象征生机与活力；11月15日，主题是“区域发展战略”，突出蓝色调，蓝色畅想系列。《回眸“十二五”》主题根据栏目内容设计相应的图像标识，将数据与图形相结合，清晰明了，便于读者产生内容联想，记住栏目内容定位。

善用图片、色彩，增强视觉冲击力，为版面内容附带感情色彩。除了大段的文字叙述，《大众日报》在《回眸“十二五”》主题报道中，还添加了不少的图示说明（见图1）。11月17日，在“城乡保障”专题中，记者以“跑步前进”的人物，代表城乡就业新突破。全省城乡就业连续12年实现双过百万的好成绩。以“白发老太

① 《我满意，我讲述·100个人的山东故事》，2015年11月15日《大众日报》。

太”和“一堆金硬币”形象表现我省社会保障水平不断提高，连续 4 年提高居民养老保险基础养老金标准。以“笔在本上写字”形象代表企业劳动合同签订率达到 99%，形象直观，又好记。

图 1 为全国贡献一批“山东经验”图示

“山东成绩单”从概念、数字、图表等大方面，进行总结陈述山东在过去五年中取得的重要成绩，而“我满意，我讲述·100 个人的山东故事”则是从小人物的言行举止中刻画“十二五”规划给人民群众带来的福利和优惠。这种组合方式，既有宏观把控，又有细节体现，真正做到了有理有利，这种创新性的组合方式，也是其他省市党报应该学习的榜样。

3.渠道多元，全面展现

党报想要发展，还要发挥自身特色，多渠道传播党报内容，增强创新意识，巩固主流地位。《大众日报》新媒体发展也走在前列，新锐大众客户端拥有众多用户。新媒体环境下，党报利用其改善报道，融入民间舆论场。发起受众感兴趣的话题，或者设置话题进行投票。《大众日报》很好地利用了网络环境，适时推出《回眸“十二五”》。从11月2日开始，截至11月20日，话题征集页面浏览量超过150万，网友留言4000余条。[①] 重磅推出“我满意，我讲述·100个人的山东故事”。也就是说，推出这个主题报道并非没有依据，而是在征集受众的意见和建议之后，才郑重推出的。

《回眸“十二五”》系列报道通过《大众日报》、新锐大众客户端、大众日报官方微博微信以及大众网、手机报、山东24小时客户端等大众报业集团全媒体矩阵同步推出。

新锐大众客户端同步推出专题报道。新锐大众客户端《回眸“十二五”》专题分为“山东成绩单”“100个人的山东故事”“山东学习贯彻”“权威解读”“人民福祉”“国家未来”“习大大带你学”“文件政策决定”八个部分。这八个方面是对报纸内容的扩充和补充。特别是“山东学习贯彻”“权威解读”“人民福祉”“国家未来”“习大大带你学”“文件政策决定”六个部分，分别在新锐大众客户端详细展开。“权威解读”栏目中，是对党的新政策、新问题的解读，推动山东省向更高层次更好发展。而“习大大带你学”则是解读习近平总书记的讲话……

不得不说，《回眸“十二五”》主题报道是一次成功的新闻报道策划。这种报道策划，是一种可预知的报道。这个报道专题分成四个方面组织报道框架：主题基调上根据党报性质设定内容方向；版面设计上红色套版、图文并茂；表现形式上运用多媒体展现新闻多样性；信息整合上注重对新闻最新资料的收集和整理。

在报道中，《大众日报》始终保持报道面的“党群平衡”，真实、客观、公正、全面地报道现实生活，在群众中树立党报客观、求实的形象。突出成绩，不用空话、套话，而是以“身边人说身边事”的形式进行，全面展现山东“十二五”期间取得的亮丽成就，生动记录山东人在过去五年的可喜变化。至11月20日，报道总阅读互动量已达918万人次，众多读者网友因其感慨，为其点赞。这组重大报道线

---

① 参见王学文等《〈回眸“十二五”〉报道引关注 万余留言扮靓山东成绩单》，2015年11月21日《大众日报》。

上、线下的热烈讨论，也激发了公众对于山东“十三五”发展的关注热情。[①]

新闻界有句话：信息是银，解读是金。《大众日报》便对“十二五”规划目标实现做了图文并茂的解读。在解读的过程中，《大众日报》不仅仅是停留在表面成绩的展现，而是进行更深层次的挖掘。在这里，有中央领导的亲切关怀和支持，有山东省委、省政府领导的正确带领和指导决策，也有全省人民的共同努力。文字说明论点，数字支撑论据，几乎所有的成绩都能找到达到这个目标的数字支撑。成绩不是凭空捏造，而是有理有据、扎实可靠的。此后类似报道中，《大众日报》完全可以延续《回眸“十二五”》主题报道的形式，围绕主题组合报道，继续创新报道。

（二）《广州日报》创新“第一纸”

移动客户端和微博、微信畅行的当下，传统报纸不再具有信息发布的优势，其生存空间也面临着严峻的市场考验。而党报的有效读者群体也在日益下降，党报的社会功能不断弱化。如何使党报的品牌价值保值增值，成为党报发展的重中之重。《广州日报》一直是党报中敢为天下先的代表，走在党报改革的前列。这种探索精神和创新精神，也印证了党报在未来发展还有很大的增值空间。

2012 年 4 月 10 日，《广州日报》再次引领报业改革思潮，根据读者的阅读需求，推出全新四维阅读“第一纸”（见图 2）。[②] “第一纸”包括四个版：“今日天下”“今日观点”“今日互动”和“今日生活”。“第一纸”强调一纸能够尽览天下事、尽享大家观点、尽知生活资讯、尽可网络互动。“第一纸”的推出，也给其他党报的改革创新提供了借鉴。

1. 内容：服务性与时效性并存

在浩瀚的信息海洋中，如何提炼最重要的信息资源，筛选最有用的新闻内容，以此抓住受众的眼球，成为“第一纸”最重要的任务，也是其可圈可点之处。“第一纸”在创办之日起就融入了“融媒体”的理念，这一理念讲求传统媒体与新媒体的有效对接，整合信息资源。关注网络热门话题，报道新颖事件，将党报的公信力与新媒体的时效性完美结合。

---

① 参见王学文等《〈回眸“十二五”〉报道引关注　万余留言扮靓山东成绩单》，2015 年 11 月 21 日《大众日报》。

② 参见何肖贞、林珊珊《超九成读者撑广州日报改版“第一纸”惊艳》，2012 年 4 月 11 日《广州日报》。

廣州日報
Guangzhou Daily

LONGINES

第1纸 今日天下 导读与索引

二孩时代来了助产专业抢手

不少学校应届毕业生就业率已达100%　很多学生未毕业先签约

梅州确诊今冬首例人感染H7N9

相邻半世纪　街坊重欢聚

感谢生命有你

市老年病康复医院明年动工

明年可从南沙出发玩转越南

电话诈骗一运营商被判担责

为护古树彭城路拟变单行道

图2　11月24日《广州日报》“第一纸”截图

《广州日报》“第一纸”在报道过程中，抛弃过去那种宣传为主、传达信息为重的理念，而是做起了沟通各方的桥梁和纽带，更加重视服务性质——服务群众，服务本地。11月23日，《广州日报》中“今日天下”栏目推出《广州怎治拥堵　市民请提建议》，针对“特定区域、特定路段、特定时段是否对外地车错峰出行，广州城建公咨委邀你提建议”，这是广州市民身边发生的事情，也是亟待解决的难事、烦心事。[①]《广州日报》“第一纸”给了读者这样一个平台，使得他们可以抒发自己的意见和建议，也拉近了广大群众与政府之间的距离，可以说是一举两得。

定位准确。“今日天下”搜索天下大事，给读者导向。“今日观点”聚焦敏感话题，谈谈专家看法。“今日生活”关注本地生活信息，原汁原味，主要服务于生活在广州和珠三角城市群的读者。“今日互动”则依托广州日报大洋网和广州日报官方微博对网上热点网文进行追踪讨论，是一种较为“浅显”的阅读。“今日互动”同时开设了《网友聊天室》《读者网上评报》等栏目。[②]

重点突出。尽管有些标题只是起到导读和索引的功能，但是“第一纸”的报道确实突出报道重点。以图 2 为例，《二孩时代来了助产专业抢手》作为头题夺人眼球，尽管只有一个标题，但是这已经达到了传播效果。《感谢生命有你》以黑体加粗的方式告知读者该内容的重要性，其肩题“相邻半世纪 解放重欢聚”也让读者基本猜到事情的前因后果。

有了广度，不忘深度。如果说“今日天下”重视广度，那么“今日观点”重视的就是深度。“今日观点”头栏中“社评”透彻分析当下时事热点话题，利弊权衡，有理有据。而且，由于文章篇幅短小精悍，在当下提倡“短平快”的时代，非常受用。近日，国务院办公厅印发《关于加快发展生活性服务业促进消费结构升级的指导意见》[③]，《意见》内容繁多，于是《广州日报》发表社论文章《用有形之手推生活性服务业一把》，将《意见》的中心内容进行解读，最终落脚到“社会发展，成果共享，最终要体现在老百姓的日常生活上”。

2. 版面：易读与悦读共生

“第一纸”在排版上借鉴网络新闻的排版方式，字数少，图片多，文章标题加粗加黑，清晰明了。这种版面安排给读者想要阅读的冲动，也给人“悦读”的体验。

“第一纸”版面具有很强的视觉冲击力，整个版面疏朗大方、有主有次、错层分布。读者容易阅读，读起来也舒心。在“今日天下”栏目中，除非是重点发布的内容，大多数的新闻都是由“标题＋图片”组成的，有的甚至只有一个标题，这种分布形式大大压缩了具体内容，将剩余的版面留给其他信息和新闻。“今日观点”中，涉及很多方面的内容。但是每一个内容都占用较少的版面，将最精彩的

---

① 参见《广州怎治拥堵 市民请提建议》，2015 年 11 月 23 日《广州日报》。

② 参见黄卓坚《全媒体时代综合性日报的创新与坚守》，《新闻战线》2012 年第 7 期。

③ 《用有形之手推生活性服务业一把》，2015 年 11 月 24 日《广州日报》。

内容展现出来。尽管内容多,但是由于编辑编排用心,显得并不杂乱。

照片居多,大幅图片吸引眼球。“以图代文”也是一种“易读”手法。11月22日,《广州日报》“今日天下”将大半个版给了《广州恒大 王者归来》,图片配的是广州恒大众人手捧奖杯欢呼的场面,给人印象深刻。大篇幅图片用在报纸的显要位置,受到读者的欢迎,也提升报纸的竞争力。

对于《广州日报》开设“第一纸”,暨南大学新闻与传播学院副院长张晋升教授认为,“这是基于引领全媒体时代报业市场创新理念的一次尝试,是在尊重报纸属性基础上对新闻内容和形式的全新包装,是在回归报纸的服务性的基础上对读者速读、深度、悦读的信息需求的满足”[①]。这恐怕是对“第一纸”最好的评价,也是对其最大的褒扬。

(三)党报卡通漫画报道创新——《湖北日报》“楚楚的‘十三五’”专栏创意十足

当下,读者群体尤其是年轻读者更喜欢快餐式的、轻松愉悦的阅读。图片、短文、幽默笑话才能引起他们的兴趣。党报那种大篇幅文字阅读、深度阅读,不被他们喜欢。而现代读图时代,给了卡通漫画以一席之地。卡通漫画或生动形象,或理性幽默,或讽刺激烈,给读者带来了新鲜感和愉悦感。

党报中的卡通漫画时时坚持“三贴近”原则——贴近实际、贴近生活、贴近群众。新闻工作始终坚持正确的舆论导向,将体现党的意志与人民群众的呼声相结合。新闻工作要采用人民群众喜闻乐见的方式和方法,将党的声音传递到人民群众中去。在漫画创作中,党报的视角对准普通百姓,选择主题特别注意新闻性、时效性、趣味性和接近性。《湖北日报》在报道“深入学习贯彻五中全会精神”专版时新推出创意专栏“楚楚的‘十三五’”,就是将主题与当地相结合,专栏相当“接地气”。

“十三五”是国家大政方针决策的重要内容,是一件非常严肃的事情。但是,干枯的文字、宽泛的概念,绝对不会受到读者的欢迎,也不容易传播。如何将“十三五”深入人心,通俗易懂,这就成为编辑和记者非常头疼的事情。《湖北日报》立足创新,独辟蹊径。11月8日起,在三版“深入学习贯彻五中全会精神”专版推出创意专栏“楚楚的‘十三五’”,以“读者点题楚楚采”的方式,打出“跟着楚楚走 看懂‘十三五’”口号,通俗解读群众普遍关心的民生问题。此次报道最大的创意是以漫画的形式,讲述未来十三五湖北省的新变化。11月8日,为了铺垫

① 《张晋升:全媒体时代报业市场新尝试》,暨南大学新闻网,http://zxdj.jnu.edu.cn/xzsj12013/07/05/1149305342.html.

后期报道，编辑在“开栏的话”中写道：十八届五中全会审议通过了《中共中央关于制定国民经济和社会发展第十三个五年规划的建议》(以下简称《建议》)，描绘了未来五年国家的发展蓝图。这些天来，大家都在人认真学习全会公报和《建议》，一系列新理念、新目标、新政策振奋人心，引发热议。今天，我们设计了一位卡通人物“楚楚”，她是你我当中的普通一员，是湖北人的集体符号。“楚楚”的“十三五”，也是每个湖北人的“十三五”。让我们通过她的视角，来问询、求教权威专家学者，解读、畅想五中全会将给人民工作、生活带来的新变化。

1.“楚楚”生动可爱

该专栏最大的亮点就是设置可爱的卡通人物“楚楚”。湖北省素有“荆楚大地”的美称，《湖北日报》选择“楚楚”这个名字，既是对湖北的昵称，对荆楚文化的一种展现，也给湖北人民以亲切感，拉近了与读者之间的距离。在楚楚的性别选择上，编辑也有一定的考虑。楚楚是个女生，比较符合“楚楚”这个名字；楚楚的女生身份也给读者平易近人之感。

图 3　卡通人物“楚楚”

“深入学习贯彻五中全会精神”专栏打出组合拳，每期由“十三五”规划《建议》摘要、四幅漫画和一篇主稿组成。“楚楚”专栏就是四幅漫画，以楚楚的所见所闻所感开启了“十三五”解读的模式。在此，楚楚以第一人称的方式，向专业人士咨询身边小事。通过楚楚与专家一问一答的形式，简明生动地回答读者关心的问题。将“十三五”规划与百姓的日常生活相结合，生动活泼，好读易懂。这给沉闷的党报报道吹来了一股清新的空气，《湖北日报》三版的版面瞬间鲜活起来。

2.内容生动活泼、言简意赅

“楚楚的‘十三五’”专栏，从 11 月 8 日开始连载，吸引了广大读者的欢迎。

这种图文互动形式，既有新闻的真实性、公正性等特点，又有漫画的深刻和幽默。笔者追踪了该专栏半个月时间，共收集9篇相关专栏解读。这9篇专栏都是百姓身边的小事、难事、烦心事，而在“十三五”时期，这些事情都将会一一解决。（见图4）

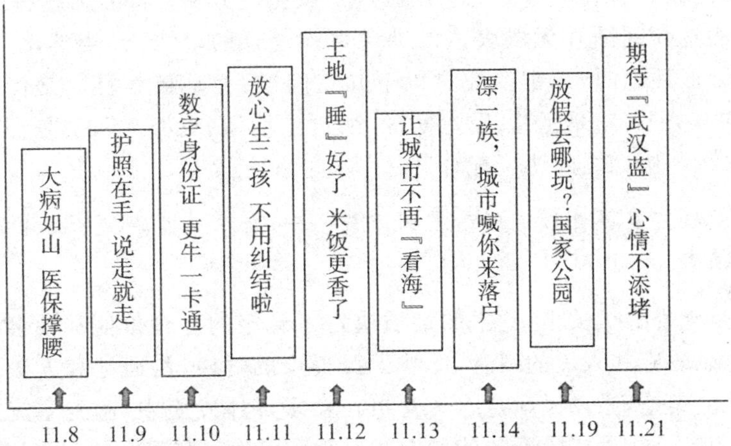

图4　11.8～11.21“楚楚的‘十三五’”专栏报道主题

从上图可以看出，该专栏聚焦医保、旅游、生育、土地、环境等诸多问题，都是与百姓息息相关的话题。而四幅卡通漫画都采用简短的话语，表达“楚楚”的疑问，专家通过极其简短的话语来回答疑问。例如11月9日提到“推动同更多国家签署高标准双边投资协定，司法协助协定，争取同更多国家互免或简化签证手续，构建海外利益保护体系”。《湖北日报》第三版绘制“护照在手 说走就走”专栏。

楚楚：“世界那么大，我想去看看，啥时能有一次说走就走的旅行？”

沈立志（签证专家）：“几年后，你的愿望不是异想天开。”

楚楚：“一想到繁琐的签证手续，就打消了出国的念头。”

沈立志：“免签和落地签国家地区越来越多，现在出国方便多了。”

楚楚：“未来还会更方便吗？”

沈立志：“肯定的。各国为吸引中国游客，还会放宽签证政策，减缓手续，减免费用。”

楚楚：“以后到美国旅游，签证能在武汉办吗？”

沈立志：“当然，美国驻汉领馆有望开班签证业务，日、俄等国都有意在汉设总领馆。”

卡通漫画中的“签证专家”沈立志用四句话就解释清楚了极其复杂的国家政

策，以对话代替繁琐的陈述，图解百姓热点、焦点话题，简单易懂，便于传播。这种形式给读者带来新的阅读体验，拓展了党报言论表达的空间。

尽管卡通漫画形式在中国存在时间不短，但是真正使用的数量并不多，尤其是在党报中使用漫画形式更是不常见。所以《湖北日报》用卡通漫画的形式解读“十三五”，给读者耳目一新之感。漫画的形象化优势和独特的思想性，使得这个栏目能够表达新闻图片无法表达的抽象性和复杂的事实。[①] 当然，党报采用卡通漫画报道或评论时，一定要注意以下几点问题：一是最终目的是传播党政方针，沟通党群关系；二是坚持“贴近实际、贴近生活、贴近群众”；三是注意整体版面结构，漫画与版面之间协调配合。

（四）党报突发事件报道创新案例分析——《浙江日报》“丽水山体滑坡”事件报道求深求新

党报是党委的机关报，党报的性质决定了党报的存在价值和社会作用。党报要传递党、政府和人民的声音，反映人民群众的呼声，沟通党和人民之间的联系，引导社会舆论，激励民众意志。党报在众多媒体发展中，起到主流媒体的作用。但是，互联网、手机等新的传播方式对于传媒生态和受众的阅读习惯产生了极大的颠覆。新型媒体发展迅速，尤其是较为权威的手机客户端（例如澎湃、无界等）对于新闻的发布和解读一定程度上冲击了党报的发展，党报的公信力被部分分化。从前党报亲和力不足，在新形势下，党报也意识到要进行自身改革，加强党报的创新。这种创新不仅是内容的创新，还有形式的创新。《浙江日报》及其新媒体平台对“丽水山体滑坡”事件报道方面就有可圈可点之处，既做到了深入，也做到及时和新颖，值得其他党报学习。

2015年11月13日22时50分许，丽水市莲都区雅溪镇里东村发生山体滑坡。山体滑坡一直延伸到里东高速边，近二十栋房屋被埋。《浙江日报》作为中共浙江省委机关报，浙江省最具权威性、公信力和影响力的主流纸质媒体，在此次灾情的报道中发挥重要作用。这次灾情报道，《浙江日报》创新性地将传统报纸与两微一端（微博、微信和移动客户端）完美结合。运用新媒体大力报道事件进展，尤其是浙江日报微博实时推送“丽水突发”“丽水山体滑坡”等相关话题，及时输送准确、真实新闻，使得更多受众了解灾区情况。由于政府及时展开救援、媒体界尤其是以《浙江日报》为首的党报团体对事件进展进行详细的跟踪报道，因此，丽水山体滑坡事件并没有引起社会负面舆论。该事件的处理，无论是政府还是媒体，都是值得称赞的。

---

① 参见刘庆传《〈漫说快评〉：创新党报表达的“微武器”》，《新闻战线》2014年第4期。

1.《浙江日报》着重挖掘深度

由于纸媒的实效性比较差，11 月 13 日晚，丽水山体滑坡灾情发生后，此新闻相关报道并没有出现在《浙江日报》第二天的新闻版面上，这不得不说是一件非常遗憾的事情。但是《浙江日报》在随后的报道中真正彰显大报的公信力和影响力。11 月 14 日，全世界的目光都集中在法国巴黎暴力恐怖袭击事件，《浙江日报》也不例外，因此 11 月 15 日，《浙江日报》在头版最重要的部分刊登《习近平向法国总统奥朗德致慰问电 最强烈谴责巴黎恐怖袭击》《巴黎发生严重恐怖袭击事件》两篇文章，但无论是心理上的接近性还是地理上的接近性，丽水山体滑坡是发生在浙江身边的大事情，因此《浙江日报》头版也给予大幅度报道。此后也连续几天都对"丽水山体滑坡"进行了大规模的报道(具体见表 1)。

表 1　　截至 11 月 21 日《浙江日报》关于丽水山体滑坡新闻报道

新闻版面 日期	头版	二版	三版	四版
11 月 15 日	《全力搜救被埋群众　尽最大努力减少伤亡》 《2600 余人昼夜救援》	《与时间赛跑，一天两夜生命大救援》		
11 月 16 日	《日夜兼程争分夺秒 不放过一丝一毫希望》 《防控地质灾害绝不能松懈 人民生命大于天》		《山体滑坡，这些知识要知道》 《生还希望虽渺茫 持续救援不放弃》	《生命至上，全力营救不停歇》
11 月 17 日	《生命至上》(转第四版)		《救援，为了我们的父老乡亲》《流血流汗 士兵突击》	《生命至上》
11 月 18 日				《一切为了救援，一切为了灾民》 《里东大搜救再获突破》 《爱心还在传递，感动还在继续》

续表

日期 \ 新闻版面	头版	二版	三版	四版
11 月 19 日				《昨日又找到两名遇难村民，搜救不放过每个角落》 《身有所安，心有所依，各界爱心汇聚里东》
11 月 20 日	《里东村山体滑坡最后一名失联者找到》 《敬畏生命　大爱无疆》			《为了 39 位失联的父老乡亲　你们的付出是我们坚强的理由》 《130 小时，不放弃希望》
11 月 21 日	《子弟兵，请您慢些走！》 《致敬，最可爱的人》			《子弟兵，请您慢些走！》

从表中可以看出，《浙江日报》在 15 日、16 日、17 日三天对丽水山体滑坡事件进行大篇幅的报道。尤其是 11 月 15 日，《浙江日报》总共四版，但是对丽水山体滑坡报道几乎占据一半版面。作为灾难发生地的省级党报，《浙江日报》的第一反应并不是单纯“抢新闻”，而是在及时报道的同时，承担起引导舆论、高扬主旋律的社会责任，全面准确报道中央领导的关切和关怀，以及浙江省领导与广大群众众志成城抗灾自救的感人场面，为战胜灾难提供正能量。对党报来说，担当社会责任有着更加特殊的意义。

11 月 15 日，文章首发《全力搜救被埋群众　尽最大努力减少伤亡》，详细地表达了中央政府及省市级领导对该灾难的关切之情。《浙江日报》的报道，给了民众以定心丸，让人民群众看到国家对他们的关注，领导对他们的关心。这无疑给予灾区群众极大的精神鼓舞，使得灾区群众体会到党和政府真正履行"为人民服务"宗旨。

《浙江日报》在报道"丽水山体滑坡"事件中，还增加了不少服务型信息。这是普及大众知识的必备，防止类似事件的发生。11月16日，《浙江日报》补充通稿内容，增加《防控地质灾害绝不能松懈》《山体滑坡，这些知识要知道》等服务型信息。尤其是《山体滑坡，这些知识要知道》，分为"山体滑坡几无安全期""我省属地质灾害频发区""滑坡发生后救援困难大""多看多听及时自救"等四个方面，详细解释浙江省的山体滑坡灾害现状及如何营救等。

面对新媒体的冲击，党报更加重视深度报道。《浙江日报》进行丽水山体滑坡报道时，便是立足全局，着眼大方向，深度挖掘一切可以利用的线索，加强正面引导和传播。前方记者在"黄金七十二小时"中，不间断地进行跟踪采访，报道灾情进展情况。这种引导和报道，尤其是在塑造党报的公信力方面，做出了重要贡献。此次丽水山体滑坡事件的报道中，百姓成为新闻事件的主角。11月17日，《浙江日报》头版1/3版面和第四版整版刊发《生命至上——丽水里东村山体滑坡灾害"黄金72小时"大救援纪实》，文章详细记录了从灾害发生时，一直到接下来的72小时中，从政府、人民子弟兵、灾区群众、外部支援等多个方面，大规模报道政府与民众众志成城，抵御灾害。文章多次运用感叹号，多次强调"希望""搜救""支援""爱"等字眼，读者读到的是悲伤中的坚强，可歌可泣。

11月18日、19日，已经过了最佳救援时间的里东，依然没有放弃搜救失踪人群的遗体，以及为灾区人民提供帮助。《浙江日报》此后将报道重点放在对于生者的关心和关注中。分别推出《一切为了救援，一切为了灾民》《身有所安，心有所依》《各界爱心汇聚里东》等新闻，尤其是社会人士对灾区的捐助方面的报道，体现党报的人文关怀和人文情怀。爱心还在传递，感动还在继续，在碎片化的时代，我们是需要这样的长文，来总结和思考。

2.微博进行实时跟踪

融合媒体时代，党报也在努力推进"两微（微博、微信）一端（客户端）"的发展。党报对新媒体的大规模使用，是党报报道创新中的重要一部分，值得提倡和借鉴。在本次"丽水山体滑坡"事件报道中，新媒体平台建设发挥重要作用。《浙江日报》充分运用新媒体平台推送和发布新闻，是顺应了时代潮流，符合时代发展规律。此次"丽水山体滑坡"事件中，《浙江日报》充分利用微博实时报道。笔者对《浙江日报》官方微博进行了跟踪记录，从11月14日凌晨4点35分发出第一条关于"丽水突发山体滑坡"的新闻，到11月18日下午6点，一共收集到54条微博。

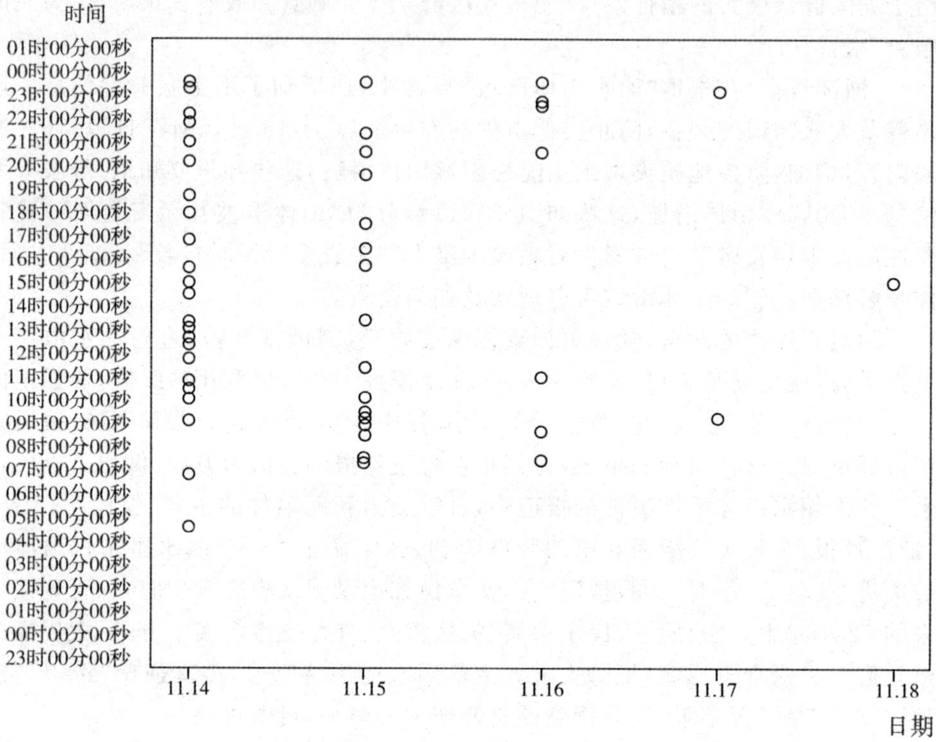

图 6　浙江日报官方微博推送丽水山体滑坡事件进展

从图 6 看出，“黄金七十二小时”中，浙江日报官方微博发布关于“丽水山体滑坡”相关新闻非常密集。尤其是 11 月 14 日，共发布微博 28 条，平均不到一小时发布一条微博，可见丽水山体滑坡的严重状况，以及浙江日报官方微博对此事的重视程度。

尽管浙江日报官方微博并非是第一个发布“丽水山体滑坡”的媒体，但是前方记者廖小清发布署名微博，既一定程度上弥补了《浙江日报》未能在 14 日刊载相关新闻的缺陷，同时又再一次验证了党报本着对受众负责的态度，对新闻真实性的重视程度。

#丽水突发#【丽水莲都雅溪镇发生一起山体滑坡事件】11月13日22时50分许，丽水市莲都区雅溪镇里东村发生山体滑坡，山体滑坡一直延伸到里东高速边，近二十栋房屋被埋，险情发生后，市区两级立即启动地质灾害特别重大 I 级响应预案。目前救援工作正在有序进行。记者 廖小清

11月14日 04:35 来自 iPhone 6s Plus

图 7　浙江日报官方微博截图

从凌晨 4 点 35 分发送第一条微博到上午 10 点 55 分，记者廖小清一直在现

场跟踪采访，连夜坚守岗位，共发布 8 条署名微博，随时实时推送“丽水山体滑坡”相关新闻。这些微博被相继浏览和转载，《浙江日报》充分利用微博社交平台，给予广大受众和其他媒体最准确的新闻和信息。这种署名性的微博推送形式，既避免了流言滋生，提高了《浙江日报》的可信度和公信力，又给其他媒体打了“镇静剂”，大胆采用可靠信源。

现代社会，网络谣言盛行。尤其是在突发灾难面前，很多受众非常容易被误导，听信谣言。这就需要党报的官方话语体系发出权威声音，传递准确消息，稳定社会情绪。美国社会学家奥尔波特和波斯特曼曾提出一个流言公式，即“流言＝时间的重要性×模糊性”。从公式中可以看出，消除流言的关键是消除事件的“模糊性”，尽快告诉公众事件发生的真相。丽水市曾在 2014 年 8 月遭受 50 年一遇的特大洪灾，而当时《浙江日报》加强对洪灾事件的动态引导，也给予及时、准确的报道，提高报道针对性和有效性，打造《浙江日报》独有的公信力平台。有了上次的经验，再次报道类似的灾难事件，《浙江日报》可以说是得心应手。由于主动把握媒体话语权，及时公布灾难发生的原因、救援的细节和过程，党和政府的关切，人民群众自救等过程，真实、全面、及时地传达各方信息，因此并未有流言传出。

3. 微信、移动客户端专题报道

融合新旧媒体，加强对新媒体的运用，是新时期党报形式创新的表现之一。面对突如其来的自然灾害，《浙江日报》充分利用了微信和移动客户端平台，不断推出关于“丽水大营救”的专题和滚动新闻，满足公众的知情权，将负面悲伤之情转化为正面能量的传递。

“浙江在线”于 2014 年 6 月上线，积累了大量的粉丝和受众。浙江新闻与浙江在线相辅相成，相互补充，共同完成“丽水大营救”事件的专题报道。

在浙江丽水发生滑坡突发事件之后，浙江在线头条推出滚动栏、专题报道，为受众持续滚动播报搜救最新进展。长新闻《现场救援情况》不断更新灾害现场的救援状况；专题报道《丽水大营救》打出了“丽水山体滑坡大营救 为生命和时间赛跑”的标语，振奋人心。

浙江在线的“丽水大营救”专题共从四个方面报道此次事件，分别是指挥救援、现场直击、灾民安置、专家分析。“指挥救援”主要是省市领导对“丽水山体滑坡”灾害的部署和慰问工作。11 月 16 日发布《尽快把失踪者全部找到——指挥部夜商救援速写》、11 月 17 日发布《王永康、朱晨雨夜看望慰问参加救援的各方人员》、11 月 18 日凌晨 1 点 41 分推送《6 位将军齐聚丽水，为里东大救援加油打气》、11 月 19 日发布《130 小时的不懈努力 丽水市发布现场救援通报》等新闻，公布省市领导的部署进展工作。

"现场直击"方面，采用浙江在线随时发布的新闻稿，这些新闻稿大部分都是原创性质的稿件，新闻价值极高。在这里，敏感话题不再回避，浙江在线平台实时更新灾区伤亡人数，而不是刻意回避和逃脱；在这里，移动客户端开辟"浙江新闻目前已确认信息"通道，随时发布可靠信息和新闻，真正做到真实、公开、及时、透明。

"灾民安置"方面一直是浙江在线着重报道的部分。《40名心理救援专家将24小时轮班救助》《心理救援大队：让痛失家园的心不再孤单》，专业心理专家对受灾群众展开走访，第一时间开展灾后心理干预；《灾民已住进安置点 吃饭防寒有保障》等报道了灾区群众稳定状况，基本生活有保障，为灾区重建做好了前期准备；《黄晓明"明天爱心基金会"救援物资到达里东》等报道了社会人士对于里东的牵挂和救助。

"浙江在线"记者在19日发布新闻《丽水山体滑坡最后一名被困者被找到 灾后处置启动》，截至11月19日中午12时39分找到了第39名遇难者。丽水山体滑坡牵动广大网友的心，因此纷纷留言祈福，受众互动留言多达3700条。

表2　"浙江新闻"推送关于是"丽水山体滑坡"新闻

	主题	位置	标题	阅读量
11月14日19:19	丽水大营救	头条新闻	直击丽水山体滑坡现场，9人遇难，20人失联，有光就有希望，我们决不放弃	13182
11月15日19:50	丽水大营救	头条新闻	山体滑坡灾害已过40小时，救援仍在进行中	9801
11月16日23:35	丽水大营救	最新消息	救援仍在继续进行，第27名被埋者被找到	3455

表2显示，浙江日报微信平台——"浙江新闻"首次推送"丽水山体滑坡"新闻时，是11月14日晚7点多，并没有展现新媒体在时效性的优势。这与"浙江新闻"本身定位在晚上推送有关。在随后的三天中，"浙江新闻"上连续推送主题为"丽水大营救"的新闻，这在一定程度上与"浙江在线"相呼应。尽管时效性相对移动客户端稍差，但是"浙江新闻"每天会在头条详细梳理救援情况时间轴。这一时间轴从后往前依次递进，也有清晰的新闻照片，图文并茂。受众可以清楚明了地知道，党、政府、救援人员、灾区群众在某一时间点的所作所为，以及伤亡人数的最新进展。在这里，浙江日报新媒体平台各有侧重，发挥重要的传播作用。

党报在突发性报道中要坚持以党为主、"党报姓党"的原则,要处理好创新与导向的关系。在创新的同时,时刻注意自己党报身份,将党报的历史责任感牢牢运用到行动中,坚持服务大局,把握大方向,使创新服务于导向,同时又融合当下"互联网+"的思维,将新媒体完美引用到新闻报道中。这不仅包括将报道内容快速跟踪,多渠道发布,还有媒体与受众、线上与线下的互动。新闻资讯,一次采集,多次发布和多渠道呈现。自觉实践,实时发布,从而通过不断创新增强党报的公信力、传播力和影响力。

二、党报的跨界多元化经营

当前,面对市场经济的发展和新媒体的冲击,报纸的生存显得越来越艰难无力,尤其是在政治和市场夹缝中的党报,发展也愈加困难。在报业发展的过程中,广告一直是党报发展的重要经济来源,2004～2005 年报业广告经历了第一个寒冬,之后报业广告收入虽然有所回暖,但增速大不如前。广告主基本转向互联网和电视广告,房地产广告以一己之力支撑着报纸广告。如何弥补广告作为报纸支柱行业的经济来源下滑,是现在报业面临的严峻问题。

党报由于自身的性质、地位和作用,在我国新闻事业中占有举足轻重的地位,党报的发展牵动着我国新闻事业的发展。在当前形势下,如何提高党报的竞争力,促进其持续发展,成为学界和业界一直关注的话题。在当今报业的重重压力下,党报经营的多元化受到越来越多的重视。1985 年前后,报业就在改革开放大潮中提出了"一业为主,多种经营"的思路,在办好报纸的前提下,开展多种经营。

多元化理论诞生于 20 世纪 50 年代。1957 年,著名经营战略专家安索夫在《哈佛商业评论》上发表了《多元化战略》一文,首次针对企业经营提出了多元化经营的概念。从根本上说,企业多元化是在单一企业控制之下进行的多产业部门活动,具有复杂的、多部门的组织结构,涉及企业有效边界的基本命题。国内学者康荣平认为,多元化战略指企业不仅在多个行业内从事生产经营活动,而且向不同的市场提供多种不同的产品。①

报业的多元化(即报纸多元化经营)是指报业在经营报纸这一主业外,又涉足多个产业领域,同时经营多种不同业务的战略。

为何要进行多元化经营? 约翰霍普金斯大学教授彭罗斯认为:"企业进行多元化是为了充分利用企业生产要素或资源的剩余生产能力。企业的生产要素和资源不可能充分均衡地利用,某些环节的产能必然会出现过剩,于是企业就可以

① 参见康荣平、柯银斌《企业多元化经营》,经济科学出版社 1999 年版,第 58～59 页。

开展多元化经营业务，发掘内部资源的潜力，利用过剩的潜能。”[①]多元化经营，既是时代发展和市场经济赋予报业集团的新的任务，也是设法将报业集团所拥有的各种资源实现价值最大化的内在要求。

党报开展多种经营有一定的内在优势，包括具有良好的名誉度和公共关系，报社内采编人员见多识广，对于信息的捕捉比较灵敏等，都为党报的跨界多元化经营提供了契机。

在新媒体冲击和转型发展的关键时期，要加大扩大多元化的步伐。郭全中在《传媒业大变局》中把报业多元化经营分为报业产业的跨媒体、跨区域、跨行业经营。[②] 跨媒体经营即横跨平面媒体（报纸、杂志、图书等）、电子媒体（电视、广播、电影）和新媒体（网络媒体、手机媒体、车载媒体、楼宇媒体等）的三维平台组合。[③] 随着多媒体的迅速发展，尤其是新媒体的发展，媒体融合趋势越来越明显，报业利用已有的资源优势进行跨媒体经营不失为一条有前景的途径。跨地域经营即在打破地域阻隔和干预的前提下，媒体进入其他行政区域进行经营，这种经营方式有利于强化资源整合，提升所在区域传媒业活力，满足不同区域受众的信息需求。跨行业经营即报业集团涉足除报纸之外的行业。

这里主要探讨的是党报的跨界多元化经营，涉及报业的跨媒体、跨行业、跨区域经营这三方面的内容，主要从党报的跨界多元化经营类型和具体案例分析来展开论述。

（一）党报的跨界多元化经营类型：相关多元化和非相关多元化

党报的跨界多元化经营主要分为两大部分，即相关多元化和非相关多元化。相关多元化主要是与报业联系紧密的行业，包括广播、电视、网站以及广告、印刷、发行等，主要作用在于发挥范围经济效应和协同效应，使报业资源得到最大化的利用，这种多元化经营模式在当下党报的经营中比较多见，但总体规模不大。另一种是非相关多元化，顾名思义，非相关多元化就是与报业本身的业务联系不太大的产业，包括现在一些党报旗下经营的酒店、房地产等产业，大多数党报对这些产业主要是参与投资，但不直接经营，也属于多元化经营的范畴。下面将针对这两方面展开具体论述。

1. 相关多元化经营

广告、发行、印刷曾是党报主要的经济来源。在市场经济条件下，面对来自

---

① ［美］安蒂思·彭罗斯著，赵晓译：《企业增长理论》，上海人民出版社 2007 年版，第 128 页。

② 参见郭全中《传媒业大变局》，北京师范大学出版集团、安徽大学出版社 2011 年版，第 196～200 页。

③ 参见欧阳国忠《中国媒体大转型》，团结出版社 2003 年版，第 129 页。

新媒体以及其他行业的竞争压力，党报应积极整合报业资源，涉足其他媒体行业，巩固扩大广告、发行、印刷等传统产业，开发信息数据资源，走多元化之路。

(1)跨媒体经营

当前，在多元化媒体发展的趋势下，单纯依靠发展报业已经不能满足党报集团的发展需求，广播、电视、互联网的出现，以其飞速的发展对报业造成了巨大冲击。因此，现在很多党报纷纷突破单一报纸局限，向多媒体、全方位的趋向发展。

广州日报报业集团总裁梁泉说："广州日报报业在新媒体方面非常重视，网上的电子商务、手机报纸等都在尝试，其主要目的是不断利用新媒体来加强党报的核心竞争力，实现报网资源共享。作为党报，利用新兴媒体可克服互动性不强、信息容量有限、新闻时效性不足的问题。"《广州日报》开始首家多元化媒体试点工作后，面对电子媒体的出现，以党报为中心，多元化媒体建设的发展进入了一个新的历史时期。

《深圳日报》面对新媒体的崛起，发展两个阵地：一个是传统的媒体，包括报纸、广播电视；一个是网络媒体。通过新媒体来实现传统报业的创收，并开办了房地产网、车展网等四个特色网站，四个特色网站和报纸行业经营结合起来，达到了报网互动的目的。①

由报纸、广播、电视等不同媒介形式共同组成一个立体化消费和使用媒介资源的框架、品牌、渠道等共享，资源可以在复合利用中提高效率，降低成本，这是当前中国党报集团多元化的新亮点。

(2)广告

广告对党报的发展具有重要的支撑作用。近几年，面对经营方面的危机，传统的通过销售报纸广告版面来赢利的方式已经不足以满足党报发展的要求，因此，在广告经营方面，许多党报作出了有益的探索。

广告公司代理制：《四川日报》推行广告公司代理制。广告公司代理制是指广告主通过广告公司来向报业单位购买广告版面，广告公司在中间起着桥梁的作用。广告代理制是有利于整个报业市场、广告市场的良态发展的。《四川日报》通过联络省外的包括北京、上海、广东等国家中心城市的200多家广告代理公司进行洽谈广告代理事宜，通过广告代理商来宣传《四川日报》的优势和受众群体。

成立品牌营销中心：《寿光日报》为拓宽广告经营路子，对广告市场进行细分，变"粗放式"管理为"集约化"经营。成立品牌营销中心，分八大行业、两个工作室，各广告部分别确定各自负责的行业。并成立地产营销中心，通过对地产行

① 参见张白宁《论报业集团目前经营模式下的风险防范》，《传媒观察》2002年第3期。

业独立运作，取得了不错的业绩。

户外广告：京报集团曾在王府井南口和北京火车站设立广告人屏幕取得成功。近期《北京日报》又买断了北京市的阅报栏和附带广告经营权，在免费向读者提供京报新闻的同时，又能出售阅报栏广告，是《北京日报》广告经营的一大重要来源。

举办论坛和活动：通过举办各种论坛和活动，也会给党报带来广告业务。《陕西日报》2008年与陕西省经济工业联合会和博览会组委会共同策划了第二届陕西装备制造企业总评榜活动，既向全省乃至全国推广了陕西的装备制造业，又取得了良好的经济效益。2009年，适逢新中国成立60周年，《陕西日报》开设了“向共和国报告”专版。2010年是《陕西日报》创刊70周年，《陕西日报》开设了“纪念《陕西日报》创刊70周年”专版。这些专版一开设，省内各个企业、各个单位的广告就纷至沓来，报社的广告收入非常可观。

在广告方面，党报有着得天独厚的条件，报社本身就有许多固定的广告客户，可以围绕这些客户，利用报社已有的设计、编辑等技术条件，自己开广告公司，这对于党报来说也不失为一种参考的路径。总体说来，面对新兴媒体广告的冲击，党报的广告经营越来越困难，不得不注重广告经营形式的创新。

(3)发行

1985年，《洛阳日报》率先实现自办发行。其后，各地报刊自办发行逐渐形成气候。30多年来，全国大部分党报相继走上自办发行的道路，自办发行由此成为一种产业。报业发行部门是报业整个产业链中非常重要的一环。它在有效发行范围内拥有很好的网络资源和关系资源。报业发行以物流为主，是一种多种经营的产业。

《北京青年报》1996年就成立了小红帽报刊发行服务有限责任公司，这是京城首家报刊发行公司。小红帽目前可销售198种报刊，在配送业务中通过送牛奶、桶装水、演出票来吸引订户，并于2009年开展电子商务配送业务。后来，小红帽又涉足快递业务，取得了良好的经济效益。如今小红帽发行股份有限公司与北京青年报现代物流有限公司等已经成为北青报打造物流产业的重要旗舰。

《寿光日报》于2004年全面推行自办发行，致力于订户结构调整，目前自费订户占发行总量的2/3，覆盖全市各行各业。2013年开始，《寿光日报》为发行员配备了电动三轮车，建立起集发行、宣传、物流于一体的“流媒体平台”。城区订户早上6点半就可以看到报纸，发行效率大大提高。2007年，《寿光日报》创办《北方蔬菜报》。《北方蔬菜报》在山东省内建立了68个县级发行站、201个乡镇发行站，选拔了3000多名村级发行员，实现了报纸精准投递，报纸发行量12万份，覆盖山东省以及长江以北蔬菜重点产区。

南方报业集团开通了“南方报网团购平台”，融合了集团内部的广告、市场、发行队伍，进军电子商务领域；深圳报业集团成立的电子商务有限公司也在业务创新、平台建设、销售业绩、转型发展等方面迈出了可喜的步伐；湖北日报传媒集团也将依托自身的物流基础，探索物联网建设，发展连锁销售等产业。

党报一直有着庞大的发行队伍，如果单纯只为发行报纸服务，会造成巨大的资源浪费。许多党报很早就进入了物流行业，但由于缺乏资金、人才、设备等，基本上都做的是最底端的物流业末端业务，很难升级，也限制了党报物流业的做强做大。

(4)印刷

很多党报都有自己的印刷厂，但在很长一段时间内，这些印刷厂都处于供大于求、自给有余的状态。因此，实现党报印刷厂的社会化生产，转变印刷厂的经营方式，积极向外拓展业务，刻不容缓。

随着商务印刷业的快速成长，党报开始从单纯印刷本集团报纸向承担外来报刊印刷和商务印刷扩张，有的向高端印刷进军。

四川日报报业印务公司是西部规模最大的报纸印刷基地，承印着 60 多种中央及省内外报刊，年印量达 23 亿印张。

随着商务印刷业的快速成长，传统媒体开始从单纯的报纸印刷扩张到商务印刷，宁波日报报业集团建立印务基地，拓展商务印刷市场；2005 年 11 月，浙江日报报业集团与浙江利时集团签署了合作协议，组建了股份制的宁波报业印刷发展有限公司，着重发展商务印刷。2009 年，商务印刷产值就实现了 1 亿元。

总体来说，由于商务印刷业务市场化程度高、竞争激烈，传统媒体不宜进入竞争激烈的低端和中端印刷业务。而随着现在电子媒介的兴起，纸质印刷量的减少，更多的人将书籍作为收藏品来购买，因此党报可以选择竞争相对不激烈的高端商务业务，通过印刷精装书来提升业绩。

另外，包装印刷也是一个增长较快的印刷方向，包装印刷产品作为渗透人类最广泛的产品之一，被视为全球范围内最具有增长潜力的市场，党报印刷产业进军包装印刷市场越来越被业内人士看好。

(5)信息数据库

党报掌握着相当大的信息数据。近年来，随着数字化进程的加快，新闻媒体更加重视数据库的建设，党报纷纷投入大量人力、物力和财力，开发以满足新闻信息资源整合、共享为出发点的面向市场的多媒体数据库产业。目前，一些党报基于海量信息资源数据库提供新闻信息服务，其用户规模和经营收入已相当可观。

人民日报社建立“人民数据信息特供系统”，包含 12 大数据库，涉及多个领域的信息资料，既包含历史数据又更新当前最新信息，是为用户提供权威、全面、即时的信息的数字化信息服务数据库。

云南日报报业集团于2004年开始建立"新闻数据库即信息服务系统"，提供信息查询服务。

随着新闻传播业数据库建设的发展，数据库已经成为新闻媒体向用户提供新闻信息服务的主要手段之一。数据库的规模、内容和它所拥有的用户数量，已成为衡量一个媒体实力的重要标志。

大数据时代，信息数据资源的价值越来越大，如何最大限度地利用党报多年来积累的资源，建立特色数据资源库，深挖党报资源，为党报赢得更大的经济效益，是值得思考的一个问题。

2.非相关多元化经营

党报进行多元化经营，是否应该进入非相关领域，对这一问题没有标准答案。现在很多党报都在进军非相关行业方面作出了尝试，并取得了一定效果。

(1)资本运营

很多党报现在都非常重视报业的资本投资，成立了主营投资业务的公司，重点在于获取股权收益，而不是直接经营。

《河南日报》于2008年成立了注册资本1亿元的大河传媒投资有限公司，公司负责报业集团的对外投资以及集团内部的股份制改造工作。

解放日报报业集团成立了解放传媒投资有限公司，探索资本运作，对房地产、教育、文化等有前景的产业和项目进行投资。投资的项目包括参股浦东发展银行，竞拍ST金帝2000万社会法人股，成为其第三大股东。

文汇新闻报业联合集团成立了文新投资公司。目前涉足的非传媒领域有：投资上海体育场、华亭宾馆、海南博鳌宾馆，入股东方证券，参与发起汇添富基金等。该集团从多元投资获得的收入已经超过了总收入的25%。

新华日报报业集团投资的参股了江苏紫金财产保险公司的组建，参股了江苏文汇产业发展基金，尝试风险投资。

资本运作是多元经营的高端形式，是党报向文化集团飞跃的重要步骤。

(2)文化产业

近年来，各党报充分利用自己的宣传优势，大力发展文化产业，取得了一定成效。

宁波日报报业集团于2004年6月开始启动宁波书城项目，目前宁波书城已被列为宁波市文化建设重点项目。这是一个服务百姓的公益性文化项目，涵盖文化消费、传播、生产、休闲等要素，带动了文化服务业发展，建设成了一个特色的书城精品。

《河南日报》成立的大河书局，是河南省除出版集团外，首家获得报纸、期刊、图书、电子出版物全国总发行权的单位。

《盐阜大众报》近几年积极举办各种文体活动抓创收，成为盐阜大众报报业集团的重要经济增长点。它通过举办一系列演唱会的形式，为市民奉献了精彩的文化大餐，提升党报影响力，为党报创造了可观的收入。

另外，很多党报在新闻培训教育方面也有一定涉足。河南日报报业集团还在多个领域加强了与河南大学的合作，决定合作开办独立本科学院河南大学民生学院；安徽报业集团与安徽大学合作建设新闻传播学院；天津日报报业集团办有津报进修学院；经济日报报业集团办有北京经济管理函授学院；文汇新民联合报业集团办有文新进修学院等。

党报作为文化产业的一部分，与文化产业的联系比较紧密，利用自身优势，党报在促进文化产业发展方面具有巨大作用。

(3)网站经营

面对互联网的迅速发展，许多党报利用高科技带来的发展机遇大力开拓创新，利用自身强大后盾和多种资讯的原创权的便利，相比其他网站有着独特优势。

早在多年前，《浙江日报》就与电商巨头阿里巴巴集团合办了“淘宝天下”，目前这个线上线下互动的时尚媒体已经拥有200多万活跃用户。浙江日报报业集团还与腾讯合办了大浙网，目前大浙网是浙江地区用户访问量最大的资讯类网站。

《扬子晚报》在网站经营上的成功经验值得借鉴。1988年，《扬子晚报》就创办了网络版，几年前推出《扬子手机报》，并于近期开办了房地产网、车站网等四个特色网站，从经营方面入手，将特色网站经营与党报经营结合起来，达到报网互动的目的。

网站经营是现在党报发展比较好的经营模块，利用自己已有的信息优势，通过自办网站或与互联网巨头合作的方式经营，是党报积极融入互联网和新媒体大趋势的表现。

(4)游戏业务

随着网络技术的发展，线上游戏业务是一个增长比较快的领域，党报集团纷纷并购手机游戏公司，以期获得新的利润增长点，实现产业快速转型。

《浙江日报》收购了盛大旗下的边锋游戏竞技平台，获得了拥有约3亿注册用户、2000多万活跃用户的成熟游戏平台，为党报赢利的同时，也赢得了相当大的用户资源。

杭州边锋网络技术有限公司是中国最大的专业网络棋牌游戏运营商之一。

公司主要运营网络棋牌游戏。浙报集团收购了边锋游戏后，借助传统的网络棋牌游戏运行开发了很多项目。比如浙报边锋游戏根据各地不同的打牌习惯，与各地媒体合作开发针对当地的棋牌游戏。

从2012年合并开始，边锋在浙报集团的盈利额比重就不断攀升，目前已经占了非常大的比重。可以看出，党报经营游戏业务也是有很大潜力的。

(5)建立产业园区、基地

《安徽日报》与国内知名民营企业打造出版科技产业园，和有关地市合作开发动漫产业园。

《浙江日报》于2008年经辖区政府批准在集团大院设立“传媒文化创意产业园”，产业园除经营部门使用外，还引进培育一批文化创意产业，形成以浙报集团为核心的文化产业集群。

《四川日报》2015年打造集文化故居、文化会所、影视制作及交易、画家村等于一体的西部文化产业基地，打造发展文化新产业的复合载体。

党报通过产业园区、基地等的建设，可以培育起一批具有高成长性的文化创意产业，打造核心产业集群，对党报整个规模的形成具有巨大的推动作用。

(6)房地产、酒店

各个党报集团往往有很高的知名度，再加上自身的人际关系网络资源，开办房地产、酒店等业务往往会事半功倍。房地产、酒店等项目是近几年比较热的行业，收入可观，因此现在很多党报开始涉足房地产、酒店等的经营。

《河南日报》成立瑞奇房地产公司，在郑州开发了瑞园、东瑞园等楼盘，创造了可观收入。浙江日报房地产公司与绿城集团进行资本合作，共同组建浙江报业绿城投资有限公司，借助浙江日报报业集团和绿城集团的资金，全力开拓房地产市场。

山东《大众日报》下属的山东新闻大厦酒店管理公司，除了直接经营本地酒店山东新闻大厦以外，还进入北京拓展酒店经营业务。

除此之外，党报的跨界非多元化经营涉及的方面还有很多，在此就不一一介绍。

(二)党报跨界多元化经营业内成功案例分析

根据2012年报刊出版集团总体经济规模综合排名，山东大众日报报业集团、浙江日报报业集团、河南日报报业集团都位于前10位。到2014年，山东大众日报报业集团上升了两个位次，居第4位；浙江日报报业集团总体经济规模增长尤其明显，从2012年的第7位跃居到2014年的第3位；河南日报报业集团也从2012年的第9位上升到了第6位。这都与三家党报集团开展跨界多元化经营密切相关，山东大众日报报业集团、浙江日报报业集团和河南日报报业集团在这几年的党报跨界多元化经营中是做得比较成功的，在业界的口碑也是叫得比较响的。下面将对这三家党报集团的跨界多元化经营展开具体分析。

1. 山东大众报业集团的跨界多元化经营

山东大众报业集团是以中共山东省委机关报《大众日报》为旗帜和核心的报业集团，是报刊种类齐全、经济实力雄厚、产业功能健全的大型报业集团。近几年，山东大众报业集团紧紧抓住新闻宣传和改革创新的要求，推动集团产业发展，坚持"围绕主业办产业，办好产业为主业"的基本思路，现已形成报业、网络广电新媒体、楼宇、文化产业园区、投融资、印刷、发行物流、会展八大产业板块。

(1)报业

大众报业旗下做得最好的两大报纸是《大众日报》和《齐鲁晚报》。《大众日报》年利润保持在 7000 万元左右，一直处于经济收入稳定状态。2014 年《齐鲁晚报》主业利润约 2 亿元。《齐鲁晚报》下属有齐鲁不动产、齐鲁汽车广场等等，现在《齐鲁晚报》的收入来源也摆脱了单纯靠广告的局面，近几年的很多利润都是从其他方面来的。

(2)网络、广电——新媒体

大众报业集团与山东电视台共同投资山东网络，并与山东省文化产业投资公司共同投资广电股权。广电和网络本身的经济收入比报业本身要多很多，大众报业集团的网络和广电两部分年利润在 10 亿元左右。

(3)楼宇(写字楼)

山东大众报业集团在济南投建了新闻大厦、传媒大厦和报业大厦，其中报业大厦整体出租；外市投建有临沂新闻大厦、淄博鲁中报业大厦等等，总面积 20 多万平方米。这些楼宇主要是向外租售，租金每年接近 1 亿元。

(4)文化产业园区(实质主要是文化地产)

大众报业集团投资建设了济南的济西大众传媒产业基地，目前齐鲁汽车广场正在建设中；在青岛的产业园区建设比较多，包括"中国院子"项目和仿明清古建筑，都是带有文化特色的项目；在烟台，大众报业集团也购入了一块地，准备投建文化产业园区。

(5)投融资板块

大众报业集团有山东省文化产业投资公司、文化产权交易所、大众创业投资公司三大文化资本对接平台。2014 年获利 5000 万元，2015 年上半年获利 1.4 亿元。报业集团旗下的投资公司做的完全是股票定增的利润。在大众报业集团主业利润下滑的态势下，投资板块上半年获利 1.4 亿元，成为报业集团重要的经济支柱之一。

大众报业集团的资本运作主要目标是实现产业加金融的模式，通过一系列的投资活动，在将来实现资本收益反哺报业集团其他产业的状态。

(6)印刷板块

大众报业集团近几年进行了全省的印点整合，利用自己的商务印刷公司，对外接非报纸业务，像包装印刷业务等。每年的利润一般维持在一两千万元的水平，甚至有时候是处于亏损的状态。但商业印刷、包装印刷等还是给大众报业集团的印刷业务带来了可观的收入。

(7)发行物流

在发行方面，大众报业集团的做法是将全省的发行队伍整合成一个公司，并探索一些新业务，如智慧社区、城市里面的精准投递，即落地配业务等，比如齐鲁壹家现在就涉及落地配业务的服务。在物流方面，现在报业集团与阿里万象也有一些业务层面的合作。

(8)会展

在会展方面，2014 年大众报业集团利润在 3000 万元左右，并且利润率很高，接近 50%。现在已经有很多二、三线城市，比如石家庄、沈阳等的地方媒体想在会展方面与大众报业集团合作，复制这种模式。

2.《浙江日报》的跨界多元化经营

浙江日报报业集团作为媒体融合的先锋，在报业的跨界多元化经营方面一直动作不断。浙江日报报业集团成立之初，就明确了“传媒控制资本，资本壮大传媒”的发展理念，坚定实施多元产业投资战略。经过几年发展，浙江日报报业集团先后经历了“以报为本，多元发展”和“以文化产业战略投资为优先”两个特色鲜明的多元发展阶段，依托不同的集团资源类型，完成了各具特色的产业布局，建立了具有分散产业风险职能的多元产业结构，基本完成了跨行业、多点经营的产业链再造，形成了各具特色的产业布局结果，为集团储备集聚了转型发展所需的重要资源要素。2008～2009 年全球金融危机期间，传媒业遭到重创，发展速度减缓，但浙报集团仍实现了较高的年总盈利规模。

浙报集团经营业务涉及媒体、印刷、房地产、物流、物业管理、高新技术等产业，基本完成了集团化的管理架构和党报的跨界多元化经营。

(1)资金运营起步，为集团奠定资本基础

浙江日报报业集团以资本问路的方式敲开了多元化经营的大门，通过资本运营平台和机构，实现了资本经营的“三级跳”：从自己的资金交给专业公司运作，到自己的资金自己运作，再到管理运作社会资金。

2011 年 9 月 29 日，浙报传媒集团股份有限公司借壳 ST 白猫登上 A 股市场，正式复牌上市。集团从此拥有了自己的资本运营平台，并成为全国第一家媒体经营性资产整体上市的报业集团。浙报集团的上市，拓宽了传媒集团的融资渠道，有利于集团建立完善的内部治理结构和现代化的企业制度。

目前，浙江日报报业集团拥有浙报传媒、新干线投资公司、传媒梦工场有限公司等投资机构，近几年，先后投资了华数传媒、随视传媒等多个文化产业股权投资项目。其中，传媒梦工场侧重于在新媒体内容、渠道、经营、技术支撑等项目的早期天使投资，推进集团的新媒体项目运营。

集团除了直接投资外，还管理亿都、亿诚、亿品等社会基金，直接管理和运作资金总额超过20亿元人民币。利用资本手段优化资源配置、实现多元化发展。

除此之外，浙江日报还涉足了房地产投资开发，注册资金3.1亿元，与浙江绿城房地产股份公司合资成立浙报绿城投资公司，进入房地产领域。

浙报集团的多元化投资实践对集团的贡献非常突出，进一步完善了集团的产业结构，将集团由单一的传媒机构转变成了“以报为本，多元发展”的多元化经营的产业机构；在资本、人才等方面为集团提供了保障和支持，资本运营方面的盈利为集团向其他产业进军提供了创业资金，也为集团培养了一支专业的投资队伍。

(2)全面覆盖新媒体，实现跨媒体多元化经营

浙江日报报业集团从2009年就开始酝酿实施全媒体发展战略，全面进军新媒体领域。经过两年多的调研和论证，2011年，浙江日报报业集团制定了为期5年的全媒体战略行动计划，以“采编运营全媒体化，产业布局全国化”为路径，投入资产20亿元，建立了拥有500万读者的数据库及增值服务平台，搭建了以新媒体运营为核心的“传媒梦工场”，全面打造以互联网为基础的新媒体终端服务平台。

目前，在媒体市场上出现的新媒体产品类型，浙江日报报业集团几乎均有涉及。首先，着力打造新闻网站、手机报、手机客户端三大新媒体产品，建立了浙江新闻移动客户端、浙江手机报、浙江在线新闻网站，三大产品互为依托，实现用户导流，覆盖全省2000万用户人群。其次，依托边锋网新闻专区和新闻弹窗、云端悦读PAD客户端、边锋互联网电视盒子、钱报网及各县市区门户网站等，形成了一个针对不同区域用户使用的新媒体圈。再次，以微博、微信等第三方网络应用和专业APP为主，进入相关商业网站，建立一支专业运营队伍，渗透到第三方网络。

(3)文化产业投资，聚集集团多元化经营资源

近年来，国家进一步深化文化体制改革，各级政府不断推出促进文化产业发展的配套政策，文化产业迎来空前的发展机遇。2010年，浙报集团发布《建设全国一流党报集团实施意见》，明确提出了“文化产业投资战略”，并指出其为集团

四大重点发展战略之一，着力打造全国一流的文化产业投资平台。

按照集团文化产业投资战略规划的要求，浙报集团从2010年起全面布局包括互联网内容和技术、网络娱乐社区、文化产业园和文化综合体、教育培训和文化产业投资基金等多个文化产业在内的新业态。

运营文化创意园区项目。浙报集团于2008年经辖区政府批准在集团大院设立“传媒文化创意产业园”，产业园除经营部门使用外，还引进培育一批文化创意产业，形成以浙报集团为核心的文化产业集群。2011年，浙报集团积极吸引民营资本，组建了浙报理想文化发展有限公司，进入文化创意服务领域。以“轻资产、连锁化”的商业模式运营文创园项目，公司已投资运营和整合8个文化创意产业园区，总面积达20多万平方米。同年9月，浙报集团成立中国首个专注于新媒体领域的创新创业传媒孵化基地——梦工场传媒邮箱公司，重点投资新媒体领域，包括新媒体相关的内容产品和技术产品。目前已经投资了多个互联网公司，并举办了一系列新媒体探索的前沿活动，在促进集团内部新媒体建设和运营方面具有重大意义。

涉足教育培训服务领域。2012年，浙报集团联手浙江广播电视大学、浙江省教育考试服务中心等组建浙江开放教育集团，进入以非学历教育为主的教育培训服务领域。另外，浙报集团还开展了国际教育、智慧教育、幼儿教育和教育培训广场等多个子项目，并着力打造浙江省乃至全国一流的包括远程教育培训在内的全产业链教育服务集团。

收购游戏公司。浙报集团于2013年4月花费32亿元收购了盛大旗下网络公司边锋和浩方100%股权，这是迄今国内A股市场最大的一笔文化产业并购业务。这令浙报集团迅速获得了一个拥有2000万活跃用户资源的在线娱乐社区，利于集团整合传媒文化资源，成为推动集团转型升级的网络用户平台。

浙报集团通过经营性资产上市、发布全媒体战略、开创传媒梦工场，以及全面打造文化产业，打造了浙报特色的资本平台、媒体平台、技术平台和用户平台，占据了有利资源。浙江日报在跨界多元化经营方面还涉足了很多领域，为浙报集团的发展提供了契机，也为当今党报的跨界多元化经营提供了参考。

3.《河南日报》的跨界多元化经营

国家新闻出版广电总局最新发布的《2014年新闻出版产业分析报告》中显示，在全国39家报业集团里，河南日报报业集团平均资产总利润排名第4，总体经济规模综合评价位居第6位，报业收入由原来的不足10%上升至如今的50.5%。

近年来，《河南日报》坚持“报业为主，多元经营”的发展思路，改变了报业集团局限于报业的发展状态。在“十一五”期间，提出了“三步走”的发展战略：第一步，做大做强报业集团；第二步，依托报业集团，优化产业结构，培植新的增长点，打造综合性传媒集团；第三步，拉长产业链条，全面提升各类文化产品的生产能力，真正成为以文化为核心的大型文化集团。根据“三步走”战略，2007 年河南日报报业集团提出了“3368”阶段性任务，即：打造纸质媒体、网络媒体、移动媒体 3 种媒体，构建报纸发行商务网、书报刊发行网、酒店管理服务网 3 个网络，培养壮大报业、新媒体、图书发行与物流配送、印刷、酒店旅游、房地产 6 大支柱产业，打造 8 个年收入超亿元企业。[①] 河南日报报业集团初步建立了跨界多元化经营战略，促进了报业集团总体经济规模的快速增长，更优化了产业结构，降低了发展风险。

(1)做强新闻传媒主业，进军新媒体

我国党报集团的媒体属性和职能要求，决定其任何时候都不可能放松对主业的经营发展。目前，面对新媒体产业的迅速发展，传统党报积极涉足新媒体行业，涉足新媒体领域，势在必行。

河南日报报业集团始终把提高媒体的传播力和影响力作为重中之重，持之以恒狠抓媒体建设，初步形成涵盖纸质媒体、网络媒体、移动媒体、户外媒体的现代传播体系。在新媒体发展上，集团公司以移动互联网为发展重点，整合现有互联网媒体单元，成立大河新媒体集团公司。

目前，河南日报报业集团拥有 10 报、2 刊、3 网站，包括《河南日报》《河南日报(农村版)》《大河报》《大河文摘报》《大河健康报》《河南商报》《河南法制报》《期货日报》《今日消费》《河南手机报》以及《漫画》月刊、《新闻爱好者》杂志、大河网、大豫网、河南一百度等。其中，新媒体的运用为河南日报报业集团发展提供了新契机。

(2)资本运营，为上市做准备

2008 年，《河南日报》成立注册资本 1 亿元的大河传媒投资有限公司，负责集团对外投资的平台和公司内部股份制改造的承办部门，依托整合河南日报报业集团品牌、资本、媒体优势，围绕文化产业主链条，采用市场化的运营机制，形成了股权投资、债权投资、基金管理、实业投资与经营四大业务平台。

2014 年至 2015 年上半年，河南日报报业集团的投资运营平台更加多元化，形成了多层次金融投资体系。报业集团的投资收入实现了爆发式增长，经营业绩年复合增长率达到 200%。

《河南日报》的这种跨界多元化经营带来的不仅是报业集团总体经济规模的

---

① 参见朱夏炎《从传媒品牌走向文化品牌——河南日报报业集团关于“大河品牌”发展战略的思考》，《传媒》2007 年第 12 期。

快速增长，更重要的是优化了产业机构，分散并降低了发展风险。同时，跨界多元化经营也为党报的发展注入了新的活力，推动党报的整体稳步发展。

(3)开拓文化产业经营

《河南日报》瞄准发展前景巨大的教辅市场，成立大河书局。大河书局是河南省除出版集团外，首家获得报纸、期刊、图书、电子出版物全国总发行权的单位。

《河南日报》还与河南大学合作，投资7亿元，创办河南大学民生学院。双方共同组建大河大图文传播公司，重点策划出版时政类、中原文化类图书。

(4)非相关行业经营

2002年，河南日报报业集团投资兴建了大河锦江饭店，经过几年培育，已在多方面处于河南省四星级饭店前列。从2008年开始，河南日报报业集团通过自主投资建设、租赁托管等形式，陆续开办了大河国际饭店、大河公馆酒店和大河商务酒店，形成了自己的酒店管理经营网络。[①]

河南日报旗下的瑞奇房地产公司也是其跨界多元化经营的重点，该公司已在郑州开发了多个楼盘，成为河南日报报业集团的重要经济支柱。

2012年8月，报业集团成立大河加油站管理公司，与天伦燃气、中石油合作，在全省各地设立加油站点，报业集团逐步进军新能源行业。

河南日报报业集团董事长、社长朱夏炎说："报业集团一木擎天的时代必须改变，所以我们提出了'报业为主，多元发展'的发展思路。"[②]"一木擎天"在当今新环境新形势下意味着生存危机，因此，河南日报报业集团当前的多元化经营战略进行得如火如荼，也取得了很大的成功，不仅给河南日报报业集团带来了巨大的资金支持，也稳定了报业集团内部结构，解除了报业集团的生存危机，为国内党报的发展提供了典范。

(三)结语

在当前新媒体和市场经济的冲击下，党报为改变过去过度依赖广告的单一赢利模式，纷纷转向报业产业的跨界多元化经营。党报由于自己在传统的相关行业的天然优势，因此在报业相关多元化经营方面发展比较稳妥。我国党报早期的非相关多元化开始于20世纪90年代中期，罔顾自身核心能力进入水泥、保健品等非相关多元化的经营业务，结果很多都遭到了重挫。当前中国党报的跨

---

① 参见梁益畅《多元经营：打造文化集团的必由之路》，《中国记者》2011年第5期。

② 朱夏炎：《从传媒品牌走向文化品牌——河南日报报业集团关于"大河品牌"发展战略的思考》，《传媒》2007年第12期。

界多元化经营并不成熟，为了缓解党报目前的经营困境，许多党报盲目投资或参与一些产业，尤其是对于非相关产业的投资，带有一定的盲目性和随意性，在不了解市场状况的情况下盲目涉足非相关多元化业务是当下我国许多党报存在的问题，也使许多党报身处危机之中。

中国党报由于政治、市场等一系列原因，在跨界多元化经营的转型中会受到一定的限制，进展步伐比较缓慢。并且，在涉足多元化经营过程中，对于业务核心的把握与业务组合的优化需要一个学习的过程。中国党报应从长远考虑，摒弃急功近利、冲动投机的心态，从战略的角度，谋求特定领域的多元化经营。尤其在非相关多元化的经营中应该慎重思考，切莫为了一时利益使党报陷入经营困境，应着眼于长远发展，扩展和强化党报的核心竞争力。

三、党报组织结构及流程创新案例研究

在这个全媒体的时代，处处都在标榜着“互联网＋”，似乎不和新媒体结合的东西都陈旧了。党报也面临着转型升级的挑战，或被市场淘汰的残酷现实。如何在这个全媒体时代结合党报自身的特点进行合适转型是决定党报今后生存的关键，本研究着重于党报组织结构及流程的创新案例分析。

本研究将全国党报的转型案例分成了三类：第一类是中央级的党报，如《人民日报》；第二类是山东省外的党报，如《广州日报》《湖北日报》《杭州日报》；第三类是山东省内的党报，如《大众日报》《烟台日报》《济宁日报》。

（一）中央级党报《人民日报》案例分析

作为中央级的党报，《人民日报》在全媒体道路的探索上有哪些地方需要其他党报学习的呢？具体来看，《人民日报》以人民日报网络版作为全媒体战略的突破，实行了报网融合的体制机制的改革创新。

人民网很早就成立了一个专题小组，主要就是探讨怎样整合资源以便更好地把报纸的资源分给网络，而网络又通过怎样的方式更好地支持报纸。人民网领导要求网站和报纸的相关部门的人员相互之间进行有效的互动，在选题的策划、采访、编辑版面等环节进行联合。人民网稿库的建设以及人民日报记者部为人民网供稿记分标准的制定更是促进了人民日报报系记者第一时间、第一现场为人民网发回原创稿件。①

首先就是构建一个可以整合《人民日报》《人民日报·海外版》以及人民网的投稿平台、公共稿库、采访调度平台。推出的在线投稿平台，可以支持文字、图

---

① 参见巩勇《人民日报的全媒体发展之路》，《新闻与写作》2011 年第 2 期。

片、音频、视频等全媒体稿件。设立了一个公共稿库管理系统，这个系统是全面接受《人民日报》各个传媒载体的稿件的综合稿库，报纸、网络都可以利用这个公共的稿库管理系统。构建采访调度平台，这个调度平台可以快速地指挥记者进行现场报道，让报社的内容生产的效率提高。全媒体最直接效益是降低采访的人力成本，因为打通了多个部门，所以一个部门的人员可以完成原来需要多个部门配合才能完成的任务。

《人民日报》《人民日报·海外版》以及人民网的编辑部门都可以利用新设立的公共稿库，从中采集各自需要的新闻资源，然后根据各自平台对于新闻内容的不同要求，再加工成不同形式的新闻产品。借助这三大主导媒体的不同传播渠道，提高了新闻传播的时效性。之后开展跟进报道、深度报道、专题评论，让传统媒体与新媒体报道相得益彰，提高新闻时效性，强化报社新闻报道的整体效应。

（二）山东省外的党报《广州日报》《湖北日报》《杭州日报》案例分析

1.广州日报报业集团成立滚动新闻部

广州日报报业集团在体制及流程上的创新是成立了滚动新闻部，作为报网融合的内容策划与管理机构。这个部门是个跨报纸、手机、网站的跨媒体平台。而建立这个部门也是广州日报报业集团进行报纸与新媒体融合的战略行动。

这个滚动新闻部属于报业集团里的新媒体事业部，共9人，由《广州日报》报纸编辑和大洋网管理人员进行领导。滚动新闻部的主要职责就是把报业内部采集到的新闻刊登在新媒体平台上。该部门的员工将报纸编辑手里还没来得及见报的新闻简单处理后发布在大洋网上。而且滚动新闻部也会派记者进行采访，报道方式则包含了文字、图片、音频和视频多种样式，该部门采访的新闻，报纸和网站都可以使用。

滚动新闻部的成立，增强了新闻报道的时效性，多种样式的新闻也丰富了新闻报道的形式。滚动新闻部是个存在于报纸和大洋网之间的中间机构，对于编辑和生产流程起促进作用。

具体来说，滚动新闻部的运作机制：首先是第一时间发布最新要闻，该部门会将最新的新闻以最快的速度发布到大洋网和手机上，大大提高了新闻发布的时效。发布的新闻采用全媒体的方式，可以将图、文、影、音整合发布。其次，在重大新闻发布时，可以弥补报纸媒体的不足。重大新闻发生时，当报纸记者来不及发稿，滚动新闻部记者会通过电脑进行报道或者通过手机与网站沟通进行发稿。对于更加重大的新闻，滚动新闻部记者还会和报纸记者协调，进行分工报道。另外，滚动新闻部还会提供网上的爆料热点，为报纸提供线索。并且滚动新闻部还会利用《广州日报》的人脉和内容资源，将报纸的名牌栏目转换为视频访谈节目在大洋网上播放。比如邀请《广州日报》的名栏目"今日靓汤"主持人每周做一次视频节目,还邀请报纸内部的资深编辑做各种访谈。

广州日报报业集团还建立了新媒体供稿激励机制,同时,集团还指定报社各采编部门副主任兼任该部门的新媒体主任。目前,滚动新闻部每天发稿量是40条左右。

2. 湖北日报传媒集团建立了新媒体集团

湖北日报传媒集团体制改革的创新点在于建立了新媒体集团,并且已经正式挂牌上市。2012年5月,湖北日报传媒集团建立湖北日报新媒体集团,将湖北省人民政府网站编辑部、荆楚网、大楚网、湖北省文化产业网、湖北日报数字传媒有限公司以及新媒体发展中心纳入其中,统筹协调管理,加快实施全媒体转型,并逐步摸索出一条"读者—受众—用户—客户"的转型路径,促进新媒体产业链逐步形成壮大。①

具体来说,第一,建立动态改版的长效机制。2012年改版以栏目板块化为重点,以适应分众化、小众化趋势。借鉴微博等新兴媒体表达方式,开设"东湖放评"栏目。其中的文章短小精悍。2013年改版更加注重权威发声,增设评论专版,直面热点,引导舆论,评论几乎篇篇被转载。2014年改版从深度报道着手,新增"今日视点"栏目,使传统媒体的调查性报道更加突出。建立编辑记者基层联系点、报道策划、考评公示等20多项制度,有效保障了改版创新常态化、长效化。

第二,构建采编一体化机制。按照"线索共享,采访同行,全媒体互动,多平台呈现"的要求,网络媒体的记者也要参与报社的编辑会议,他们可以从报纸的选题中选择出适合新媒体的线索进行采访和报道。报社还要求集团出台了纸媒向新媒体供稿制度,要求纸媒采编人员第一时间以快讯形式向网媒发稿,形成了良好的报网互动模式。

第三,完善与读者互动机制。创新与读者互动方式,不断改进用户体验,精心打造各类专栏。《湖北日报》先后开设了"作家写作家""农民拍农民""记者写记者""艺术家写艺术家"等专栏,在不同群体形成互写、互拍、互动的浓烈氛围。

第四,创新人才流动机制。建立报网人才交流与共享机制,彻底打破内部人才流动壁垒。从纸媒抽调30多名骨干记者编辑,充实到荆楚网、大楚网和湖北手机报等网媒采编团队。将30多人的新媒体中心整合至《楚天都市报》,推动纸

---

① 参见张先国《以六项突破布局新媒体发展——湖北日报传媒集团全媒体转型探索》,《传媒》2013年第3期。

媒社区化转型。成立“全媒体报道突击队”，组织纸媒和网媒记者共同参加。[①]

3.杭州日报报业集团打造全媒体编辑部

杭州日报在“一报一网，报网合一”的指导思想下，通过构建全媒体编辑部，推动报网整合，实现传统媒体的转型。

报网合一就是《杭州日报》与“杭报在线”这两种不同的终端共同为“杭州日报”这个品牌服务。

杭报在线的独到之处是：首先，杭报在线是《杭州日报》的同品牌网络，只为《杭州日报》服务。其次，编辑部没有另行招聘一批人员来组建杭报在线，让《杭州日报》现有的编辑记者同时成为杭报在线的编辑记者。

在运行机制上，首先确保报网的真正融合和对接。《杭州日报》有5个采编中心，它们负责运行杭报在线各自的频道，并由网络中心提供整个网络的技术服务支持。《杭州日报》构建全媒体编辑部的集体做法是：①《杭州日报》的全体采编人员即是杭报在线的采编人员。②制定报网两套发布流程和两套量化考评体系对同一批人进行考核。《杭州日报》考评办对于工作人员对报纸和网络的工作量进行两套的量化考评体系，这两套考评体系既相对独立又互相联系，从而在激励机制及考核机制上确保报网有机融合、运行流畅。

在人力资源上保证报网融合。《杭州日报》有的是传统意义上的新闻采编的人才。在专门制定的“杭州日报互联网战略”实施的三年时间里，《杭州日报》从美国和国内高校、电视台邀请专家学者对员工进行培训，实施“全员培训”“全员转型”，推动采编人员从传统媒体记者向全媒体记者、从新闻采编导向向网络用户导向转型。

《杭州日报》的报网主体只有一个。一个全媒体编辑部做两个终端，实现了报网融合。

（三）山东省内党报《大众日报》《烟台日报》《济宁日报》的案例分析

1.大众日报报业集团的“一网、两端、三线、四点”

大众报业集团通过“一网、两端、三线、四点”推动传统媒体和新媒体融合发展。“一网”，指整个集团以大众网为首，集合了半岛网、《齐鲁晚报》等网站和客户端形成了互联网传媒集团；“两端”指手机客户端和“山东24小时”新闻客户端；“三线”指报纸、有线电视和网络媒体三条传媒线；“四点”指内容、受众、渠道、

① 参见邹贤启《在与新媒体的共享融通中寻求多赢——湖北日报传媒集团实施媒体融合发展的实践与思考》，《中国记者》2014年第6期。

经营四个节点,集团加强与读者用户互动,打通内容、受众、渠道、经营四个数据库。[①]

大众报业集团在资本市场方面也形成了一个良性的循环体系。第一就是股份制发展,对半岛传媒公司实现股份制改造,成为山东第一家完成股改的文化企业。第二就是资源资本化,成立了山东省文化产业投资公司,成为全省最大的投融资平台。第三是搭建资本运营平台,成立山东省文化产业投资公司、文化产权交易所、大众创业投资公司,让集团集文投、创投、文交所三个文化资本对接平台于一身。目前集团发展出了八大产业板块,分别是:报刊支柱、有线电视和新媒体、文化园区、楼宇经济、投融资、印刷、发行物流、会展。

在推进媒体融合方面,大众报业集团建立了准确的报纸订户数据库,创办报纸手机客户端。用订报纸送手机客户端的形式,以媒体一体化带动采编一体化,实现传统媒体和新媒体的有效融合。

大众报业还注重影响力经济,把影响力变成产业和经济效益。比如借助大众集团这个牌子的影响力,进入电视领域,拿到10亿元和2000万有线电视用户的优质资源。在济南、青岛、烟台三个城市占地2000多亩,兴建文化园区。文化投资涉及了电视、报业、出版、旅游等领域,创投投资了网站、报纸、广电、会展等。

2. 烟台日报传媒集团成立全媒体新闻中心

烟台日报传媒集团有较为完善的组织架构,这为开展全媒体运作提供了前提。集团的主要三张报纸《烟台日报》《烟台晚报》《今晨6点》属同一级别,集团各报以事业部的形态与集团管理职能部门及直属企业并列。[②]

在组织架构上,从日报、晚报、晨报中选出一些记者进入全媒体新闻中心。全媒体新闻中心由采访部门、综合部、信息部三个部分组成。其中综合部主要是协调各子媒体,信息部是负责资料的收集、整理和编辑工作。

变革后的各系列报成为单纯的编辑部门,随着架构调整,各岗位的工作也发生变化。首先记者负责的条口更加细化,不同条口被重新切分,而且同一条口又被细分为若干不同领域。

经过整合,报社内部记者由90人缩减到60人,其余人分流到各报的编辑部或管理岗位。编辑工作重点也发生了变化,整合后,编辑的自主权大了,60多人的记者队伍使编辑对稿件有更多的选择余地,编辑需要不断沟通才能保证有足够版面适合稿件。

---

① 参见《大众报业集团改革及媒体融合发展情况调研报告》,《传媒》2015年第3期。

② 参见张垒《全媒体运作:条件、风险和挑战——来自烟台日报传媒集团的案例分析》,《中国记者》2009年第5期。

收入分配上，革新后的一个重要结果是原有利益格局的重新调整。《烟台日报》采取了企业化的收入分配体制，按照岗位职级和绩效发放薪金。全媒体新闻中心记者收入与整个集团经营业绩是相关联的，集团经营业绩的好坏也影响他们的收入。

3.《济宁日报》体制创新：子报为母报开拓市场

《济宁日报》创刊于1948年，《济宁晚报》是《济宁日报》于2011年成立的子报。《济宁晚报》的创刊目的是为日报增加发行和广告收入，并且扩大母报《济宁日报》在济宁地市市民层面的影响。2012年成立了济宁报业传媒集团，下设《济宁日报》《济宁晚报》以及东方圣城网、发行公司、印务公司、实业公司等。

据报业内部人员提供，在《济宁晚报》(以下简称《晚报》)创刊前，《济宁日报》(以下简称《日报》)日发行4万余份，年广告收入1800万元左右。《晚报》成立后，拉动了《日报》的发行，目前《济宁日报》的日发行8.6万份，年广告收入3700万元，翻了一番。《晚报》创刊当年，日发行20000份，年广告收入300万元。2014年，《晚报》发行超过母报《日报》，达到8.8万份，广告收入2000万元。

《日报》在组织结构改革方面，改本之前有两个部门：一是政文采访部，主要负责市委及党团工会、文教卫生教育方面的采访。二是经济采访部，主要负责市政府，即工业农业科技等方面的采访。这两个部门稿件统一交总编室排版。改革之后，将政文采访部与经济采访部合并，成立时政采访中心。主要负责市委市政府会议，深度报道等时政新闻。撤销编辑部，稿件直接交到总编室。

另外，按新闻归口，《日报》成立了产业新闻部、法制部、机关事业部、金融部、乡镇部、卫生食品健康部。分口采访，各部每周《日报》《晚报》各一专业版面，并负责对口行业的广告。这种创新扩大了版面及新闻量，增加了收入。

《晚报》在新闻制作上，一是时政新闻，采用新华社稿件编辑，同时编辑当地市委的时政新闻；二是社会类新闻；三是法制新闻；四是文教新闻；五是为了创收专门为汽车商开辟“车来车往”专栏。

《晚报》成立后，弥补了《日报》版面少，当地新闻发布少，尤其是党报的性质限定，社会新闻发布少的缺陷，大量民生新闻得以发布，众多基层群众的呼声得到反映。新闻宣传更加贴近了群众，贴近了基层，贴近了实际，并且提高了整个济宁报业传媒集团的声誉，使得发行量和广告收入都连年攀升。

《日报》《晚报》在人员调配上，本着资源共享的原则，按照办报方针的区别，更多党员骨干留在《日报》，以确保党报党性与人民性相统一，将更多的年轻记者推向社会新闻为主的《晚报》。

参考书目

1.《大众日报社大事记》(全四卷),大众日报社 70 周年报庆内部资料。

2. 大众日报 70 周年报庆丛书编委会:《大众日报新闻创新 70 例》,内部资料。

3. 吕德一等:《周末人物》,山东友谊出版社 2005 年版。

4. 大众日报社报史编撰委员会编:《大众日报回忆录》,山东人民出版社 2000 年版。

5. 祝宏等:《大众日报文集之一·抗日烽火》,齐鲁书社 1993 年版。

6. 祝宏等:《大众日报文集之二·解放号角》,齐鲁书社 1993 年版。

7. [加]麦克卢汉著,何兰宽译:《理解媒介:论人的延伸》,商务印书馆 2000 年版。

8. 林文刚:《媒介环境学:思维沿革与多维视野》,北京大学出版社 2007 年版。

9. 闫方洁:《西方新马克思主义的消费社会理论研究》,上海人民出版社 2012 年版。

10. 林刚:《新媒体概论》,中国传媒大学出版社 2014 年版。

11. 唐绪军:《报业经济与报业经营》,北京新华出版社 1999 年版。

12. 宫承波主编:《新媒体概论》,中国广播电视出版社 2012 年版。

13. 李开复:《微博改变一切》,上海财经大学出版社 2011 年版。

14. 刘明洋、王景强:《报业发展战略与报业品牌运营》,山东人民出版社 2014 年版。

15. 宫承波主编:《新传媒 2012》,中国广播电视出版社 2012 年版。

16. 王佳航:《主流媒体核心竞争力》,中国传媒大学出版社 2010 年版。

17. 邵培仁等:《媒介理论前沿》,浙江大学出版社 2009 年版。

18. 邵培仁等:《媒介生态学:媒介作为绿色生态的研究》,中国传媒大学出版社 2008 年版。

19. 刘伯贤:《入世背景下的党报运营——一种媒介生态学视角》,中国传媒大学出版社 2007 年版。

20. 郑杭生:《社会学概论新修精编本》,中国人民大学出版社 2015 年版。

21. [美]弗雷德里克·S·西伯特、西奥多·彼得森、威尔伯·施拉姆著,戴鑫译,展江校:《传媒的四种理论》,中国人民大学出版社 2008 年版。

22. 杨海军、王成文:《传媒经济学》,河南大学出版社 2008 年版。

23. 王成荣:《品牌价值论》,中国人民大学出版社 2008 年版。

24. 戴建中:《电子商务概论》,清华大学出版社 2009 年版。

25. 童清艳:《受众研究》,上海交通大学出版社 2013 年版。

26. 郭庆光:《传播学教程》,中国人民大学出版社 2011 年版。

27. 李良荣:《新闻学概论》,复旦大学出版社 2009 年版。

28. 杨保军:《新闻道德论》,中国人民大学出版社 2010 年版。

29. 陈力丹:《解析中国新闻传播学(2015)》,人民日报出版社 2015 年版。

30. 陈力丹:《新闻理论十讲》,复旦大学出版社 2008 年版。

31. 傅绍万:《破译报业腾飞的密码》,红旗出版社 2012 年版。

32. 江作苏等著:《媒介公信论》,新华出版社 2010 年版。

33. 陈国权:《新媒体拯救报业?》,南方日报出版社 2012 年版。

34. 陈国权:《报业转型新战略》,新华出版社 2014 年版。

35. 喻国明:《媒介革命:互联网逻辑下传媒业发展的关键与进路》,人民日报出版社 2015 年版。

36. 喻国明:《传媒变革力》,南方日报出版社 2009 年版。

37. 强荧、焦雨虹主编:《上海传媒发展报告(2014)——主流媒体:公信力·传播力·影响力》,社会科学文献出版社 2014 年版。

38. 闫永栋:《唱响时代最强音——十四大以来〈求是〉杂志编辑思想研究》,人民日报出版社 2014 年版。

39. 本书编写组编著:《实践中的马克思主义新闻观——新闻报道经典案例评析》,高等教育出版社 2015 年版。

40. 郑丽勇等:《2010 中国新闻传媒影响力研究报告》,浙江大学出版社 2011 年版。

41. 徐永新:《主流媒体品牌战略——基于党报品牌建设实践的研究》,人民日报出版社 2010 年版。

42. 伍刚:《传统媒体和新兴媒体融合发展的远景与路径:以提升中国互联网国际传播力为例》,社会科学文献出版社 2014 年版。

43. 史南飞:《互联网公德原理》,湘潭大学出版社 2008 年版。

44. 王文科、萧敏健:《守护与敬畏:新闻道德重建的探究和对策》,中国广播电视出版社 2014 年版。

45. 张国庆:《媒介话语权:美国媒体如何影响世界》,中国人民大学出版社 2012 年版。

46. 卜宇:《区域性主流媒体策略研究》,人民出版社 2009 年版。

47. 郜书锴:《数字未来:媒介融合与报业发展》,人民日报出版社 2013 年版。

48. 何伟:《纸媒变革:浙江报业突围之路》,宁波出版社 2013 年版。

49. 新京报传媒研究院:《新京报传媒研究:纸媒转型》,南方日报出版社 2013 年版。

后 记

这本书的出版，源于一个社会科学规划项目。

2014 年，当“多媒体条件下党报主体角色建构研究”这个课题被立为山东省社会科学规划重点项目时，对于这个课题的研究实施，我们有太多的想法，也有太多的期待。

可是，从那时到现在仅仅两年的时间里，包括党报在内的整个报业发生了很大的变化。从全国性报纸到地方性报纸，从综合性报纸到专业性报纸，都遇到了极大的挑战。读者流失，广告流失，呈现出一种被称为“断崖式”下滑的趋势，而且，深不见底。与以往报业的起起伏伏以及同城报纸之间的屡屡大战不同，这次的冲击，不是来自于报业内部的竞争，而是来自于报业之外的新兴媒体。报业已在转型，但总体上看，转型之路异常艰难。理想很丰满，现实很骨感。作为曾经做过 28 年报纸的一位“老报人”，尽管情感深处对报业无限留恋，但理智层面却对报业的再度崛起、重现辉煌，信心不足，充满担忧。

更令人担忧的是，诸多报纸从业人员的信心也正在流失。一位业界知名的报纸总编在辞职后做起了自己的微信公号，并称之为“创业”。宁愿自己从头创业，也不愿坚守报纸总编辑这一岗位，可见其对于传统媒体的信心的失去。另一位省级报业集团的领导在辞职时，发了自己的辞职声明，表示自己将到江湖中闯荡。宁愿身居不稳定的江湖，也不再居于报业，也可见其离开报业的决心。

离开的，已经离开了。当然，不只是报业的领导层，更多离开的还是记者和编辑。那么，留在报业的那些人呢？一位我熟悉的报纸总编，曾半认真半玩笑地说：“我们是末代总编了。”这样的情绪，在普通的记者编辑那里一样存在。在职业曾经的荣耀感渐渐失去之后，岗位曾经有过的现实利益也在失去。而且前景不明、信心不足，已成为弥漫在报业的一种群体性情绪，一种组织化心理。所以，没有离开的，还在想着离开。

正是基于以上的情境，对于继续实施这样一个课题研究，我曾经失去信心。我们在纠结，这样的研究是否还具有价值？在多媒体环境下，党报主体角色的建构是否还具有可以选择的路径?是否还具有可能性?

诸多的疑问在研究的过程中逐渐解开。当我们认真梳理新兴媒体的时候,我们发现了新兴媒体存在的不足;而当我们以《大众日报》为对象梳理其革命时期、建设时期的角色发挥时,感受到了一张党报真正的价值。于是,我们就顺着原先设计的研究思路和框架,进行了下去。

报业究竟有没有未来?我们的结论是,有!对于这样的结论,我们基于三个判断。

第一,在目前整体的媒体生态中,报纸作为媒体的一个门类,具有其独特的优势,不只是深度报道,更是其新闻理念、新闻职业精神,而这些,正是媒体所不能或缺的,也不是一下子就可以建立起来的。所以,在未来的媒体生态中,报纸一定会具有它自己的位置。

第二,报业正在转型,这种转型尽管不易,但体现着未来的希望。未来的报纸形态,将会是多元的,融合形态将成为报纸呈现其新闻与价值的主要模式。报纸会有,只是其更加多元化,内容结构、渠道方式、商业模式都会发生变化,但报纸还会存在。从报业集团向传媒集团再向综合文化集团发展,报纸形态会扩展,报业的边界也会扩展,未来报纸会是一个大报纸概念,未来的报业也会是一个大报业的概念。就像一些学者说的,死去的是"纸",不是"报"。

第三,新兴媒体的现状。新兴媒体的快速发展,有两个重要的条件,一个是技术,一个是资本,很多新兴媒体的快速成长,就是依赖于这两个条件崛起的。所以,媒体应当具有的基本的一些元素,如新闻观、责任感等,并没有形成。作为一家媒体,还缺少很多的基础性建设,包括队伍和文化建设。基于互联网技术、移动传播等的新兴媒体,其实已经陷入了非理性成长的时段。或许,新兴媒体的重新洗牌,指日可待。在未来的媒体秩序中,新兴媒体无疑会占据很大的份额,占有很大的疆域,但传统的媒体依然会有位置。而且,成熟的新兴媒体,一定会是与传统媒体融合的结果。向传统媒体学习,其实正成为许多新兴媒体面临着的任务。

正是基于以上的判断,我们坚持把研究进行下去,也坚信这样的研究具有价值。这本书稿,就是课题研究的成果。本来,整体的研究定位于建设性,着眼于未来,但描述报业的未来,显得无比艰难。党报主体角色的建构,是一个过程。对于这个过程,我们提供了研究见解。但是,当这个书稿结束的时候,回头看看,一些观点又显得有些过时,而且存在很多不确定性。所以,整体的研究,虽然是一个课题的结束,但对于党报主体角色的建构这一话题来说,只能说是阶段性成果。相信随着党报面临的多媒体环境的持续变化,随着整个媒体生态的变化,随着受众阅读等方面的变化,建构主体角色的方式和路径也会发生变化。

在课题研究和本书撰写过程中，我们借鉴、引用了部分其他研究者的研究成果，并尽可能作出了详细的注释，在此谨向他们表示感谢！未尽之处敬请海涵。

感谢中国人民大学新闻学院执行院长、我的博士生导师郭庆光先生，专门接受我们的访谈，并给予了我们研究指导。

感谢《大众日报》逄春阶先生，他为我们提供大量的资料；感谢大众报业集团新闻研究所的荆成所长，以及《青年记者》编辑部的各位，他们每周的媒介资讯，为我们收集案例提供了重大帮助。

更要感谢《大众日报》这张报纸，以及70多年来为这张报纸工作过的每一位大众报人。

还要感谢山东大学文学与新闻传播学院新闻研究所所长唐锡光教授，他在研究前期给予了重要建议和指导。感谢山东大学出版社滕希功先生，他的努力保证了本书的如期出版。

最后，感谢我的学生们对课题研究和本书撰写付出的努力。

刘明洋

2015年12月